Psycholo du pouvo organisationnel

La maîtrise des habiletés politiques

Gérard Ouimet, Ph. D.

Chenelière Éducation

Psychologie du pouvoir organisationnel
La maîtrise des habiletés politiques

Gérard Ouimet

Éditeur: Sylvain Ménard
Éditrice déléguée: Valérie Cottier
Coordination: Jean-Philippe Michaud
Révision linguistique: Maude Nepveu-Villeneuve
Correction d'épreuves: Danielle Maire, Sarah Bernard, Odile Dallaserra, Maryse Quesnel
Conception graphique: Micheline Roy
Conception de la couverture: Michel Bérard
Illustration de la couverture: Serge Rousseau
Impression: Imprimeries Transcontinental

Sources iconographiques
p. 1, 39, 77, 139, 141, 173, 182, 185, 189, 192, 195, 199, 203, 206: Serge Rousseau; **p. 8, 13, 14, 17, 20, 25, 49, 52, 54, 79, 83, 85, 92, 152**: Serge Rousseau à partir d'iStockphoto.

Dans cet ouvrage, le masculin est utilisé comme représentant des deux sexes, sans discrimination à l'égard des hommes et des femmes, et dans le seul but d'alléger le texte.

Catalogage avant publication de Bibliothèque et Archives nationales du Québec et Bibliothèque et Archives Canada

Ouimet, Gérard, 1957-

Psychologie du pouvoir organisationnel: la maîtrise des habiletés politiques

Comprend des réf. bibliogr.

ISBN 978-2-7650-2225-1

1. Politique d'entreprise. 2. Pouvoir (Sciences sociales). 3. Comportement organisationnel. 4. Culture d'entreprise. I. Titre.

HF5386.5.O94 2008 650.1'3 C2008-940759-8

Chenelière Éducation

7001, boul. Saint-Laurent
Montréal (Québec)
Canada H2S 3E3
Téléphone: 514 273-1066
Télécopieur: 514 276-0324
info@cheneliere.ca

ISBN 978-2-7650-2225-1

Dépôt légal: 2e trimestre 2008
Bibliothèque et Archives nationales du Québec
Bibliothèque et Archives Canada

Imprimé au Canada

1 2 3 4 5 ITG 12 11 10 09 08

Nous reconnaissons l'aide financière du gouvernement du Canada par l'entremise du Programme d'aide au développement de l'industrie de l'édition (PADIÉ) pour nos activités d'édition.

Gouvernement du Québec – Programme de crédit d'impôt pour l'édition de livres – Gestion SODEC.

À mes parents, pour leur immense et éternel amour l'un pour l'autre.

À Hélène, Christianne, Suzanne et Gilles pour avoir permis,
avec tant de générosité et d'affection, de prolonger cet amour sur la terre.

Remerciements

La rédaction de cet ouvrage n'aurait pas été possible sans l'appui inconditionnel des membres de ma famille. Le dévouement oblatif de mes sœurs et de mon frère pour le bien-être de nos parents m'a permis de profiter, lors de mon année sabbatique, de longues et précieuses périodes de réflexion et d'écriture. Je leur en suis énormément redevable. Une grosse partie de ce livre leur revient de plein droit.

Par ailleurs, je me dois d'avouer avoir été fortement inspiré, tout au long du processus de rédaction de mes cogitations, par le père Paul-Émile Drouin, théologien et spécialiste chevronné du personnalisme. Ses enseignements philosophiques lors de mes toutes premières armes à l'université m'ont considérablement imprégné d'humanisme et de positivisme. Je lui dois l'inespérée découverte de Mounier, de Maritain et de Lacroix. La rigueur de sa pensée ainsi que son intime foi en l'essence inaltérable de l'être humain ont conduit mes pas sur les routes sinueuses de la psychologie du pouvoir politique. Il fut, à n'en pas douter, un complice spirituel de ma plume.

Évidemment, la production matérielle de ce livre ne peut être le fruit du travail d'une seule personne. Toute une équipe de collaborateurs inspirés par l'indéfectible souci de livrer au lecteur un produit de toute première qualité hante les fibres du papier de chacune des pages du document. Conséquemment, je me dois de remercier vivement les personnes suivantes : Sylvain Ménard, éditeur principal, qui a cru dès les débuts de cette entreprise scientifique à son potentiel pédagogique ; Valérie Cottier, éditrice déléguée, qui a saisi l'essence stylistique qui devait impérativement habiter ce livre ; Jean-Philippe Michaud, chargé de projet, qui m'a, à maintes reprises, poussé dans les derniers retranchements de la précision tant syntaxique que factuelle ; Maude Nepveu-Villeneuve, réviseure linguistique, qui a inlassablement peaufiné la qualité de la langue de Molière ; Ellen Lavoie, qui a su produire des figures et des tableaux conformes à ma pensée ; Danielle Maire, Sarah Bernard, Odile Dallaserra et Maryse Quesnel, qui ont relevé avec brio l'astreignante et si essentielle tâche de la correction d'épreuves ; et Serge Rousseau qui, avec son immense talent d'illustrateur, a bonifié l'explicitation de concepts fondamentaux.

Enfin, il va de soi que j'assume seul la teneur et la portée des constructions analytiques élaborées dans cet ouvrage.

Gérard Ouimet, Ph. D.

Professeur agrégé de psychologie organisationnelle
à HEC Montréal

Table des matières

CHAPITRE 3

Les habiletés politiques fondamentales

Liste des tableaux et des figures

CHAPITRE 1 La définition et la dynamique du pouvoir organisationnel

CHAPITRE 2 La nature du pouvoir politique

CHAPITRE 3 Les habiletés politiques fondamentales

CHAPITRE 4 L'éthique politique

CHAPITRE 5 Les dangers inhérents au pouvoir politique

Introduction

Le présent ouvrage se veut un essai scientifique sur la nature et la dynamique du pouvoir politique dans les organisations. Considéré à tort par plusieurs comme un facteur parasitaire, le pouvoir politique fut la plupart du temps l'objet d'un traitement analytique nettement lacunaire. Force nous est d'admettre que le traditionnel paradigme structuro-fonctionnaliste[1] ne permet pas la compréhension éclairée des manifestations imprévues de l'influence personnelle des différents acteurs œuvrant au sein d'une organisation.

Consistant en l'exploitation judicieuse d'une quelconque occasion, le pouvoir politique d'un acteur peut se résumer globalement à :

1) faire les bonnes choses ;
2) au bon moment ;
3) au bon endroit ;
4) avec les bonnes personnes.

Susciter et utiliser la congruence des actions, du temps, de l'espace et des individus exige certes la maîtrise de certains acquis, mais également, et surtout, d'un savoir-faire et d'un savoir-être. Ces deux derniers types de connaissances renvoient essentiellement à la notion d'habileté politique. Au nombre de six, les habiletés politiques fondamentales de l'acteur s'étayent sur une appréhension psychologique de son milieu, c'est-à-dire la mise à jour, d'une part, de la nature cognitivo-affective[2] de ses interlocuteurs et, d'autre part, des forces culturelles balisant leurs actions. Plus précisément, ces six habiletés politiques sont :

1) le repérage et le jaugeage des forces en place sur l'échiquier stratégique ;
2) le découpage dyadique[3] des relations entre les acteurs permettant l'établissement d'une cartographie du pouvoir ;
3) la détermination des rapports de force au sein des dyades politiques orientant l'utilisation appropriée des bases personnelles de pouvoir ;
4) l'estimation de la qualité du soutien offert par le supérieur hiérarchique ;

---

1. Se dit lorsque la constitution de la structure d'un système se fait à partir des fonctions de celui-ci[4].
2. Se dit d'une réaction humaine basée sur le traitement mental de l'information captée et sur les réactions émotionnelles afférentes à cette dernière.
3. Dans le présent contexte conceptuel, une dyade est un couple d'acteurs participant à une relation de pouvoir.
4. La plupart des définitions présentées dans les notes de bas de page sont librement inspirées du dictionnaire *Le Petit Robert*.

5) la connaissance de la dynamique et des modalités des différentes stratégies politiques ;
6) l'emploi adéquat des jeux politiques afférents à chacune de ces stratégies.

Offrant un modèle tridimensionnel inédit de stratégie politique, cet essai se propose par ailleurs de jalonner éthiquement le parcours psychologique du leader politique, soit l'acteur exploitant à bon escient son intelligence situationnelle afin d'influencer positivement les gens de son entourage à relever avec courage, dignité et humanisme les exigeants et, bien souvent, éprouvants défis sécrétés par l'existence même. Il importe que l'exercice du pouvoir politique se fasse toujours dans le respect des individus. Qui plus est, l'actualisation de ce type de pouvoir doit s'inscrire dans une constante préoccupation de maximalisation des richesses collectives. Essentiellement, la raison d'être d'un leader – que son pouvoir soit de nature charismatique (intelligence émotionnelle), professionnelle (intelligence conceptuelle) ou politique (intelligence situationnelle) – réside dans sa volonté et sa capacité de générer de l'espoir chez les membres de sa communauté. Bâtir un avenir meilleur pour le plus grand nombre possible d'individus devrait être la motivation première de tout leader.

Malheureusement, la mission du leader n'est pas à l'abri d'appréciables entraves. Les agissements néfastes d'acteurs s'adonnant éhontément aux abus de pouvoir politique ainsi que l'intolérance exacerbée propre à certains types de cultures organisationnelles minent considérablement l'expression positive du pouvoir politique. Aussi convient-il que l'acteur politique comprenne les fondements de la psychologie particulière à certains types de personnalités pathologiques et du fonctionnement toxique de certains types de cultures organisationnelles pathogènes.

Afin de faciliter l'apprentissage des notions théoriques et pratiques abordées dans cet ouvrage, des exercices et des études de cas sont proposés au lecteur. Bien que les noms des personnages et des organisations aient été modifiés, les scénarios des exercices et des études de cas proviennent de situations réelles.

Enfin, j'invite le lecteur à considérer ce livre comme un billet permettant d'entreprendre un fascinant voyage au pays de la psychologie du pouvoir politique. Puissiez-vous revenir littéralement transformé de votre périple dans les méandres de la psyché humaine ! Faire mieux connaître le pouvoir politique pour en améliorer l'utilisation à des fins éthiques, tel fut le dessein à l'origine de mon projet d'écriture.

CHAPITRE **1**

La définition et la dynamique du pouvoir organisationnel

« Dans la nature, l'homme est l'animal le plus démuni : seule l'organisation sociale lui permet de survivre. »

David Hume

« Le plus fort n'est jamais assez fort pour être toujours le maître, s'il ne transforme sa force en droit et l'obéissance en devoir. »

Jean-Jacques Rousseau

« La justice sans la force est impuissante, la force sans justice est tyrannique. »

Blaise Pascal

1.1 La définition du pouvoir

Fascinant objet de convoitise pour certains, accablante réalité pour d'autres, le pouvoir – dont l'origine latine *posse* signifie « être capable de » – est en fait une entité[1] consubstantielle à la nature humaine. Puisqu'il s'inscrit dans l'existence même de l'être humain, le pouvoir ne peut être que foncièrement paradoxal. Effectivement, le propre de l'être humain réside dans sa constitution psychique antinomique. Constamment tiraillé par le jeu des forces contradictoires des pulsions de vie (*éros*) et des pulsions de mort (*thanatos*), l'être humain peut exercer tantôt un pouvoir créateur permettant la dynamisation de son environnement et le développement harmonieux des gens y évoluant, tantôt un pouvoir destructeur plongeant dans la désolation ses congénères. Autant le pouvoir peut permettre aux sociétés humaines de se développer, autant il peut devenir la cause de leurs propres malheurs. Comme le feu, le pouvoir peut être la source d'incidences positives ou négatives. Il peut permettre soit l'amélioration des conditions de vie des êtres humains, soit leur détérioration.

Une recension exhaustive de la littérature scientifique portant sur la notion de pouvoir permet l'établissement d'une nomenclature comptant une dizaine de définitions de cette notion proposées au cours des 60 dernières années. Présentée au tableau 1.1, cette nomenclature permet l'élaboration d'une conceptualisation globale de la nature du pouvoir en milieu organisationnel. La très faible variabilité définitionnelle observée dans cette recension rend possible la formulation d'une définition synthétique ralliant la plupart des conceptions du pouvoir élaborées par les auteurs recensés. Effectivement, la majeure partie des auteurs s'entend pour définir essentiellement le pouvoir comme la capacité qu'a un acteur de modifier, selon ses propres désirs, l'attitude (façon de penser) ou le comportement (façon de faire) d'un autre acteur. En somme, le pouvoir consiste en la capacité d'un acteur d'agir sur un autre acteur afin de lui faire accomplir quelque chose qu'il n'aurait pas effectué sans son intervention initiale.

---

1. Quoique le pouvoir puisse apparaître comme un phénomène social homogène, son existence objective repose en fait exclusivement sur l'expression de rapports de force hétérogènes.

TABLEAU 1.1 LA NOMENCLATURE DES DÉFINITIONS DU POUVOIR ORGANISATIONNEL

Définitions du pouvoir organisationnel	Auteurs
« La probabilité qu'un acteur occupe une position lui permettant la réalisation de sa volonté nonobstant la résistance des gens assujettis à celle-ci. »	Weber (1947)
« La capacité de faire faire quelque chose à quelqu'un qu'il n'aurait pas fait autrement. »	Dahl (1957)
« La capacité de provoquer chez les autres la production de comportements souhaités. »	French et Raven (1959)
« Une force orientant les actions des autres. »	Mechanic (1962)
« La capacité d'un acteur à imposer aux autres sa volonté, et ce, en dépit de leurs résistances. »	Blau (1964)
« La capacité d'influencer le comportement des autres. »	Kaplan (1964)
« La capacité d'influencer les autres à faire des choses qu'ils n'auraient pas faites autrement. »	Bacharach et Lawler (1981)
« Le recours à une force suffisante permettant de modifier la probabilité de l'apparition du comportement d'un individu. »	Pfeffer (1981)
« La possibilité d'imposer sa volonté aux autres. »	Galbraith (1983)
« La capacité d'influencer la production des résultats de l'entreprise. »	Mintzberg (1983, 1985)
« La capacité de changer le comportement ou l'attitude d'une autre personne en fonction de nos désirs. »	Cobb (1984)
« La capacité de produire de l'effet sur les autres. »	House (1988)
« Le potentiel d'influencer les autres. »	Bass (1990)
« La force d'influer sur le cours des événements dans le sens souhaité. »	Schermerhorn, Templer, Cattaneo, Hunt et Osborn (1992)
« La capacité de faire exécuter par un tiers une tâche en fonction de nos attentes. »	Yukl (2002)
« La capacité d'influencer les autres au moyen du contrôle des ressources. »	Galinsky, Gruenfeld et Magee (2003)
« La capacité de modifier les choix des autres acteurs sociaux. »	Smith, Houghton, Hood et Ryman (2006)

Par ailleurs, il sied de mentionner l'existence d'une nuance définitionnelle entre les concepts d'influence et de pouvoir. Quoique la très grande majorité des auteurs considèrent ces deux notions comme essentiellement synonymiques, certains estiment que celles-ci constituent en soi des processus séquentiels distincts au point de vue de la puissance. Ainsi, alors que le pouvoir est la capacité (énergie potentielle) de modifier le cours des événements, l'influence se résume à l'effet produit (énergie cinétique) chez autrui à la suite de l'exploitation de cette capacité. En d'autres termes, l'influence n'est que l'actualisation du pouvoir. Selon cette conception, le pouvoir serait la faculté d'influer sur l'ordre des choses alors que l'influence serait l'effet produit par cette faculté. La figure 1.1 schématise l'expression de l'influence découlant de l'utilisation du pouvoir.

FIGURE 1.1 LE PROCESSUS SÉQUENTIEL DE LA PRODUCTION DU POUVOIR ET DE L'INFLUENCE

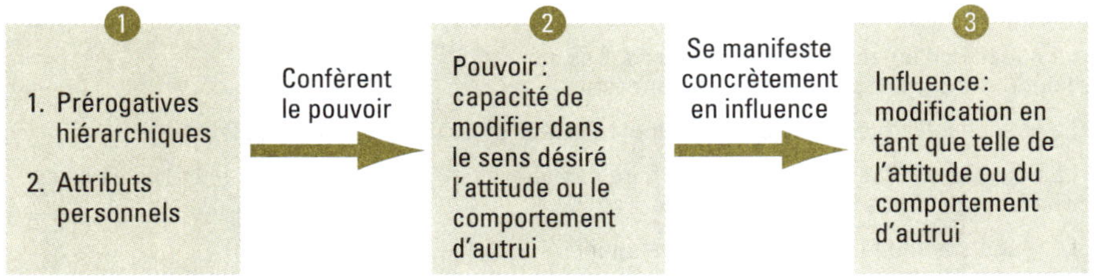

Lorsque la modification attitudinale ou comportementale d'autrui va dans le sens désiré par l'acteur souhaitant exercer du pouvoir, l'influence ainsi produite est dite positive, c'est-à-dire qu'elle correspond aux désirs de ce dernier. Par contre, si l'acteur auquel est destinée la tentative d'influence modifie, à la suite de l'actualisation de celle-ci, son attitude ou son comportement dans un sens contraire à celui qui était anticipé par l'auteur de la tentative, l'influence suscitée est dite négative. Bien que l'auteur ayant initié la tentative d'influence ne jouisse d'aucun pouvoir, il a néanmoins provoqué une influence négative. Effectivement, son vis-à-vis n'aurait pas modifié sa façon de penser ou d'agir sans son intervention initiale. L'influence négative peut être considérée comme l'actualisation non pas du pouvoir, mais de l'anti-pouvoir, soit la capacité de modifier dans le sens non désiré l'attitude ou le comportement d'autrui[2].

En définitive, bien que l'établissement d'une définition consensuelle du pouvoir puisse être réalisé, l'exercice ne permet pas pour autant de circonscrire ni de sonder la teneur de la capacité d'influer sur la pensée ou l'action d'autrui. La

2. L'anti-pouvoir se distingue du contre-pouvoir en ce sens qu'il correspond à la production d'effets contraires (influence négative) chez l'acteur visé par la tentative d'influence. Quant au contre-pouvoir, il traduit le fait qu'au terme de l'échange, l'acteur entreprenant la tentative d'influence est davantage influencé que l'acteur auquel était destinée cette tentative.

section 1.2 sera consacrée à l'examen des deux grandes conceptions de la nature de la capacité d'influence, soit les conceptions idiosyncrasique et transactionnelle du pouvoir.

1.2 Les conceptions de la nature du pouvoir

La conception idiosyncrasique du pouvoir considère que la capacité d'influence appartient en propre à l'individu. Relevant de ses attributs personnels, elle se situe en lui. Le simple fait pour l'individu de posséder certaines qualités lui confère la capacité d'influencer autrui. Procédant à une méta-analyse de 22 études traitant des qualités personnelles des individus perçus comme des leaders et reconnus pour leur efficacité dans l'exercice de leur leadership, Judge, Bono, Ilies et Gerhart (2002) ont constaté que ces individus possédaient, à différents degrés, les traits de personnalité du fameux modèle des *Big Five*[3]. En effet, ils étaient :

1) ouverts aux nouvelles expériences ;

2) conscients de l'importance de la discipline et du contrôle ;

3) extravertis ;

4) altruistes ;

5) émotionnellement stables.

Même si ces caractéristiques affichent une nette valence[4] positive en matière d'adaptation harmonieuse de l'individu aux impératifs de la vie en société, ils ne sont pas pour autant les indicateurs exclusifs de l'exercice réussi du pouvoir. Plusieurs individus insouciants, égocentriques et émotionnellement instables parviennent à exercer une influence non négligeable sur les membres de leur entourage. C'est souvent le cas des vedettes de la musique rock ou du cinéma. Rien n'est plus impressionnable et docile qu'un *fan* commotionné par l'annonce inespérée du prochain concert, dans sa ville, de son groupe préféré. Aucun froid sibérien n'est en mesure de le dissuader de dormir à la belle étoile afin de s'assurer l'obtention du si précieux ticket lui permettant de vibrer au son de la musique de ses idoles.

---

3. Les cinq grands facteurs de la personnalité sont représentés par l'acronyme OCEAN désignant « ouverture, conscience, extraversion, altruisme, neuroticisme (émotionnalité) ».

4. En psychologie, valeur consentie par le sujet aux composantes de sa psyché (attitudes, croyances et valeurs).

À la suite d'une recension des écrits soutenant une telle conception du pouvoir, Pfeffer (1992a) établit une nomenclature synthétique des caractéristiques personnelles nécessaires à l'exercice du pouvoir. Cette nomenclature est reproduite au tableau 1.2.

TABLEAU 1.2 LES ATTRIBUTS PERSONNELS GÉNÉRANT DU POUVOIR

Types d'attributs personnels	Descriptions
1. Vitalité	Le fait de jouir d'une bonne constitution physique permettant le déploiement et le renouvellement d'énergie.
2. Efficacité	La capacité de concentrer son action sur des objectifs précis afin d'éviter les dépenses énergétiques inutiles.
3. Sensibilité	L'aptitude à écouter et à comprendre les gens évoluant dans l'environnement immédiat.
4. Flexibilité	La facilité à recourir aux moyens permettant l'atteinte des objectifs fixés.
5. Détermination	La volonté de s'engager activement dans la résolution de différends.
6. Serviabilité	La capacité de venir en aide aux autres et, par le fait même, de s'assurer leur soutien éventuel.

Bien que les attributs présentés dans ce tableau puissent s'avérer utiles aux individus aspirant à exercer une influence auprès d'autrui, en être doté ne constitue pas en soi une condition suffisante à l'expression du pouvoir. Effectivement, s'il est vrai que les individus apathiques, maladroits, indifférents, rigides, hésitants et égoïstes affichent une capacité d'influencer autrui plutôt limitée, le contraire ne signifie nullement la possession assurée du pouvoir. L'histoire de l'humanité nous révèle que bon nombre d'individus possédant les qualités présentées n'ont pu exercer un pouvoir se généralisant à l'ensemble des membres de leur entourage. Les destins tragiques de Gandhi, de John F. Kennedy, de Martin Luther King et de Salvador Allende sont des exemples fort éclairants de l'inexistence d'automatismes dans les manifestations du pouvoir. En effet, contrairement aux boules de billard obéissant aveuglément au déterminisme des lois de la physique mécanique et de la trigonométrie, les êtres humains, de par leur capacité réflexive et leur incomplétude naturelle[5], échappent en bonne partie aux implacables paramètres de la prévisibilité éthologique[6].

Contrairement à la conception idiosyncrasique soutenant la thèse d'une localisation statique du siège du pouvoir, la conception transactionnelle aborde le pouvoir en tant que manifestation dynamique des échanges entre deux acteurs. Plutôt que de se résumer à la simple possession de certains attributs personnels, le pouvoir devient le produit d'une transaction bipartite[7] variable. L'origine de la production du pouvoir ne se situe plus dans l'individu, mais se trouve en quelque sorte à flotter quelque part dans la relation unissant les deux acteurs. En fonction de l'efficacité des moyens d'influence propres à chacun des acteurs, le pouvoir sera ultimement le produit de la relation arrivée à son terme. Il est possible d'expliciter la dynamique de la production du pouvoir en recourant à l'exemple d'une centrale hydro-électrique. Les tentatives d'influence d'un acteur (l'agent) sur un autre acteur (la cible) s'apparentent aux eaux d'une rivière s'engouffrant dans une canalisation afin d'actionner le mécanisme rotatif des pales d'une turbine. Si le potentiel d'influence (l'eau) se situe en amont du barrage, le pouvoir produit (l'électricité) ne peut être qu'en aval de celui-ci. Il sera le résultat de l'action combinée de l'eau et de la dynamo de la centrale hydro-électrique.

L'analogie utilisée représente symboliquement l'agent par l'eau et la cible par le barrage. Si l'eau entre forcément en contact avec le barrage, elle n'a pas pour autant automatiquement accès à la dynamo. En effet, la cible peut décider, pour une quelconque raison, de fermer les vannes du barrage conduisant aux énormes rotors de la turbine. Les vannes du barrage peuvent être considérées comme les filtres perceptivo-cognitifs de la cible captant les sollicitations de l'agent. La nature du filtrage est à la base de la réponse psychologique de la cible à la tentative d'influence (degré et durée d'ouverture des vannes contribuant à l'intensité du fonctionnement de la dynamo). Les différentes formes que

---

5. Notion initialement développée par Seligman (1970) et mieux connue sous le vocable « état de préparation », l'incomplétude naturelle fait référence à la programmation génétique partielle – lorsque comparée à celle des espèces animales occupant des échelons inférieurs dans la pyramide de l'évolution phylogénétique – des comportements humains. Bien qu'on reconnaisse l'importance accrue du rôle de l'hérédité grâce aux récentes études sur le génome humain, l'apprentissage demeure un facteur prépondérant dans l'explication de la grande variabilité et de la complexité des conduites humaines. Voir au sujet du poids des acquis dans le développement de l'être humain les travaux de Ferry et Vincent (2000), de Kagan (2000), de Lévy-Leboyer (2005) et de Zwang (2000).

6. Relatif à l'éthologie, soit la science des comportements des espèces animales.

7. Réalité composée par l'association de deux parties constituantes.

prendra la réponse psychologique de la cible se révèlent foncièrement tributaires d'un traitement perceptif et cognitif avalisant la demande de l'agent, soit par attrait ou par contrainte. La dynamique perceptivo-cognitive de la cible est illustrée à la figure 1.2.

FIGURE 1.2 LE TRAITEMENT PERCEPTIVO-COGNITIF EFFECTUÉ PAR LA CIBLE

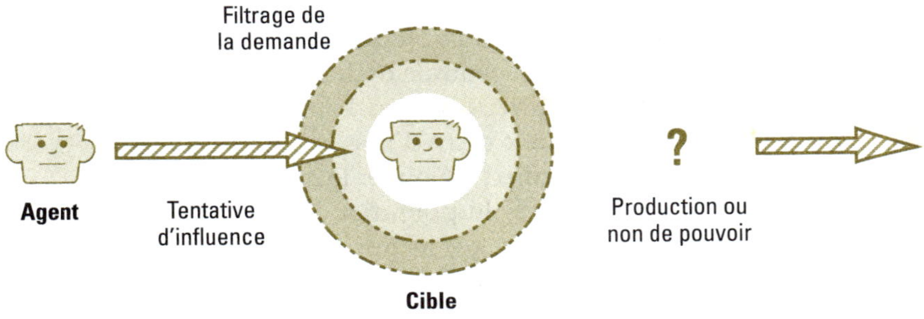

Il sied par ailleurs de préciser la nature à la fois singulière et déformante du traitement perceptivo-cognitif réalisé par la cible. Effectivement, le filtrage opéré par la cible ne peut être qu'assujetti à l'unicité de son idiosyncrasie et à l'imperfection de ses capacités perceptives et cognitives. La cible sera inéluctablement victime de biais – ou déformations – psychologiques propres à son histoire de vie personnelle et à l'état de son acuité sensorielle. Il est possible de classifier les biais psychologiques en deux grandes catégories : les biais psychologiques antérieurs et les biais psychologiques immédiats[8]. Les biais psychologiques antérieurs font référence à la tendance toute naturelle à voir ce que nous croyons. La perception de la cible est subrepticement conditionnée par son système de croyances s'étant développé au fil des ans. Quant aux biais psychologiques immédiats, ceux-ci traduisent la disposition commune à croire ce que nous voyons. Se manifestant dans l'instantanéité du moment

8. En se référant aux travaux de Debray et Nollet (2005), il est possible d'établir une certaine analogie entre la typologie des biais psychologiques présentée dans le présent ouvrage et la leur. Ainsi, alors que les biais psychologiques antérieurs correspondent pour une bonne part aux biais liés à l'observateur, les biais psychologiques immédiats font grandement référence aux biais relatifs au contexte.

présent, la perception de la cible, privée d'ajustements correcteurs intellectuels, ne peut être qu'imparfaite. La description des principaux types de biais psychologiques de chacune de ces deux catégories est présentée au tableau 1.3, aux pages 10 et 11.

La connaissance de l'existence de ces biais psychologiques se révèle des plus précieuses quant à la compréhension éclairée de certaines réactions surprenantes de la cible aux tentatives d'influence opérées par l'agent. En effet, il est étonnant de constater qu'une demande apparemment légitime formulée par l'agent peut susciter chez une cible une vive opposition et chez une autre un enthousiasme délirant. Les déformations inconscientes de la perception du réel par la cible sont souvent à l'origine des effets inattendus de l'exercice du pouvoir.

1.3 Les caractéristiques structurales d'une relation de pouvoir

De toute évidence, la conception transactionnelle du pouvoir met en exergue le rôle joué par la cible lors d'une tentative de production de pouvoir[9]. De par sa capacité de juger la teneur et la portée des demandes formulées par l'agent (traitement conjoint des processus perceptifs et cognitifs), la cible n'est plus l'obéissant pion se déplaçant sur l'échiquier au gré de la volonté du joueur (l'agent). Bien au contraire, la nature foncièrement libre de la cible, tributaire du niveau de développement de l'intellect humain, fait de celle-ci un acteur non pas passif, mais inéluctablement actif, et ce, au même titre que l'agent.

En fait, une relation impliquant la production de pouvoir comprend toujours, dans une perspective spatio-temporelle d'« ici et maintenant », deux agents : un agent manifeste (celui qui initie la tentative d'influence sur autrui) et un agent tacite (celui à qui est destinée la tentative d'influence et qui devra y répondre favorablement ou non). Dans bon nombre de cas, la réponse de la cible (l'agent tacite) comprendra une tentative d'influence implicite. Conséquemment, la relation de pouvoir est bidirectionnelle. Il s'agit là de la première des cinq caractéristiques structurales d'une relation de pouvoir.

---

9. La valeur primordiale du rôle de la cible dans la production de pouvoir est clairement explicitée par Ouimet (1990a et 1990b).

TABLEAU 1.3 LES TYPES DE BIAIS PSYCHOLOGIQUES

Biais psychologiques antérieurs (voir ce que nous croyons)	Biais psychologiques immédiats (croire ce que nous voyons)
Biais de confirmation Le biais de confirmation, également appelé biais attributif, consiste en la recherche d'arguments menant exclusivement à la confirmation des hypothèses de l'acteur. Toute information infirmant la validité de celles-ci est systématiquement rejetée.	**Biais de disponibilité** Le biais de disponibilité renvoie à la tendance de l'acteur à baser son jugement uniquement sur des renseignements facilement accessibles à ses sens. Par exemple, l'interprétation définitive d'une problématique à la suite de la simple lecture du journal du matin procède d'un biais de disponibilité.
Biais de complaisance Mieux connu sous l'expression anglaise de *wishful thinking,* le biais de complaisance fait référence à la tendance à prendre ses désirs pour des réalités. En d'autres termes, plus l'acteur pense positivement à la réalisation d'un événement, plus il s'attend à ce qu'il se produise.	**Biais de saillance** L'attention de l'acteur est fortement attirée par les caractéristiques singulières d'un stimulus se démarquant nettement de l'environnement. Par exemple, les paroles prononcées par la seule femme d'une équipe de travail de 40 personnes lors d'une réunion de coordination peuvent davantage imprégner la pensée du superviseur de l'équipe.
Biais de causalité L'acteur procède à la création de relations de cause à effet entre des phénomènes totalement disjoints. C'est ainsi que, par exemple, l'attribution d'un potentiel explicatif à l'astrologie, à la numérologie ou à la cartomancie relève de la présence chez l'acteur d'un biais de causalité.	**Biais de récence** L'acteur est porté à prêter plus d'importance aux renseignements récents qu'aux renseignements antérieurs. L'étiolement mnémonique chez certains sujets participe à la surévaluation de la véracité des actualités au détriment de la valeur des faits appartenant au passé.
Biais de psychologisation Ce biais psychologique consiste en l'interprétation des attitudes et des comportements d'autrui au moyen de théories personnelles sans fondement scientifique. N'ayant aucune connaissance éprouvée en psychologie ou en psychiatrie, l'acteur se transforme en thérapeute apte à saisir avec finesse la psyché de son interlocuteur.	**Biais d'abstraction** Parce qu'elles sont perceptibles, les données concrètes, comparativement aux données abstraites, reçoivent nettement plus d'attention de la part de l'acteur. Or, bon nombre de phénomènes existent sans être pour autant accessibles à la captation psychosensorielle. Par exemple, l'astronomie et les mathématiques établissent par inférence[10] l'existence de réalités.
Biais de divergence Également désigné par les expressions « erreur fondamentale » ou « divergence acteur-observateur », le biais de divergence traduit la tendance qu'ont les sujets actifs (acteurs) à imputer la responsabilité de leurs actions répréhensibles à des facteurs contextuels (circonstances indépendantes de leur volonté). Par contre, les sujets passifs (observateurs) ayant été témoins de l'accomplissement de ces actions sont davantage enclins à invoquer des facteurs intentionnels (dispositions dépendantes de la volonté des sujets actifs).	**Biais de ressemblance** L'acteur a tendance à prêter aux objets d'apparence analogue les mêmes qualités. Par exemple, le port par une honnête personne d'un complet noir à larges rayures blanches, d'une chemise noire et d'une cravate blanche incitera les gens n'ayant que peu de rapports avec elle à lui attribuer les sinistres caractéristiques du monde de la mafia.

10. Hypothèse.

TABLEAU 1.3 | SUITE

Biais psychologiques antérieurs (voir ce que nous croyons)	Biais psychologiques immédiats (croire ce que nous voyons)
Biais d'autojustification L'acteur est victime de ce biais lorsqu'il s'attribue la totalité de la justification de ses succès (facteurs internes) et attribue aux autres ou à des entraves environnementales l'entièreté de l'explication de ses échecs (facteurs externes).	**Biais de généralisation** Communément appelé « effet de halo », le biais de généralisation consiste à juger l'entièreté d'une réalité à partir d'une seule de ses caractéristiques. Par exemple, la moiteur des mains d'une personne porte à croire que celle-ci est fourbe, bien que cela ne le signifie nullement.
Biais d'ancrage Ce biais représente la tendance à établir l'évaluation d'une situation actuelle uniquement en fonction d'un référentiel antérieur ou induit n'ayant que l'apparence de la pertinence ou de l'exactitude. Par exemple, l'établissement de la valeur actuelle du prix d'une maison par un prisonnier écroué depuis 25 ans risque fort probablement de se révéler erroné.	**Biais de corrélation** Le biais de corrélation traduit le fait qu'il est plus facile d'associer des événements simultanés ou séquentiels que des événements isolés dans le temps. Qui plus est, l'association événementielle se voit rapidement investie d'une teneur causale. Or, la proximité temporelle d'événements n'est nullement synonyme de causalité. En effet, de nombreux phénomènes sont le produit de causes fort lointaines.

Par ailleurs, puisque les tentatives d'influence de l'agent sont toujours l'objet d'une interprétation spécifique de la subjectivité de la cible, les interactions entre les deux acteurs sont uniques. Le pouvoir s'exprime donc à l'intérieur d'une relation dyadique réunissant soit des acteurs individuels (chacun des individus appartenant à une communauté), soit des acteurs collectifs (regroupement de personnes partageant les mêmes intérêts et ne parlant que d'une seule voix, par exemple un syndicat, un parti politique, une association professionnelle, un groupe de pression). La nature dyadique d'une relation de pouvoir constitue la deuxième caractéristique structurale.

Étant donné la spécificité des réalités psychologiques de chacun des deux acteurs, une relation de pouvoir n'est pas nécessairement transitive. Bien que, dans une relation, l'agent A puisse avoir du pouvoir sur la cible B et que, dans une autre relation, la cible B, devenue agent, puisse avoir du pouvoir sur la cible C, l'acteur A n'est pas assuré de produire du pouvoir sur l'acteur C. L'intransitivité (absence de transitivité automatique) est la troisième caractéristique structurale d'une relation de pouvoir.

Pour imprimer une direction au pouvoir, c'est-à-dire pour déterminer qui des deux acteurs sera l'agent au terme de la transaction, les moyens d'influence des deux acteurs doivent être asymétriques en quantité ou en qualité. En d'autres termes, un des deux acteurs doit posséder des moyens d'influence quantitativement ou qualitativement plus puissants que ceux de son vis-à-vis. Une relation au sein de laquelle le potentiel d'action des deux acteurs serait équivalent se traduirait par un *statu quo* des positions respectives des acteurs en présence (absence d'influence). L'asymétrie des moyens d'influence constitue la quatrième caractéristique structurale d'une relation de pouvoir.

Enfin, les acteurs entrent en relation essentiellement parce qu'ils sont intéressés par ce que peuvent leur apporter, sur le plan de la satisfaction de leurs besoins ou de la réalisation de leurs désirs, les moyens détenus par l'autre. Une relation de pouvoir est avant tout instrumentale. Les avoirs matériels ou symboliques de l'autre sont des instruments d'accomplissement. L'instrumentalisation est la cinquième caractéristique structurale d'une relation de pouvoir. La figure 1.3 présente les interactions des cinq caractéristiques structurales d'une relation de pouvoir.

1.4 L'état de dépendance des acteurs

Les cinq caractéristiques structurales d'une relation de pouvoir sont en fait des composantes physionomiques du pouvoir. Elles constituent des éléments de la description de la morphologie relationnelle du pouvoir. Bien qu'elles émanent de la constatation d'une production de pouvoir, ces caractéristiques ne contribuent pas en soi à la compréhension des mécanismes participant à la production en tant que telle, c'est-à-dire la physiologie du pouvoir. Quoique le pouvoir soit ultimement le produit d'une relation entre deux acteurs, pouvons-nous pour autant en déduire que toutes les relations génèrent automatiquement du pouvoir ? La réponse à ce questionnement fort légitime est négative. En effet, une condition transactionnelle cardinale doit impérativement être respectée afin qu'une relation puisse servir de matrice susceptible d'engendrer du pouvoir (Crozier et Friedberg, 1977).

Essentiellement, l'existence d'une relation de pouvoir nécessite un état de dépendance unissant deux acteurs. Plus un acteur se montre dépendant des moyens possédés par l'autre acteur, plus ce dernier voit l'intensité[11] de son pouvoir s'accroître. La dépendance d'un acteur aux avoirs de l'autre est déterminée

11. L'intensité constitue la première des trois dimensions du pouvoir, les deux autres étant la durée et l'étendue.

FIGURE 1.3 LES CINQ CARACTÉRISTIQUES STRUCTURALES D'UNE RELATION DE POUVOIR

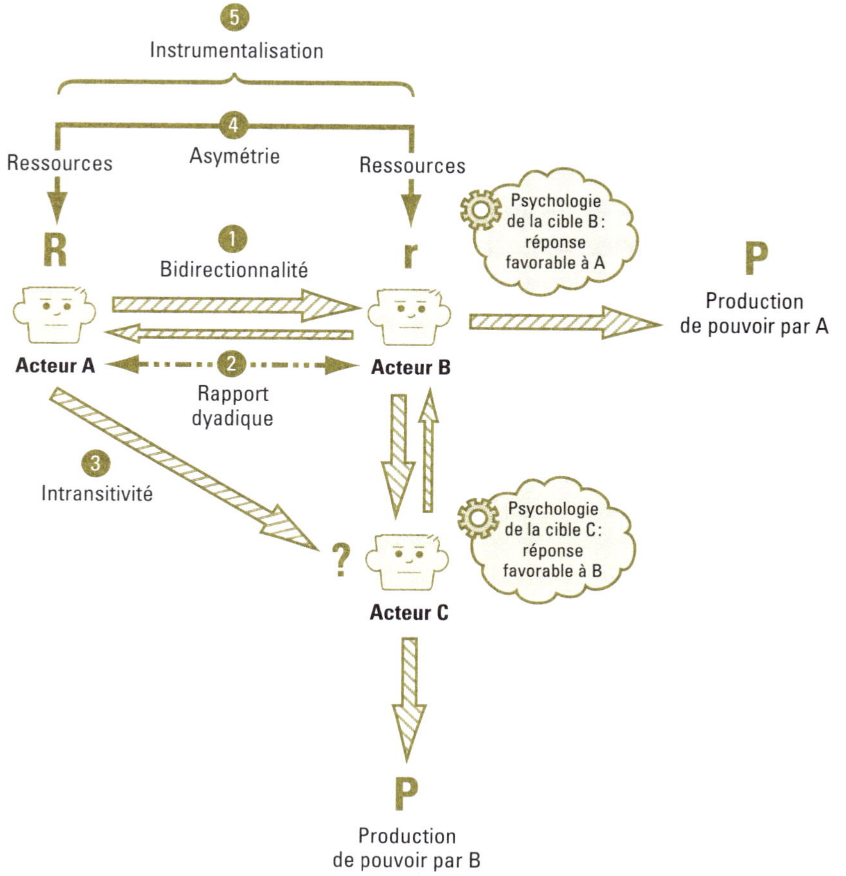

par une estimation de ceux-ci et par l'évaluation de cinq qualités leur étant séquentiellement attribuées. Conséquemment, la réponse psychologique de la cible aux moyens utilisés par l'agent lors de sa tentative d'influence détermine l'existence et, le cas échéant, l'intensité de la dépendance présente dans la relation. La dynamique de l'état de dépendance des acteurs est présentée à la figure 1.4, à la page suivante.

Dans un premier temps, la cible évalue la pertinence des ressources présentées par l'agent lors de sa tentative d'influence. Les ressources proposées revêtent-elles une signification positive (attraction) ou négative (répulsion) pour la cible ? Par exemple, une bouteille d'eau de source fraîche

FIGURE 1.4 LA DYNAMIQUE DE L'ÉTAT DE DÉPENDANCE DES ACTEURS

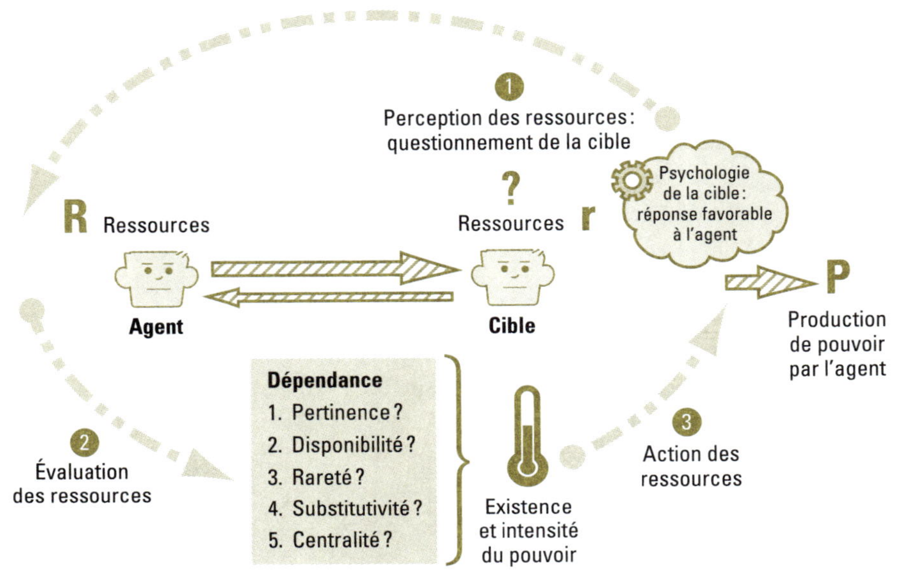

(ressource) offerte par l'agent à la cible en échange d'une somme de deux dollars peut produire du pouvoir (susciter l'achat du produit) uniquement dans la mesure où la cible accorde une importance (pertinence) à la ressource offerte dans la transaction. La sévérité de la soif de la cible contribuera assurément à l'attribution d'une valence positive à la bouteille d'eau offerte au prix de deux dollars.

L'intensité du pouvoir découlant de l'action de la ressource augmentera si la cible considère que la ressource proposée par l'agent est réellement disponible. Il importe pour l'agent d'actualiser sa ressource, c'est-à-dire de transformer une offre virtuelle en produit ou en service concret dont l'obtention s'inscrit dans une perspective spatio-temporelle acceptable pour la cible. Une personne assoiffée acceptera de débourser une somme de deux dollars pour une bouteille d'eau si celle-ci est disponible ici et maintenant. L'obtention différée d'une ressource ne contribue pas à l'intensification du pouvoir émanant d'une transaction. Par ailleurs, l'intensité du pouvoir s'accroîtra davantage si la cible prend conscience de la rareté de la ressource convoitée. Si l'agent jouit de l'exclusivité de la distribution des bouteilles d'eau dans un rayon de 300 kilomètres, la valeur de son moyen d'influence sera majorée. Dans de telles circonstances, le prix de la bouteille d'eau pourrait être facilement quadruplé sans pour autant annuler la transaction entre les deux acteurs.

De plus, si la cible ne perçoit pas de substitut à la ressource proposée par l'agent dans sa tentative d'influence, elle lui accordera davantage de valeur et, conséquemment, le pouvoir produit par l'agent verra son intensité augmenter. Par contre, si la cible considère que l'ingestion d'une orange, facilement disponible auprès d'un autre agent tenant à proximité un comptoir d'agrumes, peut tout aussi bien étancher sa soif, le potentiel d'influence de la bouteille d'eau plafonnera rapidement. Il serait effectivement peu probable d'assister à une majoration exponentielle du prix de la bouteille d'eau.

Enfin, si en plus des quatre qualités attribuées par la cible à la ressource employée par l'agent pour exercer une influence, cette ressource est perçue par la cible comme essentielle à son fonctionnement, sa valeur devient alors maximale. Elle occupe la position centrale de l'existence même de la cible. C'est précisément le cas de l'eau. Encore qu'il soit envisageable de trouver temporairement des substituts à l'eau, tel le citron ou le lait, il se révèle franchement impensable de remplacer définitivement l'eau par un quelconque succédané. Aussi, l'eau, de par sa fonction vitale, constitue-t-elle une ressource centrale pouvant exercer une influence autour de laquelle gravite l'entièreté des activités des êtres humains.

Un acteur possédant une ressource apparaissant aux yeux d'un autre acteur à la fois pertinente, disponible, rare, non-substituable et centrale détiendrait conséquemment un pouvoir très intense sur celui-ci. Sur le plan organisationnel, il est possible de concevoir qu'un spécialiste en conception et en implantation de système informatisé de gestion puisse jouir momentanément d'un énorme pouvoir auprès de la direction d'une entreprise désireuse d'acquérir un tel système progiciel. En effet, ce spécialiste détient une expertise, sa ressource suscitant de l'influence, qui se révèle, dans les circonstances, pertinente, disponible, rare, non substituable et centrale, eu égard aux besoins de fonctionnement de l'entreprise.

Par ailleurs, la deuxième dimension du pouvoir, la durée, découle de la nature de la toute première qualité prêtée à la ressource activée, soit sa pertinence. Foncièrement tributaire du type de ressource utilisée par l'agent, la pertinence qui lui est attribuée par la cible peut prendre trois formes. Il peut s'agir d'une pertinence instrumentale, affective ou cognitive.

La pertinence instrumentale fait référence à la capacité de la ressource de procurer à la cible du plaisir ou de lui éviter de la souffrance. La pertinence affective renvoie à la capacité de la ressource de susciter chez la cible un ébranlement émotionnel. Enfin, la pertinence cognitive traduit la capacité de la ressource d'induire chez la cible un processus rationnel d'estimation.

Des trois types de pertinence, la pertinence affective est celle qui assure au pouvoir sa plus longue durée. Un état émotionnel ne se raisonne pas naturellement ; il se vit plutôt au plus profond de notre être. Échappant aux froids calculs de la raison, son étiolement exige le passage du temps, dont le processus peut, dans certains cas, s'étendre sur plusieurs années.

Pour sa part, la pertinence cognitive garantit au pouvoir une durée dans la mesure où la ressource utilisée résiste aux questionnements continuels de la pensée. Le test de son adéquation n'est jamais définitif. Ce qui est aujourd'hui logiquement et objectivement pertinent peut, en fonction de l'évolution de la conjoncture, se révéler totalement incongru dans quelques semaines. Effectivement, la valeur d'un climatiseur, un bien très recherché en juillet, s'atrophie considérablement avec le rougissement des feuilles des arbres.

Enfin, la pertinence instrumentale confère au pouvoir sa plus courte durée. L'expérience sensitive d'un stimulus s'accomplit dans le moment présent. Elle présente une faible capacité de persister dans le temps. Le monde des plaisirs et des déplaisirs est foncièrement caractérisé par la brièveté. La figure 1.5 présente les différents types de pertinence ainsi que les réponses psychologiques qui y correspondent.

1.5 Les ressources participant à la production de pouvoir

Essentiellement, l'agent peut exploiter 10 types de ressources pour produire du pouvoir. Les différents types de ressources sont répartis en deux grandes catégories, nommées sources de pouvoir et bases de pouvoir. Une source de pouvoir désigne l'origine de la tentative d'influence de l'agent. C'est à ce titre qu'une source de pouvoir est également appelée ressource primaire. Puisque le pouvoir est le produit d'une relation, l'agent doit être en mesure d'accéder à la cible pour entreprendre sa tentative d'influence. La source

FIGURE 1.5 LES TYPES DE PERTINENCE DE LA RESSOURCE ET LA RÉPONSE PSYCHOLOGIQUE CORRESPONDANTE

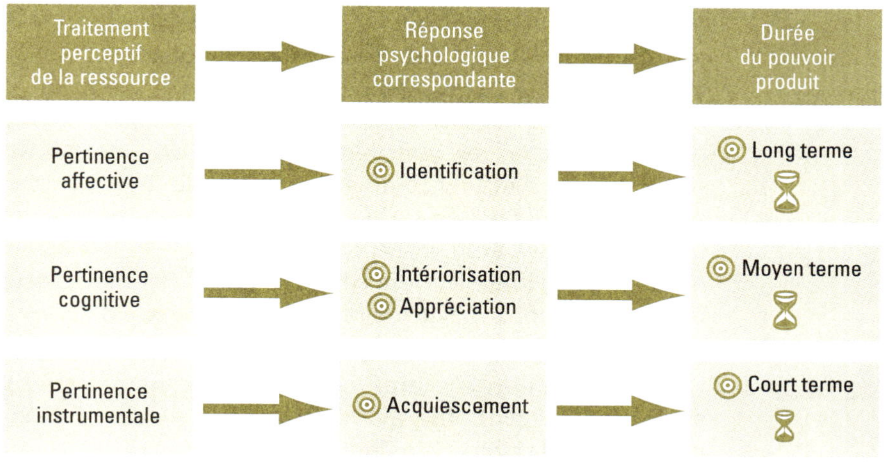

est en quelque sorte la porte d'entrée d'une relation permettant à l'agent de produire un effet soit directement sur la cible, soit indirectement au moyen de la manipulation subséquente d'autres ressources, dites secondaires et nommées bases de pouvoir. La dynamique potentielle entre les sources et les bases de pouvoir est présentée à la figure 1.6.

Dès l'établissement d'une relation avec la cible, trois des quatre sources de pouvoir dont dispose l'agent sont susceptibles d'engendrer une production directe de pouvoir. Ces sources

FIGURE 1.6 LA DYNAMIQUE ENTRE LES SOURCES ET LES BASES DE POUVOIR

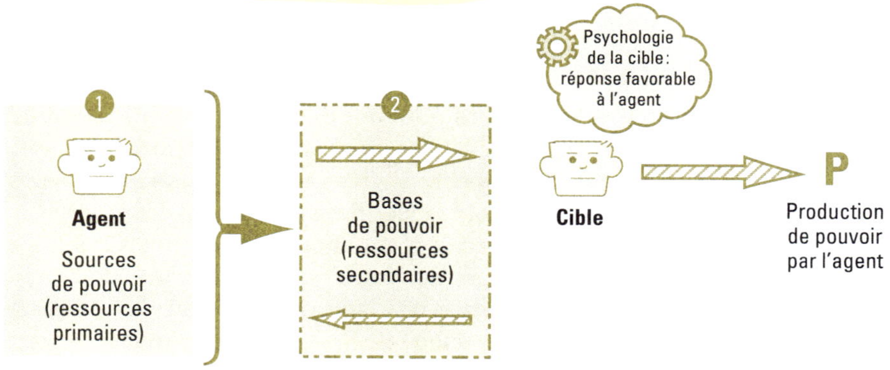

de pouvoir sont le statut hiérarchique, la personnalité et l'expertise. Quant à la quatrième source, l'occasion, son imperceptibilité intrinsèque annihile toute possibilité de production directe de pouvoir. En effet, la production de pouvoir nécessite obligatoirement la perception ou la cognition par la cible des ressources de l'agent. Or, l'occasion est une ressource primaire imperceptible et insaisissable. Il s'agit d'une porte d'entrée invisible. L'occasion tire la totalité de son potentiel d'influence de son accessibilité à d'autres ressources, appelées bases de pouvoir ou ressources secondaires, qui, elles, sont susceptibles d'être captées par les sens ou saisies par l'intellect. En conséquence, l'occasion possède uniquement une capacité de production indirecte de pouvoir.

Pour leur part, le statut hiérarchique, la personnalité et l'expertise ont en commun le fait qu'ils sont des qualités attribuées à l'agent sans que ce dernier ait encore agi dans sa relation avec la cible. Le potentiel de puissance de ces sources de pouvoir précède l'activation de l'agent dans la relation. Tout au début de l'existence de la relation, l'agent n'a pas à intervenir activement auprès de la cible pour camper soit son autorité (statut hiérarchique), soit son magnétisme (personnalité), soit son savoir (expertise). En ce qui concerne les sources apparentes de pouvoir, la cible est plus active que l'agent. C'est elle qui lui confère, à la suite d'une perception favorable conditionnée par une acculturation ou une fascination, un ascendant. Toutefois, cet ascendant initialement attribué à l'agent ne saurait résister au passage du temps sans l'adoption d'attitudes ou de comportements estimés appropriés par la cible. Nonobstant leur état initial de puissance, nul agent ne peut espérer profiter d'une production inconditionnelle de pouvoir. À l'instar de l'amour, le pouvoir est un phénomène dont la durée exige un investissement de la part de son bénéficiaire.

1.5.1 La source structurelle de pouvoir

De toutes les sources pouvant directement produire ou non du pouvoir, le statut hiérarchique en est la seule source structurelle, c'est-à-dire qu'il n'appartient pas en propre à l'agent, mais à l'entreprise. Essentiellement tributaire de la forme de l'entreprise, le statut hiérarchique est prêté à l'agent pour la durée de son mandat. Partie constituante de l'organigramme de l'entreprise, cette source de pouvoir, contrairement aux autres sources, relève de la fonction de l'agent et non de sa personne.

Le statut hiérarchique offre à l'agent la possibilité de produire directement du pouvoir auprès de la cible. Appelé « pouvoir légitime » ou « autorité », ce pouvoir s'actualise uniquement dans la mesure où la cible reconnaît la légitimité du statut hiérarchique de l'agent. Pareille reconnaissance équivaut à accorder une pertinence d'ordre cognitif à cette ressource primaire. La reconnaissance de la légitimité d'une fonction nécessite l'intériorisation d'une norme sociale, c'est-à-dire l'apprentissage de ce qui est collectivement valorisé. Aussi apparaît-il normal à un employé ayant intériorisé une telle reconnaissance sociale de la hiérarchie d'allouer de façon cognitive une pertinence au poste occupé par son supérieur. Il lui paraîtra également normal, conséquemment, d'être disposé à obtempérer à ses demandes.

Toutefois, la légitimité du statut hiérarchique ne peut à elle seule garantir à l'agent la production durable du pouvoir légitime. En effet, en plus de bénéficier d'un statut hiérarchique, l'agent doit faire preuve de crédibilité dans l'exercice de ses fonctions. La crédibilité d'un membre d'une entreprise repose essentiellement sur deux critères évaluatifs : la qualité de ses cursus scolaire et professionnel (niveau de scolarité et pertinence de l'expérience) et l'adéquation de ses comportements une fois en poste. Pour produire du pouvoir légitime, l'agent doit mériter le poste qu'il occupe autant par ses antécédents que par la façon dont il assume les fonctions y étant rattachées. Les processus de production du pouvoir légitime sont présentés à la figure 1.7, à la page suivante.

Idéalement, l'actualisation des fonctions de l'agent doit correspondre à l'idée que s'en fait la cible. Si l'exercice du pouvoir légitime par l'agent se révèle compatible avec l'attente de la cible, celle-ci acceptera volontiers de se soumettre à son autorité. Les demandes de l'agent s'inscriront en quelque sorte dans la zone d'indifférence[12] de la cible. Cette zone faiblement pourvue d'esprit critique correspond essentiellement au concept de contrat psychologique établissant implicitement la recevabilité des requêtes formulées par l'agent. La célèbre expérience de Milgram, réalisée au début des années 1960 et portant sur la soumission à l'autorité, démontre à quel point la légitimité et la crédibilité de l'agent – en l'occurrence, un chercheur scientifique œuvrant dans un centre universitaire de renommée internationale – l'emportent

12. Notion développée par Barnard (1938).

FIGURE 1.7 LE PROCESSUS DE PRODUCTION DU POUVOIR LÉGITIME

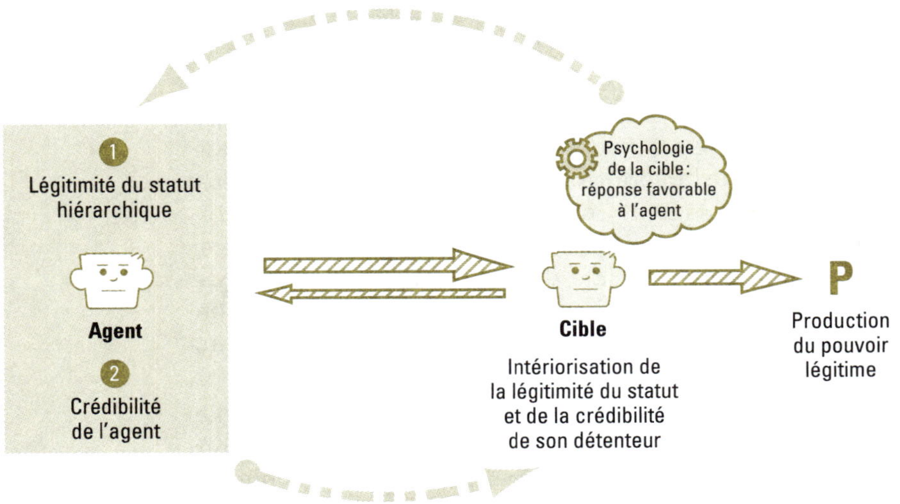

en valeur prédictive sur la teneur objective de la demande formulée. Effectivement, tous les participants à l'expérience, soit 40 hommes âgés de 20 à 50 ans, ont obéi aux directives de l'expérimentateur en administrant plusieurs décharges électriques d'intensités croissantes à un sujet complice, jusqu'à l'atteinte d'une intensité de 300 volts. À ce stade de l'expérimentation, le sujet complice frappait le mur, feignant ainsi d'éprouver une vive douleur[13].

1.5.1.1 Les bases structurelles de pouvoir

Le statut hiérarchique peut par ailleurs participer à la production indirecte de trois autres types de pouvoir organisationnel. Effectivement, posséder cette ressource primaire structurelle de pouvoir donne accès à trois types de ressources secondaires (bases de pouvoir) structurelles, respectivement susceptibles de produire un pouvoir sur la cible. Les trois bases de pouvoir structurelles sont la récompense, la punition et l'information. Une personne occupant un poste hiérarchiquement élevé dans l'organigramme détient souvent, auprès des employés relevant de son autorité, la

13. Pour une description détaillée des conditions expérimentales et une formulation éclairante des explications des étonnants résultats obtenus, consulter les travaux de Milgram (1963, 1964 et 1965).

responsabilité d'accorder les récompenses statutairement prévues par l'entreprise. Il doit également appliquer les sanctions prescrites dans le cas d'écarts de conduite et diffuser l'information nécessaire au bon fonctionnement des opérations de l'entreprise. Avoir un statut hiérarchique confère la possibilité de manipuler ces trois bases de pouvoir (la récompense, la punition et l'information) et de produire subséquemment les pouvoirs de récompense, de coercition et d'information.

À l'instar d'une source de pouvoir (statut hiérarchique), une base de pouvoir doit être considérée comme minimalement pertinente par la cible pour produire du pouvoir. Alors que la récompense et la punition seront jugées pertinentes d'un point de vue instrumental, l'information le sera d'un point de vue cognitif. Effectivement, la cible réagit par acquiescement à l'offre d'une récompense ou à l'application d'une punition. Lorsque la cible répond favorablement à la demande d'un agent usant de récompense ou de punition, elle n'a pas en soi à intérioriser (pertinence cognitive) la légitimité de son poste hiérarchique et sa crédibilité en tant que détenteur du poste. L'influence exercée par l'agent sur la cible émane du désir d'obtenir la récompense promise ou d'éviter la punition annoncée. Nonobstant le dispensateur de ces deux ressources secondaires, la cible obéit à la force d'attraction de la récompense désirée ou de répulsion de la punition appréhendée. C'est ainsi qu'un agent détenant un statut hiérarchique sans toutefois être en mesure de produire un pouvoir légitime par manque de crédibilité pourrait néanmoins, grâce à sa possession de bases de pouvoir, exercer du pouvoir sur la cible.

Quant à la troisième base structurelle de pouvoir, l'information, celle-ci nécessite un traitement perceptif plus élaboré de la part de la cible pour produire du pouvoir. La cible doit être en mesure d'apprécier (pertinence cognitive) la signification de l'information fournie pour, par la suite, orienter sa pensée ou son action dans le sens du message livré par l'agent. Contrairement à la valeur de la récompense et de la punition formée par l'expérience des conséquences comportementales (conditionnement opérant), la valeur de la teneur d'une information émerge d'une évaluation effectuée au moment même de sa présentation. Alors que la récompense et la punition suscitent chez la cible une réaction (pertinence instrumentale), l'information l'invite à la compréhension (pertinence cognitive). La relation entre le statut hiérarchique et les trois bases structurelles de pouvoir (récompense, punition et information) est présentée à la figure 1.8.

FIGURE 1.8 LA RELATION ENTRE LE STATUT HIÉRARCHIQUE ET LES BASES STRUCTURELLES DE POUVOIR

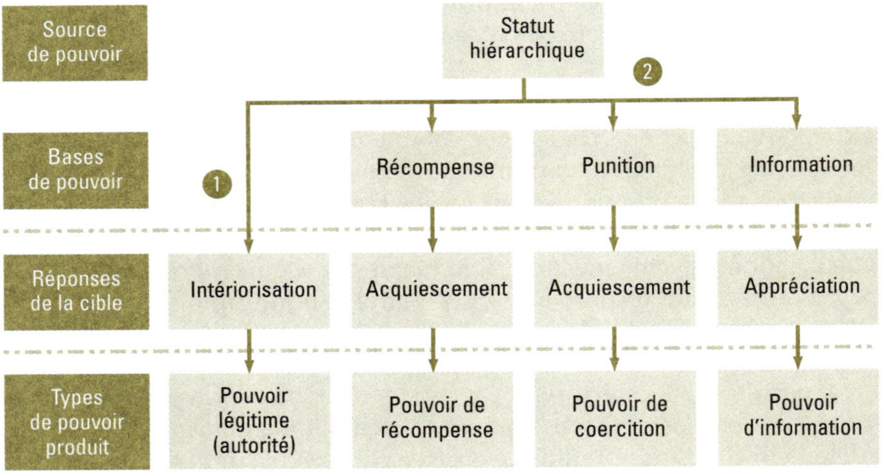

1.5.2 Les sources personnelles de pouvoir

Par ailleurs, le statut hiérarchique n'est pas la seule source de pouvoir organisationnel. Trois autres sources personnelles de pouvoir sont à la disposition de l'agent, soit l'expertise, la personnalité et l'occasion[14]. Ces sources de pouvoir sont essentiellement personnelles en raison du fait qu'elles sont afférentes non pas à la fonction hiérarchique, mais à la personne qui l'occupe.

À l'instar du statut hiérarchique, l'expertise de l'agent puise sa valeur de la pertinence cognitive que lui prête la cible. Plus précisément, sa valeur émane de l'intériorisation d'une reconnaissance sociale d'une norme portant non pas sur la structuration de l'ordre (rapport d'autorité entre supérieur et subalterne), comme c'est le cas du statut hiérarchique, mais plutôt sur la consécration du savoir (rapport entre une autorité et un néophyte). Alors que le supérieur a du pouvoir sur les gens relevant de son autorité, le comptable est

14. L'exploitation concurrente des quatre sources de pouvoir et, subséquemment, des sept bases de pouvoir leur étant afférentes, participe à la maximisation de la troisième dimension du pouvoir, l'étendue.

une autorité en matière de contrôle des finances de l'entreprise. Sans être en mesure d'apprécier toute la profondeur et la complexité des expertises sollicitées, une cible est influencée par celles-ci parce qu'elle a antérieurement appris les rapports d'adéquation entre une problématique donnée et la solution correspondante.

En intériorisant la convenance de différentes catégories professionnelles, la cible, en fonction de ses besoins, prêtera attention au savoir normalement requis pour leur satisfaction. En cas de maladie, la cible consulte le médecin traitant et lui obéit sans pour autant comprendre l'étiologie[15] de sa maladie et la composition moléculaire de la médication prescrite. En situation de divorce, la cible s'en remet volontiers à un avocat sans pour autant saisir la signification des termes juridiques employés ni la logique tarabiscotée des différentes procédures légales entreprises.

Comme on l'a vu, la dynamique du pouvoir de l'information repose sur une pertinence cognitive associée à l'appréciation de la véracité de l'information (contenu du message) livrée par l'agent. Au contraire, celle du pouvoir de l'expertise fait appel à une pertinence cognitive liée à l'intériorisation de l'adéquation du spécialiste consulté (émetteur du message) à la nature du problème à résoudre. Puisque l'appréciation de l'information, réalisée par une cible capable d'évaluer l'exactitude des données fournies, nécessite de la part de son détenteur une démonstration à la fois précise et convaincante, le pouvoir de l'information de l'agent a tendance à avoir une durée moindre que celle du pouvoir de l'expertise. En effet, alors que l'information ne peut se soustraire aux constantes remises en question opérées par la cible, la reconnaissance sociale de l'expertise s'appuie sur l'intériorisation plus définitive et plus généralisée de catégories de savoir professionnel.

La personnalité de l'agent est une ressource à laquelle la cible attribue une pertinence affective. Les gens s'identifient émotionnellement à la personnalité d'autrui plutôt que de l'intérioriser par apprentissage ou de l'apprécier par raisonnement. Dans le cas où la cible s'identifie à l'agent, ce dernier est en mesure de produire du pouvoir de référence. Il est devenu la référence dont s'inspire la cible pour orienter sa conduite. L'identification opérée par la cible résulte ultimement de deux facteurs : la réputation et le charisme de l'agent.

---

15. Étude des causes des phénomènes normaux ou non.

La réputation précède toujours la rencontre entre l'agent et la cible. Elle est le produit d'une attestation sociale largement consensuelle de l'unicité, de l'originalité, de la notabilité, de la respectabilité ou de la supériorité de l'agent. L'agent est une personnalité – une personne bien en vue – soit dans son domaine d'activités, soit dans la vie en général. Il se présente à la cible, enveloppé d'une aura, legs de son existence passée. Par ailleurs, plutôt que d'*être* une personnalité, certains agents *ont* une personnalité charismatique. Certaines caractéristiques personnelles, relevant pour la plupart du comportement non verbal, concourent à leur potentiel de séduction. Leur apparence physique, leur posture, leur prestance, leur regard ou leur façon de s'exprimer leur confère une sorte de magnétisme qui fascine les gens croisant leur chemin. Comparativement aux autres types de pouvoir organisationnel, le pouvoir de référence est celui qui présente le plus grand potentiel de durée. Ceci est principalement dû à la nature de la réponse psychologique de la cible participant à sa production : l'identification.

Cette réponse psychologique se démarque nettement des autres réponses psychologiques émises par la cible, en ce sens qu'elle implique obligatoirement une réduction appréciable, pouvant aller jusqu'à une suppression totale dans certains cas, de la distance psychique entre la cible et l'agent. Lorsque la cible émet une réponse d'acquiescement (pertinence instrumentale attribuée à la ressource de l'agent), d'appréciation ou d'intériorisation (pertinence cognitive attribuée à la ressource de l'agent), elle conserve toujours un certain esprit critique relativement au bien-fondé des demandes de l'agent. Par contre, lorsque la cible affiche une réponse d'identification (pertinence affective attribuée à la ressource de l'agent), elle cesse dans une certaine mesure d'être elle-même pour devenir semblable à l'agent. Il s'effectue donc un rapprochement psychologique de la cible vers l'agent. L'acteur B (la cible) se déplace psychologiquement vers l'acteur A (l'agent) pour, en quelque sorte, se superposer à lui et devenir ainsi l'acteur A' (le clone de l'agent).

L'identification totale est synonyme d'obnubilation. Par exemple, l'agent demande à la cible de sauter et celle-ci lui répond : « À quelle hauteur ? » Le pouvoir de référence est le plus souvent l'apanage des idoles, des héros, des mystiques, des prophètes et des gourous. La figure 1.9 présente la réduction de la distance psychique entre l'agent et la cible en fonction du type de réponse psychologique engendrée chez cette dernière.

FIGURE 1.9 LA DISTANCE PSYCHIQUE ENTRE LES ACTEURS ET LA RÉPONSE PSYCHOLOGIQUE DE LA CIBLE

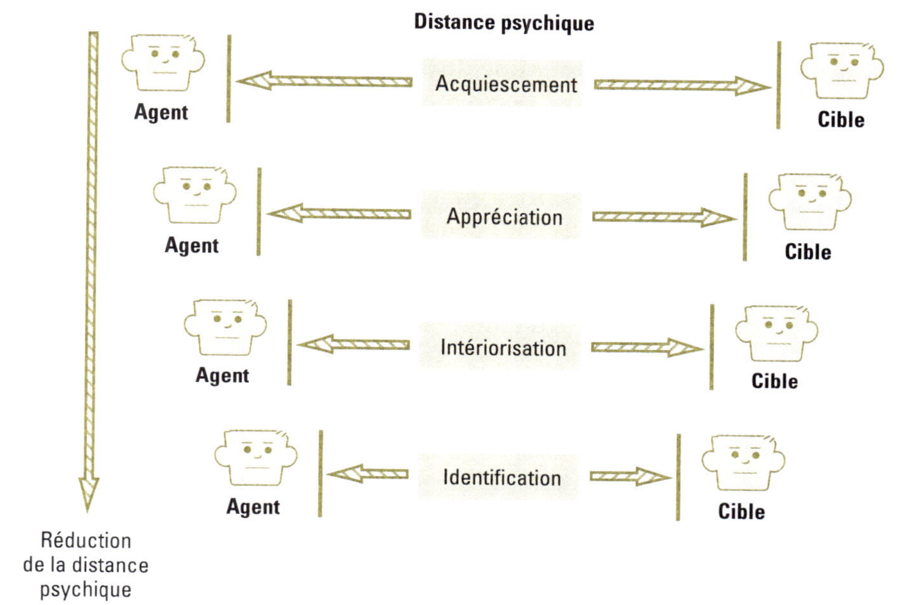

L'occasion est la seule source de pouvoir qui n'a pas le potentiel d'engendrer directement du pouvoir. En fait, l'occasion est essentiellement une voie d'accès – imperceptible en soi – à des ressources secondaires (bases de pouvoir) personnelles de pouvoir. Elle permet de manipuler des ressources n'appartenant pas en propre à l'entreprise, mais plutôt à l'agent. Au nombre de quatre, ces bases de pouvoir sont le rayonnement, les relations, les représentations et le résiduel[16].

1.5.2.1 Les bases personnelles de pouvoir

Le rayonnement fait référence à l'image de l'agent. Faire bonne impression constitue ici sa principale préoccupation. La fabrication d'une image impressionnante de l'agent repose sur diverses formes de manipulation du rayonnement dont les principales sont : l'exploitation de rituels et de symboles, l'établissement de fréquentations sélectives, la diffusion de réalisations importantes, la défense de causes

16. Veuillez noter que ces notions fondamentales seront expliquées plus en détail à la section 2.3, à la page 50.

nobles et l'identification de boucs émissaires. La mise en évidence réussie de la personne de l'agent est susceptible de provoquer chez la cible une réponse d'identification et, conséquemment, un pouvoir de type promotionnel.

Il sied d'établir une distinction entre le pouvoir de référence dérivant de la personnalité de l'agent et le pouvoir promotionnel créé par son rayonnement. Le pouvoir de référence résulte de la personnalité de l'agent. Essentiellement composée d'attributs internes et naturels, la personnalité de l'agent existe indépendamment de ce que ce dernier peut penser ou faire. L'agent n'a pas à incarner sa personnalité ; il a simplement à l'assumer. À la suite de la cristallisation de l'amalgame du tempérament (caractéristiques innées) et du caractère (caractéristiques apprises), se produisant au début de la vingtaine, une personne est extravertie ou introvertie, charismatique ou effacée, ou encore assurée ou timide. Structuration passablement stable de l'intellect et de l'affect, la personnalité traduit ce qu'est foncièrement la personne.

Par contre, le pouvoir promotionnel engendré par le rayonnement nécessite l'activation des attributs externes et artificiels de l'agent composant ultimement son personnage. Contrairement à la personnalité, le personnage n'a d'existence que dans la mesure où il est interprété. On ne joue pas une personnalité, mais bien un personnage. Relevant du paraître, le rayonnement vient maquiller, voire embellir la personnalité, c'est-à-dire ce qui est. Aussi un agent ayant une personnalité anxieuse, mais possédant de fins talents d'acteur pourrait-il camper un personnage totalement confiant en lui-même et dans l'avenir. En s'en remettant à sa personnalité pour produire du pouvoir, l'agent met à profit, en quelque sorte, les investissements de la cible à son endroit. D'une certaine façon, il semble congru d'affirmer que la cible prend une part beaucoup plus active que lui dans la production de pouvoir. Par contre, en exploitant son rayonnement, se résumant pour l'essentiel à la construction d'une image attirante, l'agent apparaît plus actif que la cible dans la création du pouvoir.

Les relations de l'agent lui fournissent le soutien nécessaire à son action politique. Qu'elles s'actualisent sous forme de mentorat, de réseautage, de coalition, de cooptation, de placement ou de symbiose, les relations contribuent au développement ainsi qu'à la protection de l'agent. En associant à l'agent des appuis, elles ont une valeur tant persuasive que dissuasive. Elles forment l'assiette politique de l'agent.

Les représentations concernent le jeu de l'agent lors d'une tentative d'influence. Il s'agit en fait d'une prestation scénique ayant pour dessein de persuader (persuasion rationnelle, recours aux intérêts supérieurs et éveil aux avantages personnels), d'émouvoir (appel à l'inspiration et demande personnelle), ou d'amadouer (bienveillance, faveur obligataire[17] et discernement normatif[18]) la cible.

Le résiduel fait référence aux moyens personnels utilisés par l'agent lors des représentations auprès de la cible. Alors que les représentations de l'agent correspondent à la forme de l'échange avec la cible, le résiduel est la substance de celui-ci. Contrairement aux récompenses et aux sanctions formellement inscrites dans le contrat de travail et qui, lorsqu'activées, engendrent respectivement les pouvoirs de récompense et de coercition, le résiduel est à géométrie variable et son utilisation demeure aléatoire. Celle-ci dépend en effet strictement de la volonté stratégique de l'agent et non de l'application d'une convention collective. Les principales ressources discrétionnaires (le résiduel) exploitées par l'acteur sont l'humain, l'argent, la matière, la technologie, l'espace, le temps et la signification[19].

La figure 1.10, à la page suivante, synthétise la dynamique de la production des 10 types de pouvoir organisationnel au moyen d'un modèle synoptique[20].

17. Cette expression désigne le fait de consentir à quelqu'un une faveur quelconque et, ainsi, d'en faire son obligé.

18. Aptitude à choisir entre respecter l'esprit d'une directive ou l'appliquer à la lettre.

19. Nous examinerons ces éléments plus en détail à la sous-section 2.3.4, à la page 55.

20. Capacité de produire une vision d'ensemble d'une réalité.

FIGURE 1.10 LE MODÈLE SYNOPTIQUE DE LA PRODUCTION DES 10 TYPES DE POUVOIR ORGANISATIONNEL

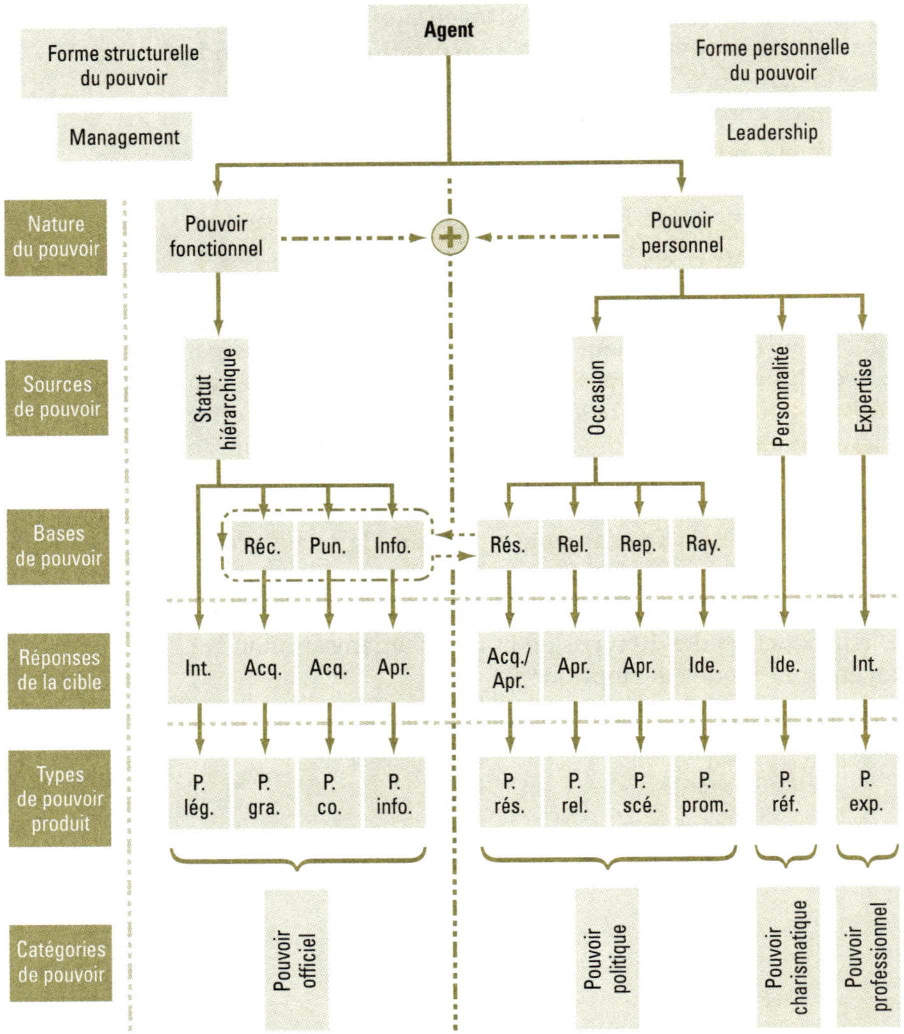

Remarque: Les abréviations utilisées dans la figure 1.10 sont définies au tableau 1.4.

TABLEAU 1.4 LA DÉFINITION DES ABRÉVIATIONS PRÉSENTES DANS LA VISION SYNOPTIQUE DE LA PRODUCTION DE POUVOIR

Catégories conceptuelles	Abréviations	Définitions
Bases de pouvoir	Réc.	Récompense
	Pun.	Punition
	Info.	Information
	Rel.	Relation
	Rep.	Représentation
	Rés.	Résiduel
	Ray.	Rayonnement
Réponses de la cible	Int.	Intériorisation
	Acq.	Acquiescement
	Apr.	Appréciation
	Ide.	Identification
Types de pouvoir produit	P. lég.	Pouvoir légitime (autorité)
	P. gra.	Pouvoir gratifiant (pouvoir de récompense)
	P. co.	Pouvoir coercitif (pouvoir de coercition)
	P. info.	Pouvoir informationnel (pouvoir d'information)
	P. rés.	Pouvoir résiduel (pouvoir discrétionnaire)
	P. rel.	Pouvoir relationnel (pouvoir des relations)
	P. scé.	Pouvoir scénique (pouvoir des représentations)
	P. prom.	Pouvoir promotionnel (pouvoir de rayonnement)
	P. réf.	Pouvoir référentiel (pouvoir de référence)
	P. exp.	Pouvoir expert (pouvoir d'expertise)

Études de cas et questions

1. Le Collège Karrington

Situé à Clear Lake, une petite ville du nord de l'État de l'Iowa, le Collège Karrington est une maison d'enseignement mixte qui accueille quelque 600 étudiants. Fondé en 1893 par lord Arthur Karrington, un riche aristocrate d'origine anglaise venu s'établir dans cette région à la fois sauvage et pittoresque, le Collège Karrington est une institution des plus traditionnelles, où discipline et réussite scolaire constituent les deux valeurs cardinales de la mission éducationnelle. En fait, toute la région est foncièrement instillée par un fort courant de conservatisme religieux.

Nous sommes en 1958. Le directeur des études du collège, monsieur Walter Schwartz, croise dans le couloir menant aux salles de cours réservées aux classes préuniversitaires Buddy Ashton, un étudiant de treizième année.

— Monsieur Ashton, ne devriez-vous pas être en classe ? Il me semble que nous sommes lundi, et il est déjà 9 h 45.

— Oui, Monsieur Schwartz. J'avais oublié mon livre d'histoire dans mon casier.

— Que vos yeux sont rouges, Monsieur Ashton !

— Oui. La fatigue des fins de semestre. J'étudie beaucoup ces temps-ci.

— C'est très bien, Monsieur Ashton. Maintenant, il serait grand temps de vous rendre à votre leçon d'histoire.

— Oui, j'y vais de ce pas.

Poursuivant sa ronde, monsieur Schwartz marmonne : « Espèce de petit conard*. Comme ça, on étudie très fort. » Arrivé tout près des casiers des étudiants, le directeur des études jette un coup d'œil furtif dans les toilettes situées au même étage. Une étrange odeur de soufre y règne. Poussant lentement la petite porte métallique du dernier cabinet d'aisances, celui qui côtoie la fenêtre, monsieur Schwartz aperçoit un mégot flottant à la surface de la cuvette. « Tiens, tiens, les yeux rougis par un excès d'étude... » grommelle-t-il avec ironie.

Dans la classe des sciences naturelles, monsieur Gerry Berryhill traite de la notion de phylogenèse[21].

— L'Homme entretient avec ses congénères des relations fortement conditionnées par les forces de son inconscient. Il agit sans connaître les causes de son comportement. De plus, son inconscient se serait anobli avec le passage du temps. L'Homme est maintenant capable de sublimer inconsciemment ses pulsions bestiales.

— Cela veut-il dire que nous faisons des choses sans le savoir ? Un peu comme un somnambule ?

— Non, Janet. Nous savons que nous agissons, mais nous ignorons, la plupart du temps, pourquoi.

— Donc, Monsieur Berryhill, nous ne sommes pas, la plupart du temps, responsables de nos actes.

— Non, John ! L'être humain est toujours responsable de ses actes, car il a le devoir de réfléchir à ce qu'il fait. Il doit prendre conscience de la valeur et de la portée de ses comportements.

21. Étude du développement des espèces.

* Certains personnages fictifs mis en scène dans les études de cas font parfois usage d'un langage familier. Ce procédé a pour but de souligner certains traits de caractère et est utilisé à l'intérieur de dialogues en général.

— Comment pouvons-nous, Monsieur Berryhill, prendre conscience de quelque chose qui, par définition, échappe à notre champ de conscience ?

— Euh… Écoutez, nous reprendrons ce sujet la semaine prochaine. N'oubliez pas de lire le texte de Sigmund Freud sur l'interprétation des rêves. Allez ! Bonne semaine.

Dans l'escalier conduisant à la cafétéria, les étudiants poursuivent la discussion :

— Moi, je ne comprends strictement rien à cette notion d'inconscient.

— Écoute, John, c'est comme lorsque tu dors. Tes rêves sont des manifestations de ton inconscient.

— Mais Rita, je sais que je rêve. Et je me souviens, le matin, du contenu de mes rêves. Je ne suis pas amnésique. Moi, je crois que l'inconscient n'existe pas. Je sais toujours ce que je fais. Et puis, je ne comprends rien à cette autre notion de suplination.

— Non, John ! On dit « sublimation ».

— Je vais échouer à mon examen de fin d'année, ça, c'est sûr. Moi, j'aime mieux les maths. C'est concret et logique. C'est beaucoup plus facile de retenir une formule mathématique. Tout ce que tu as à faire, c'est de l'appliquer.

Un à un, les étudiants s'engouffrent paisiblement dans la cafétéria. On y sert aujourd'hui du potage au navet, du pâté au poulet et du gâteau au citron. Le repas est évidemment accompagné d'un grand verre de lait. Peu de temps après le début du dîner, une bousculade éclate entre George Mitchell et Buddy Ashton. À la vitesse de l'éclair, un attroupement d'étudiants se forme autour des deux belligérants. Sans perdre un instant, monsieur Schwartz, assis au fond de la salle, délaisse son potage encore tout fumant et fonce vers l'échauffourée. Se faufilant entre les spectateurs exaltés par cette scène disgracieuse, monsieur Schwartz aperçoit George Mitchell allongé par terre sur le ventre, ses lunettes brisées à quelques pieds de sa tête.

— Mais que se passe-t-il ici, bon sang ?

— C'est Buddy Ashton qui l'a frappé avec son poing, Monsieur Schwartz !

— C'est faux ! Je ne l'ai pas frappé. Nous nous sommes poussés et il a trébuché sur une chaise.

— Non, Monsieur Schwartz ! Il lui a donné un coup de poing en pleine figure parce que May a choisi George pour l'accompagner samedi soir à la danse. C'est un malade. Il aime faire mal aux autres, surtout aux plus petits.

— Ça, c'est vrai, Monsieur Schwartz. Il est jaloux de George. Et puis, tout le monde sait que les Ashton sont une bande de timbrés. Son père a déjà fait de la prison.

— Toi, si tu ne la fermes pas, je vais te…

— Ça suffit ! Que tout le monde regagne sa place. Quant à vous, Messieurs Mitchell et Ashton, suivez-moi à mon bureau.

Durant l'après-midi, la classe de Janet Woodward est soumise à une épreuve évaluée en chimie organique. Le test ne semble pas s'être très bien déroulé pour John Pinski. Sur le chemin du retour à la maison, Janet et John entretiennent une conversation sur leur parcours scolaire.

— J'ai complètement foiré mon test de chimie.

— Tu as eu combien, John ?

— Tu vas rire de moi.

— Mais non ! Allez, tu as eu combien ?

— 2 sur 10.

— En effet, tu l'as complètement raté.

— Et toi ?

— J'ai eu 10 sur 10, comme d'habitude.

— C'est de la faute de ce damné professeur Fulmer. Il a le cerveau tout ramolli. Ses explications au tableau sont toujours nébuleuses. Il passe son temps à se contredire. Une fois, la formule est H_2SO_4 et, une autre fois, elle devient H_2SO_6. C'est un vieux radoteur. Tu te rends compte que ce vieux croûton de Fulmer va me faire rater mon entrée en sciences à l'université ? J'ai toujours eu du succès à l'école et voilà qu'un vieillard sénile est en train de briser mon avenir. On devrait interdire aux vieux débiles d'enseigner.

— John, tu oublies que monsieur Berryhill a à peine 45 ans et il me semble que tes résultats en sciences naturelles sont tout aussi catastrophiques.

— Berryhill est plus gâteux que ce vieux lavement de Fulmer.

— John Pinski, laisse-moi te dire que tu es terriblement impoli et imbu de ta petite personne. Moi, je trouve au contraire que monsieur Fulmer est un excellent pédagogue. Je dois maintenant te quitter et je ne te dis pas bonsoir.

Pendant ce temps, au casse-croûte *Blue Bubbles*, un groupe d'étudiantes s'est réuni pour siroter un soda.

— Je suis sûre que Buddy Ashton va m'offrir de l'accompagner à la danse, samedi soir. Je pense qu'il en a assez de cette petite sotte de May Clarendon. Il travaille à l'épicerie Burrell comme commis et, samedi dernier, il m'a regardée droit dans les yeux. Il m'a même parlé.

— Qu'est-ce qu'il t'a dit ?

— Bande de petites curieuses !

— Allez, Susan. Dis-nous ce qu'il t'a dit !

— Il est tellement beau avec ses cheveux noirs enduits de brillantine et son col de chemise relevé à l'arrière ! Il ressemble à ce chanteur qui est passé à la télé l'autre soir. Euh… Vous savez, Marvis Tesley.

— Non ! C'est Elvis Presley.

— Oui, c'est ça, Presley.

— Mais qu'est-ce qu'il t'a dit, enfin ?

— Il m'a dit que je ressemblais à ma mère.

— C'est tout ?

— Je suis sûre que je lui plais, mais qu'il hésite à me le dire. Vous savez, malgré ses airs de fanfaron, Buddy Ashton est un grand timide. Je vous parie un coca qu'il me téléphonera pas plus tard que demain soir pour m'inviter à la danse. Vous avez vu sa moto ? Une Indian turquoise toute chromée. Je rêve de monter sur ce bolide d'enfer et de filer à vive allure avec Bud. Quelle vitesse pensez-vous que ce type d'engin peut atteindre ?

— Je ne sais pas. Je n'en ai pas la moindre idée.

— Allez, force-toi un peu, Mary ! Croirais-tu qu'une telle moto puisse rouler à 100 milles à l'heure ?

— Euh… peut-être. Je crois bien que c'est possible car, l'autre jour, nous avons été doublés par une moto et nous roulions très vite. Oui, je pense que 100 milles à l'heure, c'est possible.

— Quel est ton signe, Susan ?

— Scorpion.

— Oh ! C'est bon pour toi, cette semaine. Il est écrit : « Vous ferez une rencontre où l'amour sera au rendez-vous. »

— Voyons, Paula. Tout ça, ce sont des sornettes pour grands naïfs.

— Pas du tout, ma chère. Tu sauras que les astres ne mentent pas.

Le même soir, à 18 h précises, le comité de direction du Collège Karrington tient sa réunion hebdomadaire. Ce comité est composé de monsieur Burt Newman, le directeur du Collège Karrington, de monsieur Walter Schwartz, le directeur des études, de monsieur Gerry Berryhill, le représentant des professeurs, et de madame Cecil Foster, la directrice du registraire.

— Monsieur le Directeur, j'ai bien peur que nous ayons dans nos murs un fauteur de troubles.

— Ah oui ? Qui est-ce ?

— Buddy Ashton. Il s'est bagarré aujourd'hui avec un autre étudiant. C'est une tête forte qui délaisse souvent ses cours pour aller fumer dans les toilettes. Ce midi, il a littéralement assommé d'un coup de poing George Mitchell, un garçon plutôt rangé.

— Monsieur Schwartz, certains étudiants soutiennent la version de Buddy Ashton. Selon eux, il y aurait bel et bien eu bousculade et George aurait trébuché accidentellement sur une chaise.

— Ce sont des balivernes, Madame Foster. Ces étudiants sont sûrement des amis de Buddy Ashton. En ce qui me concerne, leurs témoignages n'ont aucune valeur.

— En tant que directeur de notre institution, je suis davantage préoccupé par la danse de samedi soir que par l'empoignade de deux collégiens. Comme vous le savez, un groupe de musique, les Everly Brothers, se produira dans notre gymnase. Ces deux garçons ont la réputation de faire craquer les jeunes filles. Une de leurs chansons est présentement au sommet du *hit-parade.* Je crois que c'est *Bye Bye Love.* C'est un genre de ballade faisant l'apologie du libertinage. Et puis, leur chanson *Cathy's Clown* est propice à des danses lascives où les partenaires s'étreignent l'un contre l'autre pendant de longues minutes.

— Mais où avez-vous pris cette information? Moi, ce que j'en sais, c'est que les Everly Brothers sont des garçons très bien qui font de la musique rythmée.

— J'ai lu un article peu élogieux à leur sujet, publié dans le journal *Des Moines Tribune* ce matin, et cela me suffit amplement, Monsieur Berryhill. Je ne veux pas que notre collège cautionne des comportements licencieux. Aussi, je vous demande, à vous tous, d'assister à la danse de samedi soir. Je ne veux pas d'accolades ni de furetages de mains dans le bas du dos. Surveillez également les toilettes. Pas d'alcool ni de cigarettes!

— Je suis heureux d'entendre cela, Monsieur Newman. Je lisais, la semaine dernière, une étude réalisée par un éminent sociologue de Harvard. Selon le chercheur, les comportements excentriques et instinctuels des vedettes de la chanson populaire et du cinéma participent sérieusement à la dépravation des mœurs de notre société. Les résultats de cette étude sont encore tout frais à ma mémoire. Le sociologue en question affirmait avec justesse que la fin tragique de James Dean constituait un exemple flagrant des dangers que recèle une vie basée sur la recherche de sensations fortes. En tant que directeur des études, je suis, par ailleurs, préoccupé par l'existence d'une certaine déviance en matière de tenue vestimentaire. En effet, certaines de nos étudiantes ont adopté la très fâcheuse manie de rouler leur jupe à la taille afin de la raccourcir. Nous voyons maintenant les genoux de ces jeunes dames. Cela perturbe énormément les garçons. Plusieurs professeurs se plaignent du manque de concentration en classe des garçons, de plus en plus victimes d'un sérieux problème de strabisme. Je crois que nous devons passer un message clair à nos étudiantes un peu trop délurées. Elles doivent comprendre que la jupe se porte en bas du genou à Karrington. Si nous ne faisons rien maintenant, bientôt c'est leur nombril que nous verrons !

Question

En vous référant au tableau 1.3 (Les types de biais psychologiques), aux pages 10 et 11, repérez les différents types de biais psychologiques présents chez les personnages du Collège Karrington. Justifiez vos réponses par des extraits appropriés du cas.

2. Un bien triste roi !

Boris Pozolenko est le président-directeur général de la société Pozoïdon. Fondée en 1998, cette entreprise fabrique des logiciels destinés à la gestion de projets. Ingénieur en électronique, Boris a immigré au Canada en 1993. Il était, à l'époque, âgé de 42 ans et caressait l'idée de se lancer en affaires. Avec deux compatriotes russes informaticiens de formation et arrivés au pays en même temps que lui, Boris a inventé un logiciel permettant de gérer concurremment les aspects administratifs, financiers et opérationnels de projets en ingénierie. Le succès fut immédiat et, surtout, retentissant. Le logiciel, appelé Odessa Champion Manager, tire sa popularité de sa très grande facilité d'utilisation. Sans être excessivement puissant en matière de traitement de données croisées, ce logiciel, de par sa facture essentiellement iconique, se révèle particulièrement *user friendly.* Après deux ans de commercialisation, ce logiciel est utilisé dans plus d'une centaine d'entreprises œuvrant pour la plupart en Amérique du Nord.

Pozoïdon compte 67 employés. La très grande majorité de ceux-ci sont informaticiens, programmeurs ou techniciens en informatique. Boris est un homme directif. Il aime que les choses se fassent rapidement. Pour lui, le travail consiste à faire ce pour quoi on est payé. Il n'aime pas répéter deux fois la même chose. Le temps lui est précieux. Lorsqu'il pose une question à quelqu'un, il veut une réponse tout de suite. Boris sait qu'il est autoritaire et cette caractéristique lui sied bien. Effectivement, son style de gestion, axé essentiellement sur les résultats, manque de souplesse et d'empathie. Être craint par ses employés ne pose pas de problème à Boris. Au contraire, il estime que, pour être respecté dans la vie, on doit être craint. À ce sujet, Boris est convaincu que tous ses employés ont à son endroit beaucoup de respect. Après tout, c'est lui qui leur permet de bien gagner leur vie. C'est lui qui leur offre la possibilité de faire leurs preuves et de se réaliser sur le plan professionnel. C'est lui qui leur donne une identité sociale. Conséquemment, il va de soi que les employés de Pozoïdon respectent le grand patron.

Un soir de septembre, Boris retourne inopinément au bureau prendre un dossier pour planifier une demande de subvention gouvernementale. En passant dans le couloir menant à l'antre du grand timonier – son bureau –, Boris entend des voix et des éclats de rire provenant de la salle de conférence. La porte de la pièce n'est pas complètement fermée et son entrebâillement, d'à peine un centimètre, permet de voir ce qui s'y déroule. À pas de loup, Boris s'approche et observe les agissements du petit attroupement. Il s'agit d'un groupe d'une dizaine d'employés travaillant à la conception d'un logiciel didactique destiné au service à la clientèle dans le secteur bancaire. De toute évidence, les joyeux lurons croient être seuls à l'étage ou ont carrément oublié de faire le guet. Jean-Jacques, un jeune informaticien très talentueux, fait rire aux éclats ses camarades de travail en se livrant à une imitation du grand patron. Afin de bien caricaturer physiquement Boris, dont l'anatomie a pour principales caractéristiques une sévère calvitie, une obésité franchement problématique et une énorme verrue sur le bout du nez, notre jeune plaisantin, coiffé d'un bonnet de bain, a placé le coussin d'un fauteuil sous son veston et a collé sur son appendice nasal un gros morceau de gomme à mâcher préalablement mastiquée. En affectant un grave accent slave, Jean-Jacques imite le PDG avec toutes ses manies et ses tics. Tout l'auditoire se bidonne allègrement et en rajoute verbalement. Une vraie ribouldingue!

Boris recule très doucement et, sur la pointe des pieds, il emprunte furtivement l'escalier de service pour se rendre au stationnement intérieur. Il est terriblement déçu et, surtout, profondément blessé. Dans son auto, il se met à pleurer comme un gamin. Il ne comprend pas pourquoi les gens peuvent être si méchants. Que le monde est cruel et ingrat!

Question

En vous référant à la figure 1.7 (Le processus de production du pouvoir légitime), à la page 20, expliquez la chagrinante surprise de Boris Pozolenko.

3. Une journée de chien

— Votre rapport est carrément pitoyable! Qu'est-ce que vous voulez que je fasse avec un torchon comme ça?

Cette remarque de monsieur Renaud Bristel, directeur des activités commerciales, à l'endroit d'un jeune analyste, Bernard Palefrenier, diplômé en marketing d'une École supérieure de commerce de la région parisienne et à l'emploi de la Société Wolfish depuis à peine huit mois, lançait la rencontre de planification stratégique du lundi 8 mai 2000. Les 11 membres du département de commercialisation des produits de la Wolfish assistaient régulièrement à ce type de rencontre hebdomadaire. La société française concevait et fabriquait du mobilier de bureau haut de gamme depuis plus de 70 ans.

La cinglante remarque de monsieur Bristel sidéra Bernard. Il avait tellement travaillé pour colliger les données et établir des paramètres réalistes permettant de baliser le potentiel du marché sud-américain... Quoique profondément meurtri, il absorba la critique acerbe de son patron tout en s'efforçant de contenir son émotivité. La voix quelque peu chevrotante, Bernard répondit posément à la rebuffade verbale.

— Le rapport n'est certes pas exhaustif et je suis conscient qu'il reste encore des éléments à analyser. Toutefois, les estimations des taux de pénétration du marché par nos compétiteurs européens nous permettent d'établir l'existence de certaines niches stratégiques qui sont, je pense, prometteuses.

— Foutaise ! rétorqua le grand patron. Votre rapport est un ramassis d'inepties. Je vous avais demandé une étude détaillée permettant de jauger l'ancrage commercial de la firme allemande Blitz au Brésil et en Argentine. Eh bien, on peut dire que vous vous êtes joyeusement gouré. Vos chiffres sont totalement saugrenus. Vous deviez exploiter les données recueillies l'année dernière par votre prédécesseur et nous brosser un vrai tableau de la situation. Tout ce que nous avons, ce sont des gribouillis incompréhensibles ; des putains de diagrammes qui vont dans tous les sens. Eh bien, c'est du joli ce que l'on vous enseigne dans les grandes écoles de gestion.

Sur ces mots, monsieur Bristel lança le rapport sur la table en affichant une moue dédaigneuse.

Un silence de mort régnait dans la pièce. Brigitte, une collègue de travail de Bernard, enchaîna avec le deuxième point à l'ordre du jour, soit la présentation de la mise en marché d'un nouveau bureau de ministre plaqué en merisier de Provence. La réunion se poursuivit cahin-caha. Les échanges étaient ternes et laborieux. Lourdement calé dans son fauteuil, Bernard, les yeux hagards, était plongé dans une profonde réflexion. Quel était son avenir au sein de l'entreprise ?

Une fois la réunion terminée, Bernard enfila prestement son manteau de pluie pour se rendre au resto le plus près. En traversant le somptueux hall d'entrée de la Société, ses yeux fixèrent longuement la fameuse devise de la Wolfish, inscrite en grosses lettres cuivrées sur un mur en travertin vert-de-gris: « Pour un espace plus humain ». Bernard se demandait bien ce qu'il y avait d'humain à la Wolfish.

S'étant installé à une petite table de la terrasse du restaurant *Aux goinfreries de Pantagruel,* Bernard vit deux de ses collègues de travail, Brigitte et Catherine, se joindre à lui pour le déjeuner.

— Quelle dérouillée ! lança bruyamment Catherine. Tu en as pris plein la tête, ce matin !

— Ouais, ouais !

— Ne t'en fais pas avec ça, poursuivit-elle, c'est encore un de ses coups de gueule. Tu sais, Bristel aime bien humilier les jeunes employés. C'est sa façon à lui de se montrer supérieur à nous. Tu te souviens de la fameuse commande de la défense nationale ? Il m'a engueulée comme du poisson pourri alors que c'est lui qui était totalement à côté de ses pompes. Pauvre con !

— Tu parles ! s'écria Brigitte, il n'a même pas réussi son bac et il se permet de nous faire la leçon. C'est un vieux « schnock » !

— Moi, il commence à me faire suer. De toute façon, toute la boîte est tordue. Le jour de mon embauche, j'ai eu droit au grand discours humaniste : la chance de pouvoir s'épanouir pleinement dans un environnement de travail humain. Deux semaines plus tard, on commençait à me traiter comme du bétail. Ça fait 2 mois que je bosse au moins 80 heures par semaine pour terminer ce foutu rapport. Je n'ai pas touché un centime pour mes heures supplémentaires. Tout ce que j'ai reçu, c'est une claque sur la gueule devant tout le monde.

— Moi non plus, renchérit Catherine, je n'ai jamais touché un rond pour les heures supplémentaires, et Dieu sait que j'en ai fait. Jamais un bon mot, jamais de signe d'appréciation.

— Mes amis, nous ne sommes pas très loin de *Germinal* ! de conclure Brigitte.

Au retour de ce déjeuner copieusement arrosé, Bernard fut convoqué sur-le-champ au bureau de monsieur Bristel. Celui-ci fulminait et faisait les cent pas dans son bureau. La secrétaire de monsieur Bristel lança un regard compatissant à Bernard et lui susurra au passage : « Bonne chance ! »

Question

En vous référant à la figure 1.10 (Le modèle synoptique de la production des 10 types de pouvoir organisationnel), à la page 28, décrivez la dynamique du pouvoir de monsieur Renaud Bristel lors de ses échanges avec Bernard Palefrenier. Justifiez votre réponse à l'aide d'extraits du cas.

CHAPITRE 2

La nature du pouvoir politique

« La femme du monde ne dit jamais “oui”. Quand elle dit “peut-être”, c’est “oui”; quand elle dit “non”, c’est “peut-être”; si elle dit “oui”, ce n’est pas une femme du monde !

Le diplomate ne dit jamais “non”. Quand il dit “peut-être”, c’est “non”; quand il dit “oui”, c’est “peut-être”; s’il dit “non”, ce n’est pas un véritable diplomate ! »

Paroles d’un diplomate israélien

« L’homme est naturellement un animal politique. »

Aristote

« La moitié des hommes politiques sont des bons à rien. Les autres sont prêts à tout. »

Coluche

2.1 La définition du politique

Bien que la notion de pouvoir puisse avoir auprès du grand public une connotation passablement défavorable, celle-ci est de loin supplantée par le caractère péjoratif de la notion de politique. En effet, les expressions « jeu de pouvoir » (*power game*) ou « exaltation de pouvoir » (*power trip*) apparaissent plutôt anodines lorsqu'elles sont comparées à la terminologie du monde politique[1]. Dans bon nombre de milieux, le mot « politicien » est souvent associé automatiquement au stéréotype fort peu flatteur du « politicailleur » versé dans la pratique systématique du fricotage, du grenouillage, du magouillage et du tripotage. Dans l'imaginaire populaire, le politicien est essentiellement quelqu'un qui, tapi dans de sombres officines[2] feutrées, ourdit[3] d'inavouables manigances et complots. Les sulfureuses et légendaires intrigues savamment orchestrées par le cardinal de Richelieu et par Mazarin illustrent admirablement bien le mythe des obscurs travaux réalisés en sous-main par le politicien, un être sans scrupules et sans états d'âme, prêt à tout pour arriver à ses fins.

Qui plus est, le management stratégique présente traditionnellement l'organisation (structures et opérations) au moyen d'un dualisme manichéen : le modèle rationnel (l'organisation saine) et le modèle politique (l'organisation malsaine). Alors que le modèle rationnel décrit les caractéristiques de l'organisation idéale, dont le fonctionnement repose sur la concertation optimalisée de tous les intervenants, le modèle politique présente l'organisation comme un milieu foncièrement nébuleux, imprévisible et conflictuel. Les composantes de ces deux modèles de l'organisation sont présentées au tableau 2.1.

Il n'est donc pas étonnant de constater que la plupart des définitions du pouvoir politique[4] font référence à des

---

1. Pour une conception particulièrement misérabiliste du pouvoir politique, le lecteur est invité à consulter les travaux de MacGregor Serven (2002).

2. Endroits où les gens procèdent généralement à l'élaboration de quelque chose.

3. Conçoit les bases.

4. Dans la littérature propre à la psychologie organisationnelle, le pouvoir politique est synonyme de comportement politique et est désigné en anglais par les expressions *political behavior, politics* ou *organizational politics.* Par ailleurs, l'expression « habiletés politiques » (*political skills*) renvoie à la maîtrise de l'utilisation du pouvoir politique.

TABLEAU 2.1 LES CONCEPTIONS FONDAMENTALES DE L'ORGANISATION[5]

Caractéristiques des composantes	Modèle rationnel	Modèle politique
1. Symbole	Horloge	Arène
2. Nature des membres	Rouage	Adversaire
3. Relation entre les membres	Collaboration	Compétition
4. Nature des objectifs	Organisationnelle	Personnelle
5. Prise de décision	Objectivité	Subjectivité
6. Teneur axiologique[6]	Homogénéité	Hétérogénéité
7. Critère d'efficacité	Clarté	Nébulosité
8. Information	Transmission	Déformation
9. Fonctionnement	Planification	Improvisation
10. Relation avec l'environnement	Étroite	Lâche

comportements intéressés et, conséquemment, socialement peu acceptables. Les principales définitions du pouvoir politique sont présentées au tableau 2.2, à la page suivante.

L'examen de l'information contenue dans le tableau 2.2 permet d'isoler trois conceptions du pouvoir politique, soit les conceptions négative, relative et positive. Les conceptions négative et positive définissent respectivement le pouvoir politique comme une influence foncièrement égoïste, d'une part, ou un processus essentiel à la démocratisation de la vie communautaire, d'autre part. La conception relative considère plutôt le pouvoir politique comme un moyen personnel de manipuler des ressources afin d'atteindre soit des objectifs organisationnels, soit des objectifs personnels, soit les deux. La valeur relative du pouvoir politique est conditionnée tant par les fins poursuivies que par les moyens mis en œuvre pour arriver à celles-ci. La description explicite de ces trois conceptions est présentée à la figure 2.1, à la page 43.

5. La construction de ce tableau synthétique est inspirée entre autres des réflexions de Bolman et Deal (2003), Morgan (1989), Ouimet (2005) et Pfeffer et Salancik (1977).

6. Qui se rapporte aux valeurs d'une personne, d'un groupe ou d'une société.

TABLEAU 2.2 LA NOMENCLATURE DES PRINCIPALES DÉFINITIONS DU POUVOIR POLITIQUE

Définitions du pouvoir politique	Auteurs
Conception négative	
« La préservation ou l'intensification de son pouvoir associée à la limitation ou à la réduction de celui des autres. »	Miles (1980)
« Les activités à la base de l'acquisition, du développement et de l'utilisation des moyens d'influence permettant d'atteindre les résultats souhaités dans un contexte décisionnel chargé d'incertitudes et de désaccords. »	Pfeffer (1981)
« La mise en œuvre d'activités excédant les normes officielles émises par l'organisation et ayant pour but d'influencer l'orientation de la distribution des avantages et des désavantages à l'intérieur de ses murs. »	Farrell et Petersen (1982)
« Le recours à une action officieuse, obtuse, porteuse de discordes et, surtout, illégitime. »	Mintzberg (1983)
« Le recours à tout moyen permettant l'atteinte de ses objectifs personnels. »	Beeman et Sharkey (1987)
« L'adoption d'un comportement transgressant les façons de faire dûment reconnues par l'organisation et dont l'objectif vise la jouissance d'un bénéfice personnel ou collectif. »	Gibson, Ivancevich et Donnelly (1988)
« Le recours à des actions non approuvées par l'organisation et permettant d'influencer les autres afin d'atteindre ses objectifs personnels au détriment de ceux de l'organisation. »	Drory et Romm (1988, 1990)
« L'influence du comportement d'autrui et du cours des événements afin de protéger ses intérêts personnels, d'obtenir la satisfaction de ses propres besoins et d'atteindre ses objectifs. »	Hellriegel, Slocum et Woodman (1992)
« Les activités poursuivies par les membres de l'organisation servant à favoriser l'obtention de résultats désirés par ces derniers. »	Starke et Sexty (1998)
« L'expression d'une tentative égoïste d'accroître ses gains personnels aux dépens des intérêts de l'organisation. »	Williams et Dutton (2000)
Conception relative	
« L'utilisation de moyens approuvés par l'organisation pour arriver à ses fins personnelles ou l'utilisation de moyens désapprouvés par l'organisation pour réaliser des objectifs organisationnels ou personnels. »	Mayes et Allen (1977)
« La manipulation de ressources officieuses (générées par l'acteur) permettant la défense soit d'intérêts organisationnels, soit d'intérêts personnels, ou la modulation officieuse de ressources officielles (prescrites par l'organisation) permettant la défense d'intérêts personnels. »	Ouimet (2005)
Conception positive	
« L'exercice d'une activité permettant la libre expression des idées. »	Coopey et Burgoyne (2000)
« Le mode d'expression de la nature résolument pluraliste de l'organisation. »	Butcher et Clarke (2003)

FIGURE 2.1 | LES CONCEPTIONS DU POUVOIR POLITIQUE

Valeur du pouvoir politique

−

Conception négative du pouvoir politique

- Le pouvoir politique est un processus d'influence égoïste (défense d'intérêts personnels).
- L'acteur politique est un être foncièrement égocentrique.

?

Conception relative du pouvoir politique

- Le pouvoir politique est un processus d'influence à valence variable (défense d'intérêts organisationnels ou personnels).
- L'acteur politique est un être capable du meilleur et du pire.

+

Conception positive du pouvoir politique

- Le pouvoir politique est un processus d'influence démocratique (conciliation d'intérêts divergents).
- L'acteur politique est un être essentiel à l'humanisation de la vie en entreprise.

2.2 La conception relative du pouvoir politique

Confrontés à l'évidence que l'exploitation d'un moyen officieux peut servir la formation de multiples desseins, nous inscrirons notre cheminement analytique à l'intérieur de la conception relative du pouvoir politique. N'étant ni une perversion devant être impérativement éradiquée ni un indéfectible mécanisme de démocratisation du monde du travail, le pouvoir politique est un mode d'influence dont la valeur éthique dépend essentiellement de la nature des moyens utilisés et des fins poursuivies.

La définition du pouvoir politique proposée dans le présent ouvrage s'inscrit dans le cheminement heuristique[7] emprunté par Mayes et Allen en 1977. Ces deux auteurs furent les premiers à définir le pouvoir politique d'un acteur en fonction des moyens utilisés et des fins poursuivies et, conséquemment, à en relativiser la nature et la portée. Se résumant essentiellement à un tableau de contingences 2 x 2 des comportements politiques de l'acteur, leur modèle typologique[8], présenté au tableau 2.3, à la page suivante, comprend trois types de pouvoir politique, dont deux se révèlent carrément nuisibles au bon fonctionnement de l'organisation

7. Adjectif désignant toute démarche qui participe à la découverte des faits.

8. Une description détaillée de ce modèle théorique a déjà été réalisée par Ouimet (1990).

TABLEAU 2.3 | LES TYPES DE COMPORTEMENTS POLITIQUES

		Fins poursuivies : sanctionnées par l'organisation	Fins poursuivies : non sanctionnées par l'organisation
Moyens utilisés	sanctionnés par l'organisation	① Comportement non politique	② Comportement politique négatif insidieux
Moyens utilisés	non sanctionnés par l'organisation	③ Comportement politique potentiellement positif	④ Comportement politique négatif flagrant

(cellules 2 et 4). Quant à l'autre type de pouvoir politique (cellule 3), il présente un potentiel de facilitation du bon fonctionnement de l'organisation. Examinons plus attentivement la composition de chacun des types de pouvoir politique contenus dans le modèle présenté au tableau 2.3.

2.2.1 La teneur de l'expression du pouvoir politique

Tout d'abord, le comportement inscrit dans la cellule 1 correspond en tous points à la logique tout officielle du management, qui se résume à l'utilisation de moyens approuvés par l'organisation afin de réaliser les objectifs fixés par celle-ci. Ici, l'agent est une simple courroie de transmission du système de production. Il est en quelque sorte une main exécutant la volonté de la tête.

L'exploration des manifestations comportementales propres aux cellules 2, 3 et 4 nous permet de pénétrer dans l'univers du pouvoir politique. Dans les cas représentés par ces trois cellules, la docile main de l'agent devient douée de raison. Il y a effectivement de la part de l'agent une réflexion soit sur les moyens employés (cellule 3), soit sur les fins désirées (cellule 2), soit sur les deux variables (cellule 4). La cellule 3 illustre un comportement selon lequel l'agent recourt à des moyens officieux (non sanctionnés par l'organisation) afin de servir les intérêts de l'organisation. Ce type d'exercice du pouvoir politique peut se révéler positif pour l'organisation dans la mesure où l'atteinte des objectifs organisationnels l'emporte en importance axiologique et stratégique sur la nature des incidences générées par l'utilisation de moyens non approuvés. Par exemple, le contournement de procédures exagérément lourdes encadrant l'achat de fournitures de bureau est potentiellement plus positif pour l'organisation que l'escamotage des rigoureuses directives régissant la mise en fonction d'un réacteur d'une centrale nucléaire.

Dans le cas représenté par la cellule 2, l'agent adopte fort probablement une stratégie légaliste, soit le respect outrancier de moyens officiels afin de satisfaire expressément ses ambitions personnelles. Pareille expression politique insidieuse s'observe souvent lors de l'application par l'agent de l'intégralité des clauses d'une convention collective.

Enfin, la cellule 4, formée par la combinaison de moyens et de fins non sanctionnés par l'organisation, représente le siège de l'actualisation flagrante du pouvoir politique négatif. Par exemple, le sabotage et le débrayage illégal appartiennent à cette catégorie de pouvoir politique.

Il importe dès à présent de spécifier que la valence (positivité versus négativité) du pouvoir politique est ici déterminée non pas par l'éthique, mais par l'approbation par l'organisation des moyens utilisés et des fins poursuivies. Ainsi, le comportement politique d'un agent se révèle insidieusement (cellule 2) ou ostensiblement (cellule 4) négatif s'il s'éloigne des fins souhaitées par l'organisation, et ce, peu importe le caractère éthique de celles-ci. Dans cette perspective, un agent s'opposant à la réalisation de fins organisationnelles éthiquement discutables exercerait un pouvoir politique négatif. La problématique de l'éthique du pouvoir politique sera traitée au chapitre 4.

2.2.2 Les assises conceptuelles d'un nouveau modèle typologique du pouvoir politique

Exploitant la conception relative du modèle de Mayes et Allen (1977), qui se fonde sur le couplage de la nature des moyens utilisés et des fins poursuivies, nous proposons, au tableau 2.4, à la page suivante, un modèle des différents types génériques de pouvoir politique qui s'inscrit dans la logique conceptuelle du modèle synoptique de la production des 10 types de pouvoir organisationnel présenté au chapitre 1. La compréhension du tableau 2.4 nécessite dès à présent l'éclaircissement de la variable « résiduel », une des quatre bases personnelles de pouvoir. Le résiduel est une ressource secondaire essentiellement protéiforme[9].

9. Qui prend pratiquement toutes les formes.

Effectivement, cette ressource personnelle comporte sept composantes – qui seront explicitement décrites à la sous-section 2.3.4, à la page 55 – dont l'une, la signification, permet la modulation des bases structurelles de pouvoir, c'est-à-dire les récompenses, les punitions et l'information.

Ainsi, la cellule 1 (conformisme) du tableau 2.4 nous indique que l'agent utilise uniquement ces bases structurelles de pouvoir afin de servir les intérêts de l'organisation. L'utilisation des trois ressources secondaires structurelles s'effectue selon l'attente de l'organisation (régularité : conformité aux règles) afin d'en assurer le bon fonctionnement (fonctionnalisme). Il y a donc absence de pouvoir politique.

Par contre, la cellule 3 (opportunisme insidieux) représente la dénaturation du sens premier des trois bases structurelles de pouvoir par le recours à la composante « signification » du résiduel. La teneur et la portée des trois bases structurelles

TABLEAU 2.4 | LES TYPES GÉNÉRIQUES DE POUVOIR POLITIQUE

Fins poursuivies (intérêts)	Ressources employées (moyens) : Structurelles (officiellement prescrites par l'organisation, mais pouvant faire l'objet de modulations personnelles) → 1. Récompenses 2. Punitions 3. Information 4. Résiduel	Ressources employées (moyens) : Personnelles (émergentes à la suite des interventions officieuses de l'acteur) → 4. Résiduel 5. Relations 6. Représentations 7. Rayonnement	
Approuvées par l'organisation (promotion d'intérêts organisationnels)	Absence de pouvoir politique 1 Conformisme ◎ Fonctionnalisme (régularité)	Pouvoir politique positif 2 Opportunisme constructif ◎ Mutualisme (perspicacité)	
Désapprouvées par l'organisation (promotion d'intérêts personnels)	Pouvoir politique négatif 3 Opportunisme insidieux ◎ Mimétisme (nébulosité)	Pouvoir politique négatif 4 Opportunisme manifeste ◎ Particularisme (originalité)	↕ Machiavélisme — Carriérisme politique
	← Habiletés politiques →		

ne sont respectées qu'en apparence (mimétisme). La lecture exagérément stricte (rigorisme) ou lâche (relativisme) qu'en fait l'agent permet à celui-ci d'accroître l'insaisissabilité (nébulosité) de la promotion exclusive de ses fins personnelles (pouvoir politique négatif). Schématiquement, la dénaturation intentionnelle du sens des trois bases structurelles est présentée à la figure 2.2.

La cellule 2 est celle de l'opportunisme constructif. Dans ce cas, l'utilisation opportuniste des bases personnelles de pouvoir (résiduel, relations, représentations et rayonnement) est

FIGURE 2.2 LA DÉNATURATION INTENTIONNELLE DU SENS DES BASES STRUCTURELLES DE POUVOIR

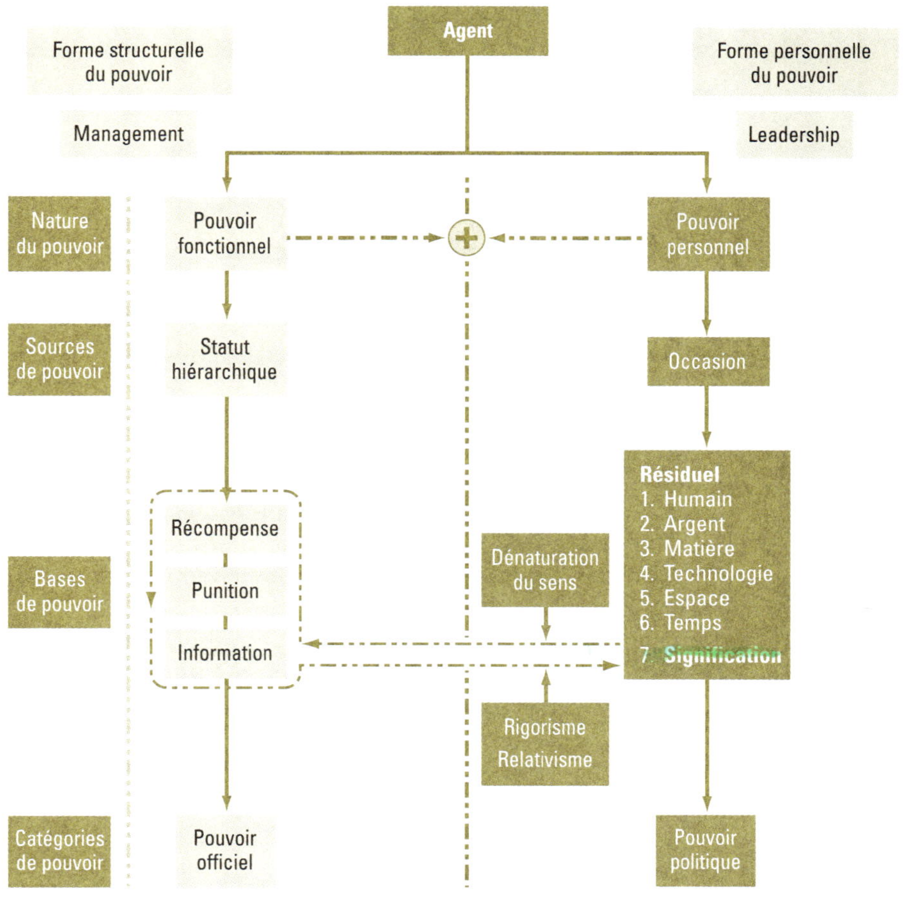

mise au service de la défense des intérêts de l'organisation (mutualisme). En faisant preuve d'intelligence situationnelle (perspicacité), l'agent oriente la manipulation de ces quatre bases personnelles de pouvoir vers la réalisation de la mission de l'organisation. C'est en ce sens que l'agent exerce un pouvoir politique positif.

Enfin, la cellule 4 désigne la conjonction de l'emploi de moyens personnels et de la poursuite d'objectifs strictement personnels (opportunisme manifeste). Le potentiel d'influence propre à l'agent (particularisme) est ouvertement et habilement actualisé (originalité) afin de permettre la prépondérante satisfaction, condamnée par l'organisation, de ses ambitions personnelles (pouvoir politique négatif).

En plus de permettre l'identification des trois types génériques de pouvoir politique (opportunisme constructif, opportunisme insidieux et opportunisme manifeste), le modèle présenté au tableau 2.4, à la page 46, établit le balisage des contingences relatives, d'une part, aux habiletés politiques[10] (pourtour pointillé correspondant aux cellules 2, 3 et 4) et, d'autre part, au machiavélisme[11] (cellules foncées 3 et 4).

Conformément à la conception relative du pouvoir, il est permis de prétendre que le pouvoir politique d'un acteur consiste idéalement à faire les bonnes choses[12] au bon moment, au bon endroit et avec les bonnes personnes. Il est plutôt rare que la détermination des bonnes choses à faire soit entièrement prévue et exhaustivement explicitée par l'organisation. Le manuel des procédures organisationnelles le plus volumineux qui soit ne saurait contenir la totalité des comportements de tout bon employé. Les innombrables impondérables se dressant sur le parcours des acteurs obligent ces derniers, motivés par l'atteinte des objectifs fixés par l'organisation, à faire preuve d'intelligence situationnelle, à savoir faire les choses qui conviennent eu égard aux circonstances du moment. Cet à-propos, que d'aucuns appellent *timing*, se rapporte à la notion théâtrale consacrée d'unité de temps, de lieu et d'action. Plus précisément, l'à-propos optimal de l'acteur politique découle d'une

---

10. Les habiletés politiques correspondent à la dextérité de l'agent dans la manipulation des bases personnelles de pouvoir.

11. Le machiavélisme est défini par la propension de l'agent à utiliser tous les moyens requis pour arriver à ses fins personnelles.

12. Relativement à la promotion des intérêts de l'organisation – ceux-ci étant en principe présumés nobles –, l'exécution politique des bonnes choses se résume à la manipulation de ressources personnelles.

convergence appropriée d'action, de temps, d'espace et d'individus. Les composantes de l'expression idéale du pouvoir politique sont illustrées à la figure 2.3.

FIGURE 2.3 | **L'EXPRESSION IDÉALE DU POUVOIR POLITIQUE**

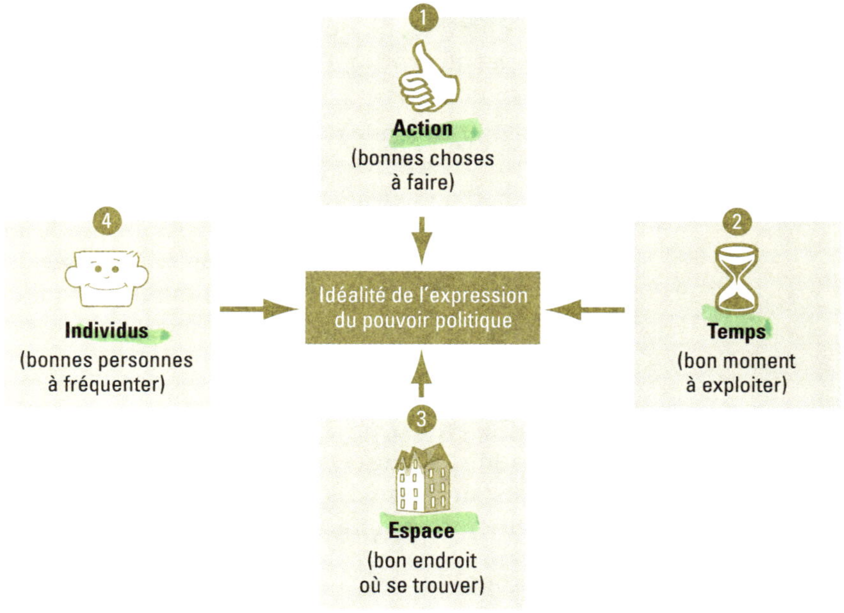

Par ailleurs, puisqu'il jouit d'une inéluctable liberté, émanation de la capacité de discernement, l'être humain est par essence un animal politique (*homo politicus*), c'est-à-dire que la totalité de ses comportements ne peut être régie par des prescriptions formelles, qu'elles soient d'ordre naturel ou culturel. Même en luttant contre sa propre nature, l'être humain ne saurait échapper à son indéterminisme intellectuel pour inscrire l'intégralité de ses conduites au sein de son atavisme[13] instinctuel. Paradoxalement, l'être humain est condamné à être libre. Conséquemment, le pouvoir politique est un phénomène inévitable et universel. Ne pouvant empêcher son existence même, nous nous devons de composer avec cette réalité humaine[14].

13. Hérédité biologique de certains attributs psychologiques de l'individu.

14. Voir, au sujet de l'incontournable problématique de l'actualisation du pouvoir politique, les sagaces réflexions de Reardon (2005).

2.3 Les types de pouvoir politique organisationnel

En s'inspirant du modèle synoptique de la production des 10 types de pouvoir organisationnel présenté à la fin du précédent chapitre, il nous est possible de procéder à une mise en exergue des quatre types de pouvoir politique organisationnel, soit les pouvoirs résiduel, relationnel, scénique et promotionnel. Le développement analytique ainsi opéré est représenté par la sous-arborescence foncée contenue dans la figure 2.4.

Le pouvoir politique émane de l'exploitation d'une occasion de manipuler des ressources personnelles soit par l'utilisation de bases personnelles de pouvoir (résiduel, relations, représentations et rayonnement), soit par la modulation personnelle – par l'entremise du résiduel – de bases structurelles de pouvoir (récompense, punition et information). Examinons plus attentivement les deux modalités d'expression du pouvoir politique.

Tout d'abord, l'utilisation de bases personnelles de pouvoir renvoie à la mise en valeur des relations, du rayonnement, des représentations et du résiduel. La schématisation de la dynamique existant entre ces quatre bases personnelles de pouvoir est présentée à la figure 2.5, à la page 52.

2.3.1 Les relations

Les relations que tisse l'agent avec ses congénères lui permettent de se créer un cercle personnel d'influence participant à la solidification de ses positions. Le dicton populaire « L'union fait la force » est une vérité irréfutable en matière d'exercice du pouvoir. La création et l'entretien de relations contribuent à l'accroissement de l'étendue[15] du pouvoir de l'agent. Le fait de nourrir des relations avec des gens influents donne idéalement à l'agent la possibilité de jouir par association de la puissance de leurs ressources. Par ailleurs, même l'établissement de relations avec des personnes dont les ressources sont modestes, mais qui sont réunies, peut procurer à l'agent un pouvoir émanant de la solidarité de ses appuis. Tel qu'il est illustré à la figure 2.6, à la page 52, les relations peuvent être dirigées vers cinq principaux objets, soit le supérieur hiérarchique immédiat, un mentor, les collègues, les subordonnés et les experts.

---

15. L'étendue constitue la troisième dimension du pouvoir ; la première étant l'intensité, et la deuxième, la durée.

FIGURE 2.4 LES QUATRE TYPES DE POUVOIR POLITIQUE ORGANISATIONNEL

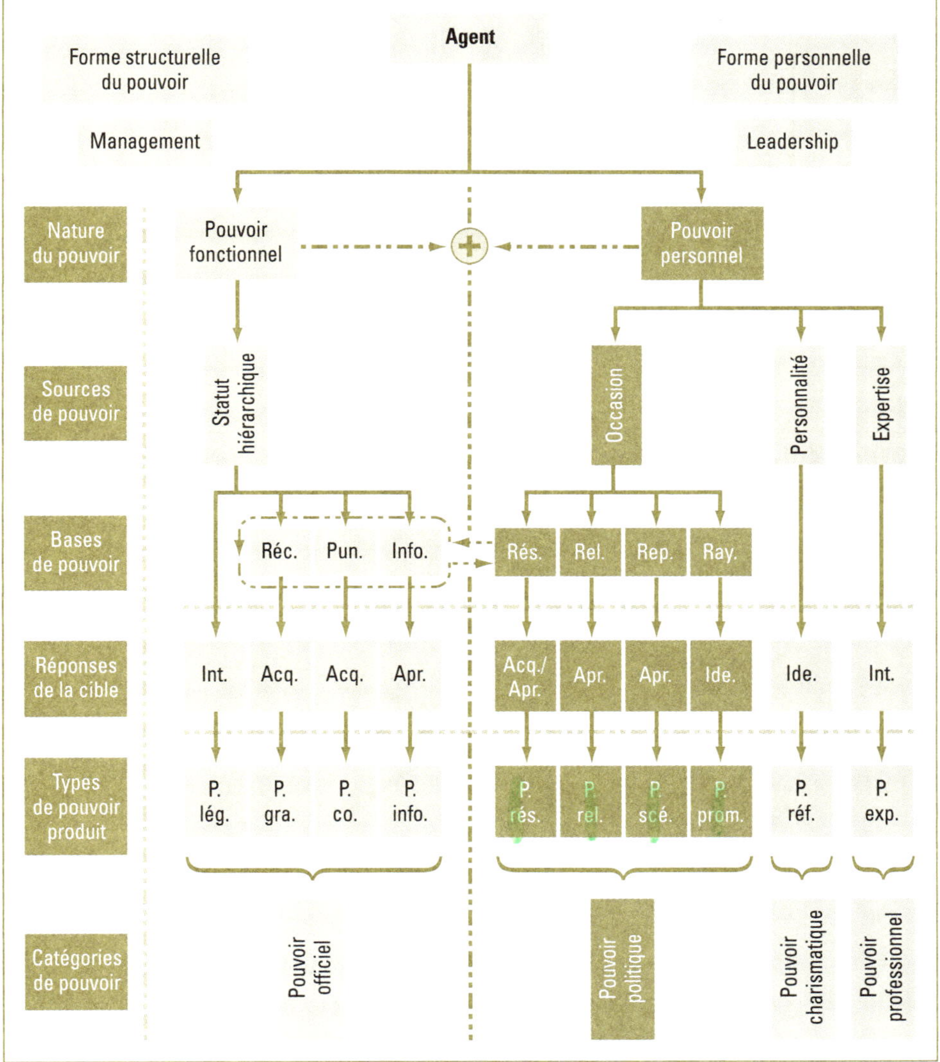

Remarques : Le développement analytique des quatre types de pouvoir politique organisationnel est représenté par la sous-arborescence foncée. Les abréviations utilisées dans la figure 2.4 sont définies au tableau 1.4, à la page 29.

Le développement de relations serrées avec son supérieur hiérarchique permet à l'agent de se prémunir d'un parapluie garantissant une certaine caution relativement à ses actions. Plusieurs adversaires de l'agent seront intimidés par l'existence d'un soutien moral exprimé par son supérieur hiérarchique.

FIGURE 2.5 LA DYNAMIQUE DES 4 R DU POUVOIR POLITIQUE ORGANISATIONNEL

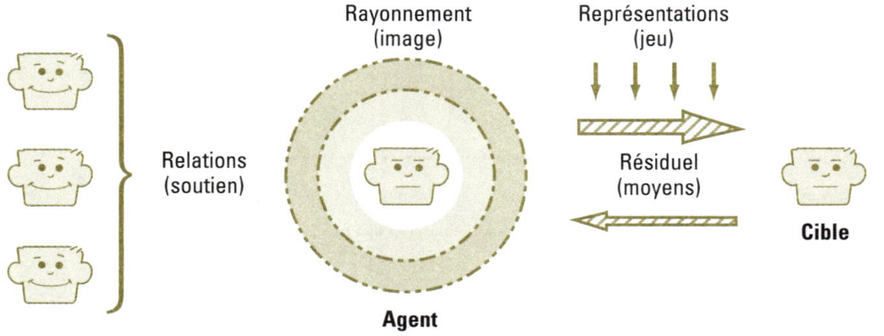

FIGURE 2.6 LES CINQ PRINCIPAUX OBJETS DES RELATIONS

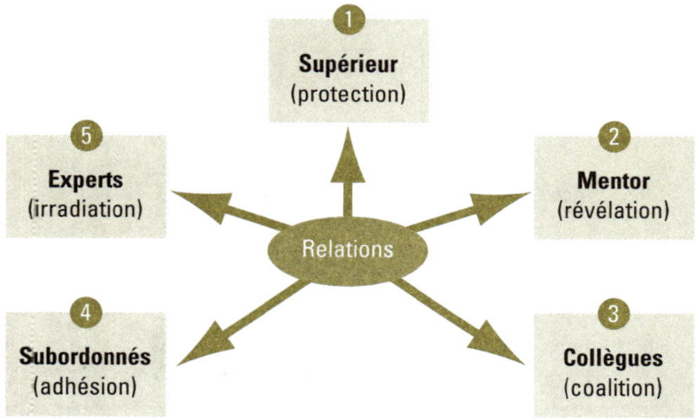

Les relations avec un mentor, personne jouissant d'une connaissance éprouvée du milieu et étant respectée par les gens qui y évoluent, permettent à l'agent d'avoir accès à des informations tacites (tabous, sagas, rites et traditions) d'une importance capitale pour quiconque veut progresser en terrain sûr. Comportant toutes leur lot de champs de mines et de sables mouvants, legs d'antagonismes cristallisés dans leur réalité culturelle, les organisations apparaissent toujours aux yeux du profane comme des endroits paisibles sans histoire où cohabitent de sympathiques personnages. Sans les conseils avisés d'un sage, le candide promeneur risque de regretter amèrement le choix du sentier emprunté.

Il se révèle avisé pour l'agent de nouer des liens avec des collègues partageant les mêmes intérêts que les siens. Émanant de l'exploitation judicieuse de relations, la formation d'une coalition entre collègues solidaires possède la capacité d'accroître le potentiel d'influence de l'agent. En joignant sa voix à celle de ses congénères, l'agent prépare la voie à une éventuelle amplification de son pouvoir.

L'établissement de relations harmonieuses avec ses subordonnés permet à l'agent de s'assurer de l'appui de la base. L'adhésion du plus grand nombre à la cause de l'agent constitue indéniablement un atout important, et ce, particulièrement dans un contexte où les alliés jouissent d'une appréciable stabilité professionnelle.

Enfin, la construction de relations avec des experts permet à l'agent de se voir attribuer par irradiation intellectuelle certaines des connaissances des spécialistes qu'il fréquente.

Effectivement, les gens ont tendance à procéder à des attributions osmotiques, c'est-à-dire qu'ils prêtent naïvement à un agent les qualités des gens de son entourage. Le vieil adage « Dis-moi qui tu fréquentes, je te dirai qui tu es » traduit admirablement bien ce phénomène perceptif d'association par proximité.

2.3.2 Le rayonnement

Le rayonnement réfère à la promotion de l'image de l'agent. Trois attributs fondamentaux contribuent à l'embellissement de l'image de l'agent, soit la civilité, la respectabilité et l'imputabilité. La mise en valeur de ces trois attributs favorise respectivement le développement chez autrui d'un capital de sympathie, de respect et de confiance. En fait, l'image qu'une personne projette est à l'origine de la production chez ses congénères évoluant dans son environnement immédiat d'un ébranlement typiquement affectif en matière de propension (sympathie, respect et confiance) ou d'aversion (antipathie, mépris et méfiance) interpersonnelle. L'attrait de l'agent repose foncièrement sur sa capacité à être perçu comme une personne courtoise, respectable et responsable. Le triptyque qualificatif à la base de l'image de l'agent est présenté à la figure 2.7, à la page suivante.

2.3.3 Les représentations

Les représentations de l'agent se résument à sa prestation en présence de la cible. Eu égard à deux pôles scéniques (raison

FIGURE 2.7 | LE TRIPTYQUE QUALIFICATIF IMAGIER

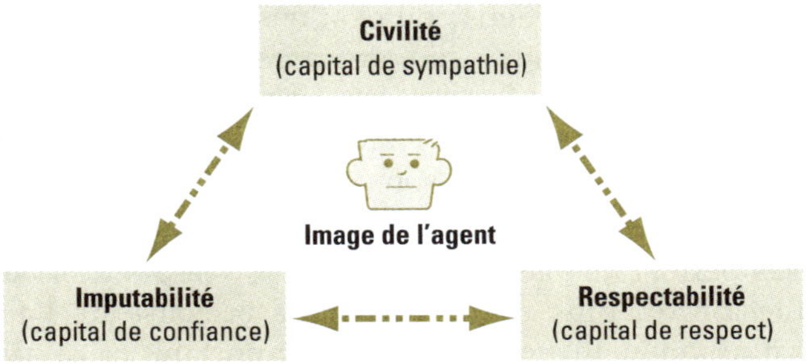

versus émotion), les interventions de l'agent seront émouvantes (style léonin, profitant d'un épanchement émotionnel), déroutantes (style lycanthrope, oscillant du froid calcul mathématique à la chaude expression des émotions) ou convaincantes (style reptilien, arc-boutant son intervention sur la force des évidences rationnelles). Effectivement, alors que l'acteur reptilien exploite le créneau de la logique (persuasion rationnelle, recours aux intérêts supérieurs, éveil aux avantages personnels, faveur obligataire et discernement normatif), l'acteur léonin fait reposer son jeu sur la production chez son interlocuteur d'un état émotionnel (appel à l'inspiration, bienveillance et demande personnelle). Quant à l'acteur lycanthrope[16], son style d'intervention dépend des impératifs du moment. La présence du loup sommeillant en lui l'incite à se montrer tantôt patient et discret (style reptilien) afin d'étudier méthodiquement la psychologie de sa proie, tantôt actif et sinistrement bruyant par ses lugubres hurlements (style léonin) afin de figer cette dernière ou de la rabattre vers un guet-apens.

L'efficacité des trois différents styles scéniques, schématisés à la figure 2.8, dépend d'une multitude de facteurs, dont les principaux sont :

1) la personnalité de l'interlocuteur ;
2) la culture organisationnelle ;
3) les pressions conjoncturelles.

---

16. Terme scientifique désignant le loup-garou, cette créature subissant, les soirs de pleine lune, une spectaculaire transformation à la fois physionomique et comportementale.

FIGURE 2.8 | LES DEUX PÔLES DE LA REPRÉSENTATION

Raison ⟷ **Émotion**

Style reptilien (flegme)	**Style lycanthrope (fluidité)**	**Style léonin (fougue)**
L'agent base sa représentation sur la logique et la réserve.	L'agent base sa représentation sur la versatilité et l'adaptabilité.	L'agent base sa représentation sur l'intuition et l'enthousiasme.

Par exemple, dans certaines sphères d'activité – notamment les milieux mafieux –, le succès d'un agent lors de son intervention est grandement conditionné par l'adoption d'une contenance impassible (*poker face*). Par contre, certaines circonstances participant à l'exacerbation des antagonismes – par exemple, les ténébreux massacres de Septembre, en 1792[17] – peuvent se révéler propices à l'exploitation d'une diatribe[18] particulièrement vitriolique – les fameuses charges enflammées de Saint-Just[19].

2.3.4 Le résiduel et ses composantes

Le résiduel désigne les moyens autres que ceux qui sont officiellement prescrits par l'organisation. L'agent utilise de façon discrétionnaire les moyens mis à sa disposition afin d'exercer une influence sur la cible. Présentés à la figure 2.9, à la page suivante, ces moyens personnels échappant à la formalisation normative de l'organisation sont :

1) l'humain ;
2) l'argent ;
3) la matière ;
4) la technologie ;
5) l'espace ;
6) le temps ;
7) la signification.

---

17. Survoltées par une conjoncture terriblement explosive (emprisonnement de Louis XIV et de toute la famille royale, menace d'un vaste complot aristocratique et danger imminent d'impitoyables représailles des armées prussiennes et autrichiennes), les forces révolutionnaires procédèrent, du 2 au 6 septembre 1792, à l'exécution sommaire de plus de 1200 détenus considérés comme des ennemis du peuple.

18. Critique amère et virulente généralement formulée sur un ton injurieux.

19. Louis Antoine Léon de Saint-Just (1767-1794), révolutionnaire robespierriste à qui l'Histoire doit la célèbre phrase « Pas de liberté pour les ennemis de la liberté ».

FIGURE 2.9 | LES SEPT COMPOSANTES DU RÉSIDUEL

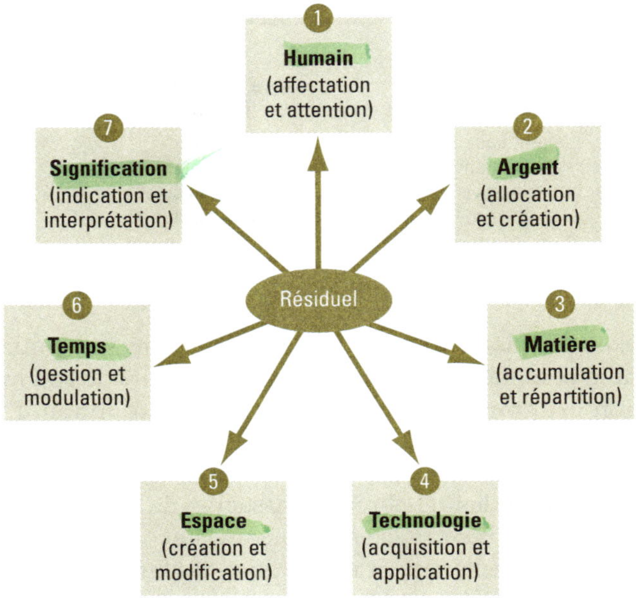

Examinons maintenant la teneur de ce qu'il est convenu d'appeler les sept composantes du résiduel.

2.3.4.1 L'humain

L'humain constitue assurément la ressource la plus importante. Rien ne peut égaler la valeur de l'être humain. Sa place prépondérante dans la hiérarchie des espèces lui vaut un respect à la fois éthique (respecter l'humain pour ce qu'il est, c'est-à-dire essentiellement mon semblable) et intellectuel (respecter l'humain pour ce dont il est capable, c'est-à-dire son inventivité). Encore qu'il soit possible aujourd'hui de copier presque tout, la reproductibilité indifférenciée des êtres humains demeure une aspiration chimérique. Alors que les moyens utilisés, les technologies déployées, les biens produits et les services offerts sont tous susceptibles d'être admirablement imités, les êtres humains et leurs parties constituantes – passion, engagement et intelligence – échappent aux ambitions des imitateurs.

Si le clonage des outils et des modes de production est possible, voire souhaité, celui des êtres vivants s'avère des plus hasardeux. L'engendrement monoclonal par parthénogenèse[20] ne peut se soustraire, encore aujourd'hui, aux graves dangers inhérents à la reproduction de l'unicité. La création de tarés génétiques et de bêtas confirme les risques associés à une telle entreprise. En recourant à une affectation judicieuse des individus aux différents postes de travail et en accordant toute l'attention nécessaire (écoute, empathie et respect) à leur sain épanouissement tant personnel que professionnel, l'agent jouit d'un appréciable moyen d'influence.

2.3.4.2 L'argent

Il est largement reconnu que l'argent est le nerf de la guerre. La possession de cette deuxième composante du résiduel confère un indéniable potentiel d'influence. Nonobstant la séculaire réserve judéo-chrétienne envers l'attachement aux biens de ce monde, la production, l'accumulation et l'utilisation de l'argent constituent le fondement de tout le système de production capitaliste. L'argent et ses multiples incidences – profit, rendement, acquisition, investissement, placement, capitalisation, etc. – donnent à celui qui en contrôle l'utilisation un important pouvoir financier.

Contrairement à la croyance populaire, l'argent, bien qu'essentiel au fonctionnement des organisations, n'est pas une ressource structurelle se résumant exclusivement à la budgétisation. D'ailleurs, ce dernier exercice de planification financière échappe très rapidement aux supputations prévisionnelles formulées par les responsables budgétaires[21]. L'allocation de l'argent est foncièrement assujettie aux pressions circonstancielles inopinées. Le discernement de l'agent est à ce chapitre grandement sollicité. De même, la création de richesses ne peut être contenue dans les paramètres formels d'estimation[22]. Le succès financier d'un produit ou d'un service dépend de plusieurs variables appartenant en propre aux membres de l'organisation. Par exemple, la qualité du leadership exercé par le responsable d'un projet est souvent un facteur considérable de réussite pour celui-ci.

---

20. Reproduction sans la participation du mâle dans une espèce sexuée.

21. Les fameux fonds de tiroirs de fin d'année, terriblement courants et constituant souvent d'appréciables sommes d'argent, témoignent de la nature informelle de l'argent.

22. Il suffit de penser, par exemple, aux entreprises publiques, dont les principaux avoirs financiers dépendent des capricieuses fluctuations du cours des valeurs boursières.

2.3.4.3 La matière

Le contrôle de la matière entrant dans la production de biens – les intrants – et offerte au marché une fois transformée – les extrants – appartient à l'univers personnel de l'agent. L'accumulation de cette troisième composante du résiduel permet notamment à l'agent de répondre sur-le-champ à des demandes imprévues. Par ailleurs, la constitution de stocks peut, en engendrant une pénurie des biens convoités, contribuer à l'établissement d'un rapport de forces favorable à l'agent. De plus, la répartition de la matière, élément essentiel à la production d'un rendement, permet à l'agent de s'assurer le soutien de ceux qui en ont grandement bénéficié[23].

2.3.4.4 La technologie

Quatrième composante du résiduel, la technologie, à la base de la production de biens et de services, est un atout capital pour quiconque sait en user judicieusement. En effet, l'étude historique des sociétés permet de circonscrire le rôle majeur des avancées technologiques dans l'amélioration des conditions matérielles d'existence. Émanant des aspirations personnelles de dépassement de l'agent ou de la nécessité de répondre adéquatement aux demandes de l'environnement, l'acquisition de technologies de pointe ainsi que leur application avisée concourent à l'accroissement du potentiel d'influence. Celui qui contrôle les moyens de production exerce conséquemment une forte emprise sur l'actualisation de la mission de l'organisation, c'est-à-dire pour quoi et pour qui cette dernière existe.

2.3.4.5 L'espace

L'exploitation de l'espace, cinquième composante du résiduel, offre à l'agent la possibilité d'influencer les processus de socialisation de ses congénères. L'être humain étant essentiellement un animal territorial, il s'approprie naturellement de l'espace afin de définir son identité. Par le jeu dialectique de l'introjection des éléments spatiaux et de la projection des éléments psychiques, l'être humain détermine l'espace nécessaire à sa propre définition. La démarcation et l'occupation de l'espace participent à la construction de son identité tant individuelle que collective. L'être humain a besoin d'espace pour constituer, d'une part, son individuation psychique et,

23. C'est notamment le cas, au Québec, du partage des droits de coupe de bois entre les entreprises forestières effectué par le ministère des Ressources naturelles.

d'autre part, son appartenance culturelle. L'importance des paramètres spatiaux est à ce point déterminante dans le processus identitaire que la stratégie de réingénierie culturelle s'étaye fondamentalement sur la transformation des structures organisationnelles. La façon dont les êtres humains vivent, pensent et échangent dépend foncièrement de la configuration spatiale de leur cohabitation, aussi la création de nouveaux espaces et la modification des espaces existants par l'agent ne sont-elles pas sans lui conférer un ascendant sur les gens qui doivent y évoluer.

2.3.4.6 Le temps

La sixième composante du résiduel, le temps, est une donnée capitale dans l'exercice du pouvoir. En fait, il est permis d'affirmer que la puissance de la stratégie politique est directement proportionnelle au contrôle du temps. Un agent privé de temps doit opter pour un mode d'action plus instinctuel que stratégique, l'improvisation et la réaction l'emportant sur la planification et la réflexion. L'importance élevée de la valeur stratégique du temps provient principalement de sa rareté. Effectivement, la raréfaction de cette ressource, provoquée par l'augmentation des sollicitations émanant du raffinement exponentiel des technologies, se révèle consubstantielle à l'accroissement de sa valeur intrinsèque. Un agent en mesure, d'une part, de gérer efficacement son temps – utilisation optimale de la ressource – afin de s'approprier la jouissance arbitraire de plages horaires et, d'autre part, de moduler celui des autres – prolongation ou compression – possède un potentiel d'influence substantiel.

2.3.4.7 La signification

Le recours à la signification des choses constitue la septième composante du résiduel. L'être humain a besoin de sens pour exister. Essentiellement, le cheminement existentiel de l'être humain est balisé par une quête de sens. Les investissements religieux, les démarches spirituelles, les découvertes scientifiques, les actions politiques, les productions artistiques, les œuvres humanitaires, les projets communautaires, les rassemblements populaires ou simplement les « rêveries du promeneur solitaire » sont autant de tentatives de donner un sens au monde qui nous entoure. En livrant aux autres des indications – renseignements glanés ici et là au hasard des rencontres – ou en interprétant le sens des données accessibles à tous, l'agent peut produire de l'influence. Correspondant à la modulation personnelle sémiotique des bases structurelles de pouvoir (la récompense, la punition et l'information), l'exploitation de l'interprétation, illustrée à la figure 2.10, constitue la deuxième modalité d'expression du pouvoir politique.

Si les paramètres normatifs (récompense, punition et information) régissant la vie *intra-muros* sont édictés par l'organisation afin d'être ensuite largement diffusés aux membres de la communauté de l'agent, leur interprétation par celui-ci, d'une part, échappe au contrôle de l'organisation et, d'autre

FIGURE 2.10 LA MODULATION PERSONNELLE SÉMIOTIQUE DES BASES STRUCTURELLES DE POUVOIR

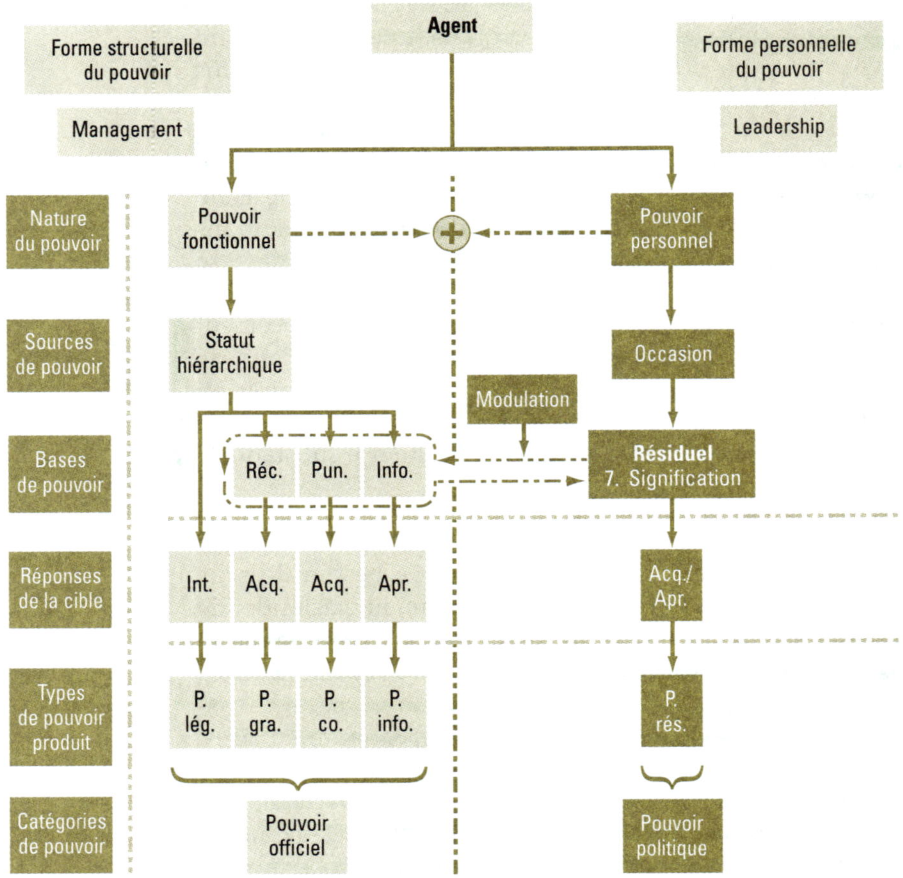

Remarque : Les abréviations utilisées dans la figure 2.10 sont définies au tableau 1.4, à la page 29.

part, dénature le sens premier de l'encadrement normatif officiel. Par exemple, l'application à la lettre d'une directive – rigorisme désigné en anglais par l'expression *by the book* – plutôt que le respect de son esprit peut, selon le contexte, modifier considérablement la teneur et la portée de celle-ci. C'est ainsi qu'un agent voulant alourdir, voire paralyser le fonctionnement de l'organisation (fins personnelles) pourrait faire une grève du zèle, c'est-à-dire suivre de façon outrancière toutes les procédures (moyens structurels) régissant sa tâche. L'interprétation exagérément rigoureuse des modes de fonctionnement peut conférer à l'agent un pouvoir de nature politique.

Si le rigorisme – application *stricto sensu* des règles – peut engendrer du pouvoir, son contraire, le relativisme – application *lato sensu* des règles – n'en est pas moins générateur de pouvoir. L'interprétation souple d'une directive afin, par exemple, de court-circuiter la chaîne de commandement – action politique désignée en anglais par l'expression *by-passing* – permet également à l'agent d'exercer sur autrui de l'influence.

2.4 L'émergence et l'importance du pouvoir politique organisationnel

Synthétisée à la figure 2.11, à la page suivante, l'analyse de bon nombre d'études scientifiques[24] permet de soutenir que l'expression du pouvoir politique s'avère conditionnée par deux principales variables :

1) la complexité et l'incertitude relatives à la prise de décision et à l'évaluation de la performance ;

2) la concurrence entre les membres de l'organisation.

Plus précisément, l'examen du contenu de la figure 2.11 révèle qu'un milieu de travail dépourvu de critères clairs et objectifs en matière de prise de décision et d'évaluation de la performance, possédant des ressources limitées et privilégiant la rémunération au rendement contribue, d'une part, à l'intensification du stress organisationnel et, d'autre part, à la formation d'une « culture politique ». La description d'un

24. Voir les travaux des auteurs suivants : Beeman et Sharkey (1987) ; Drory (1993) ; Drory et Romm (1990) ; Eisenhardt et Bourgeois (1988) ; Gandz et Murray (1980) ; Madison, Allen, Porter, Renwick et Mayes (1980) ; Pfeffer (1981, 1992a) ; Poon (2003) ; Tushman (1977).

FIGURE 2.11 | LES CONDITIONS FAVORISANT L'ÉMERGENCE DU POUVOIR POLITIQUE ORGANISATIONNEL

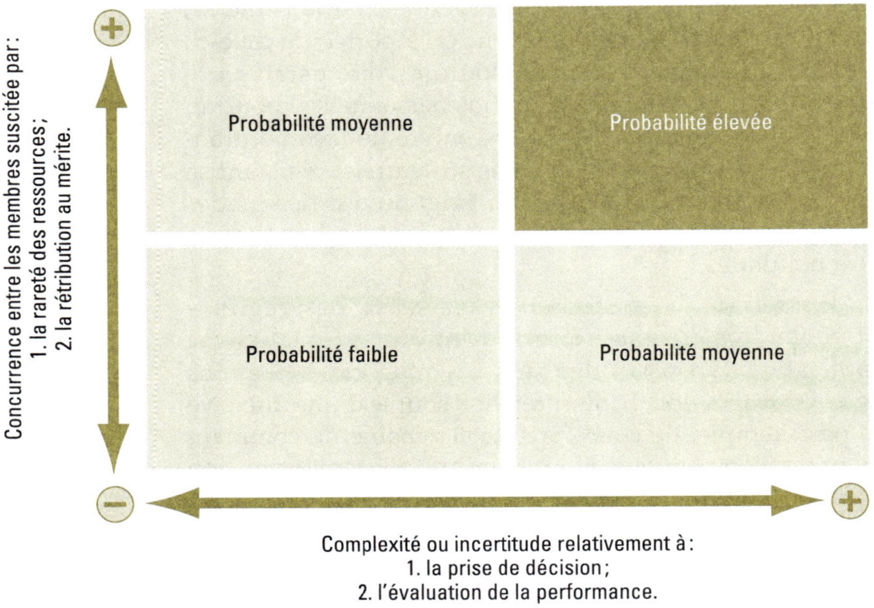

tel milieu de travail correspond à la réalité d'un nombre sans cesse croissant d'organisations devant quotidiennement composer avec les impondérables caprices de la déréglementation des marchés. La libéralisation des échanges marchands a considérablement contribué à l'intensification de la compétitivité ainsi qu'à la précarisation des ressources disponibles.

Aujourd'hui, les organisations ont indéniablement besoin de flexibilité opérationnelle pour s'ajuster rapidement aux demandes pressantes et imprévisibles de leur environnement[25]. Sous la pression de l'accélération des changements socio-économiques, les organisations font de l'adaptabilité la condition cardinale de leur survie. Pour ce faire, elles délaissent le traditionnel système mécaniste de production au profit d'un système dit organique (Daft, 2002, 2004). Le

25. Consulter à ce sujet les travaux des auteurs suivants : Perrewé, Ferris, Frink et Anthony (2000) ; Witt, Hilton et Hochwarter (2001) ; Witt, Kacmar, Carlson et Zinuska (2002) ; Witt, Patti et Farmer (2002).

système mécaniste doit son fonctionnement à une structure hiérarchique rigide ayant pour composantes une centralisation de la prise de décision, une division rigoureuse du travail et un mode de gestion centré sur la planification à long terme et la stricte application des règles. Le système organique, au contraire, privilégie une structure hiérarchique beaucoup plus souple et aplatie permettant une décentralisation du processus décisionnel, une diversification des tâches à effectuer et un mode de gestion axé sur le temps de réaction et le sens de l'initiative.

En somme, les organisations abandonnent la culture de la pierre, solide, immuable et parfaitement appropriée dans un contexte de prévisibilité, pour adopter la culture de l'eau, fluide, mouvante et des plus congrues dans un contexte d'imprévisibilité. Le passage d'une philosophie de gestion directive à une philosophie de gestion participative implique une politisation de la culture des organisations. « Rester à sa place », le célèbre leitmotiv des milieux bureaucratisés foncièrement apolitiques, n'est plus d'un grand secours sur l'échiquier de la mondialisation des marchés. La transnationalisation des économies exige désormais de « faire sa place ». Nous quittons le monde de l'observation passive des règles pour pénétrer dans celui de l'élaboration active de politiques. La vitalité d'un acteur est maintenant redevable à son assurance plutôt qu'à son obéissance.

La pertinence de cette assurance, que d'aucuns appellent « habiletés politiques », est soulignée par plusieurs chercheurs[26]. Ceux-ci s'entendent pour soutenir qu'un leader est habile politiquement s'il est capable de saisir correctement les véritables enjeux[27] d'une conjoncture (perspicacité) afin de se comporter de façon authentique et crédible[28] (virtuosité) pour, ultimement, influencer significativement les actions des membres de son environnement (efficacité). Il va sans dire qu'une telle capacité de décodage stratégique et

---

26. L'à-propos des habiletés politiques apparaît clairement dans les travaux des auteurs suivants : Adams et Zanzi (2006) ; Ahearn, Ferris, Hochwarter, Douglas et Ammeter (2004) ; Ammeter, Douglas, Gardner, Hochwarter et Ferris (2002) ; Butcher et Clarke (2001) ; Douglas et Ammeter (2004) ; Ferris, Perrewé, Anthony et Gilmore (2000) ; Galunic et Eisenhardt (2002) ; Maletz et Nohria (2001) ; Peled (2000) ; Treadway, Ferris, Duke, Adams et Thatcher (2007) ; Treadway, Hochwarter, Ferris, Kacmar, Douglas, Ammeter et Buckley (2004).

27. Les véritables enjeux sont, pour la plupart, tacites.

28. L'établissement d'un climat de confiance participe considérablement à l'efficacité de l'acteur politique.

d'ajustement attitudinal ou comportemental se révèle fort précieuse dans un contexte balisé par l'incertitude et la compétitivité[29].

L'importance stratégique du pouvoir politique des dirigeants a été explicitement soulignée par plusieurs auteurs[30]. Qui plus est, le modèle synoptique du pouvoir organisationnel proposé dans le présent ouvrage indique clairement le substantiel apport du pouvoir politique à l'exercice pleinement maîtrisé du leadership. Effectivement, le leadership s'actualise par l'activation des trois sources personnelles de pouvoir, soit l'occasion, la personnalité et l'expertise. Conséquemment, le leader exercera de l'influence sur son milieu au moyen de son pouvoir politique, charismatique ou professionnel.

Il importe ici de bien distinguer la différence fondamentale entre le management et le leadership. Le management consiste en la gestion quotidienne des activités de l'organisation. Les préoccupations d'un gestionnaire concernent la façon de faire les choses. Un gestionnaire a la mission de bien faire les choses conformément aux directives antérieurement formulées. Tel un artisan du présent, il gère la quotidienneté organisationnelle au moyen de règles provenant du passé. C'est en ce sens qu'il est permis d'affirmer que la stratégie du gestionnaire correspond à la rétrospection. Son intelligence formelle, soit sa connaissance de la logistique organisationnelle inhérente à son statut hiérarchique, lui permet d'entreprendre un mouvement conforme aux règles et aux procédures. Il sait « comment faire » les choses.

Le leadership, expression personnelle du pouvoir de l'agent, est animé quant à lui par l'obligation de faire les bonnes choses. Le leader œuvre essentiellement au chapitre du « quoi faire ». Il est motivé non pas par l'exécution des tâches journalières, mais plutôt par la conceptualisation des objectifs de demain. Le leader se caractérise par sa vision de l'avenir.

---

29. Voir les travaux des auteurs suivants : Bacharach et Lawler (1988) ; Bhatnagar (1992) ; Christiansen, Villanova et Mikulay (1997) ; Coates (1994) ; Darr et Johns (2004) ; LaPalombara (2001).

30. Ces auteurs sont : Bozeman, Perrewé, Hochwarter et Brymer (2001) ; Buchanan et Badham (1999a, 1999b) ; Butcher et Clark (1999, 2002) ; Cable et Judge (2003) ; Cutting et Kouzmin (2000, 2001) ; Fedor et Maslyn (2002) ; Ferris, Adams, Kolodinsky, Hochwarter et Ammeter (2002) ; Ferris, Harrell-Cook et Dulebohn (2000) ; Higgins, Judge et Ferris (2003) ; Kacmar et Baron (1999) ; Ouimet (2005) ; Sussman, Adams, Kuzmits et Raho (2002).

Il est un architecte du futur exploitant une stratégie prospective. L'édification du monde à venir est possible grâce à la promotion congrue des intérêts nécessaires (pouvoir politique produit par l'exploitation d'occasions), à la magnétisation envoûtante des participants au projet (pouvoir charismatique produit par la mise en valeur de la personnalité) ou à la résolution appropriée d'une problématique incontournable (pouvoir professionnel produit par la possession de l'expertise).

De plus, il sied de préciser que la promotion d'intérêts nécessite de la part du leader politique l'utilisation idoine de l'intelligence situationnelle, soit la capacité de s'adapter au caractère foncièrement changeant de l'être humain (connaissance de la nature humaine). Le leader politique est avant tout un psychologue qui sait philosopher. Pour sa part, le leader charismatique peut difficilement compter sur la force de sa personnalité s'il ne possède pas une intelligence émotionnelle aguerrie. Effectivement, la compréhension du rôle de ses émotions (connaissance de soi) s'avère essentielle à l'expression inspirante de l'influence exercée sur les autres. Enfin, le leader professionnel doit sa compétence à son intelligence conceptuelle (connaissance de la matière inscrite dans son champ de spécialisation). Il est un spécialiste pleinement reconnu par son milieu. La dynamique de l'expression du management et du leadership est présentée à la figure 2.12, à la page suivante.

Il importe par ailleurs d'attirer l'attention du lecteur sur la présence au centre de la figure 2.12 du signe de l'addition. Ce symbole numérique indique que le management et le leadership, bien qu'étant des formes différentes d'expression du pouvoir, n'en sont pas pour autant mutuellement exclusifs. Un agent peut – et surtout, doit – exercer ses fonctions de management tout en faisant montre de leadership. Il est possible – voire souhaitable – de bien faire les bonnes choses. La figure 2.13, à la page 67, présente la synergie créée par la profitable combinaison de l'exercice judicieux du management et du leadership[31].

---

31. La dynamique et les composantes du leadership sont explicitées entre autres par : Dipboye et Foster (2002) ; Ferdinand (2004) ; Hall, Blass, Ferris et Massengale (2004) ; Ouimet (2002) ; Pettman et Dobbins (2002) ; Pfeffer (1992b).

FIGURE 2.12 LA DYNAMIQUE DE L'EXPRESSION DU MANAGEMENT ET DU LEADERSHIP

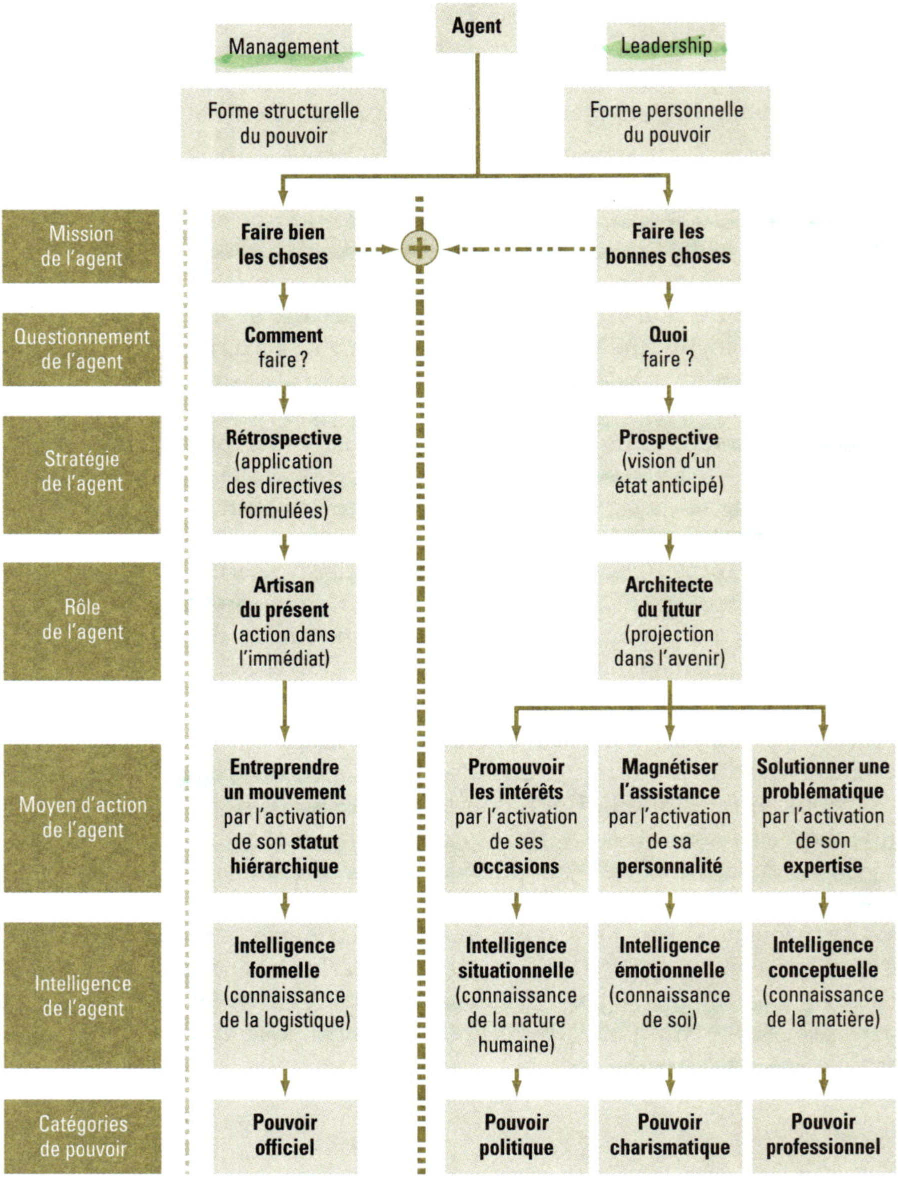

FIGURE 2.13 LA SYNERGIE GÉNÉRÉE PAR L'APPARIEMENT DE LA MAÎTRISE DU MANAGEMENT ET DU LEADERSHIP

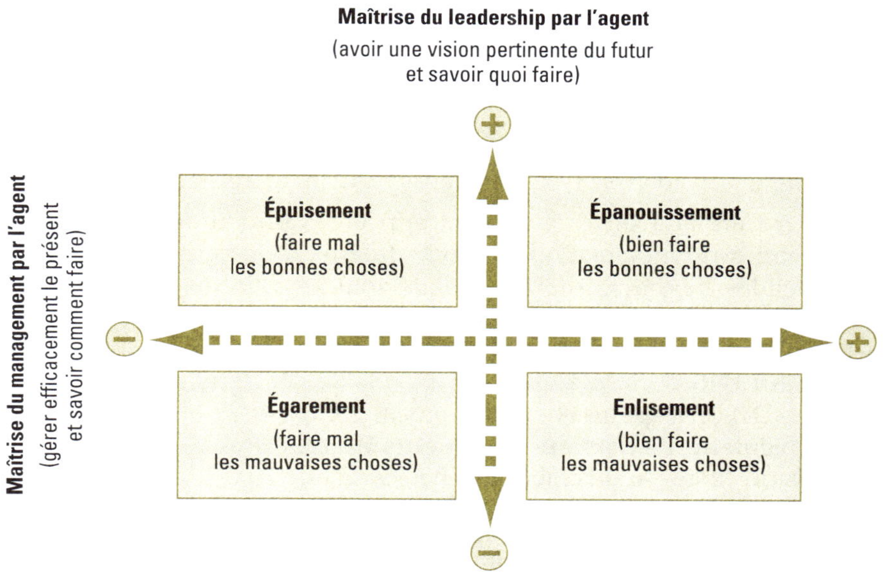

Études de cas et questions

1. Le chat gris

— Bart! As-tu lu le *Boston Herald*, ce matin?

— Hé, Sue! Tu déconnes ou quoi? Il est 5 h 30 du matin.

— À la troisième page, en gros caractères, il est écrit: «Mort mystérieuse des chats de Sa Majesté».

— Écoute, Sue, je n'en ai rien à cirer, des chatons de la reine! Bon sang, Sue! Il est 5 h 30 du matin!

— Au deuxième paragraphe de l'article, il est écrit: «Les six chats persans de la Couronne seraient morts peu après leur repas du soir.»

— Et puis après? Ils sont au moins morts le ventre plein!

— Huit lignes plus bas, on peut lire : « Les minets royaux suivaient une diète spéciale mise au point par la fameuse entreprise Le chat gris, chef de file mondial de la nourriture de qualité pour chats domestiques. » Bart, tu es là ? Bart, ça va ?

Bart Dwayne laisse tomber lourdement le combiné sur la moquette de la chambre à coucher et, tel un félin, bondit hors du lit pour se diriger vers la douche. Bart est le directeur des opérations chez Le chat gris, une entreprise familiale fondée en 1963 par Henry Catfish, le troisième du nom.

Monsieur Catfish avait créé une entreprise des plus prospères en proposant aux consommateurs de la nourriture haut de gamme pour leurs gentils félidés. Le chat gris fabrique deux grandes collections de produits : la marque « Grisou », comportant 9 sortes de croquettes de nourriture sèche, et la marque « Mistigri », comprenant 12 types de pâtés faits de viande. Au sein de la marque « Mistigri », Le chat gris produisait son fameux « Délice Neptune », exclusivement composé, selon la nomenclature alimentaire inscrite sur l'étiquette, de crevettes de Norvège, de homards du Maine et de crabes des neiges. C'est ce pâté haut de gamme qui avait permis à l'entreprise de devenir, en 1977, le fournisseur attitré de Sa Majesté. De ce retentissant succès commercial, fortement publicisé, s'était ensuivi un véritable raz-de-marée au chapitre des commandes. L'engouement des consommateurs pour les produits Le chat gris provenait principalement des milieux aristocratiques du nord de l'Europe.

Située à Plymouth, une petite ville au sud de Boston, l'entreprise emploie aujourd'hui 183 personnes et fonctionne à pleine capacité. En 1993, l'entreprise fut secouée par un terrible accident. Partis de St. Louis pour se rendre à l'importante exposition féline de Seattle, monsieur Catfish et quatre cadres de l'entreprise connurent une fin tragique lorsque l'avion privé qui les transportait percuta les flancs des Black Hills, au Dakota du Sud. Outre la présence d'un épais brouillard, aucune cause ne fut découverte pour expliquer l'écrasement de l'appareil.

Étant veuf, monsieur Catfish léguait la totalité de ses biens à ses enfants : deux fils. Toutefois, selon un document notarié, la succession de la présidence de l'entreprise est revenue exclusivement au fils aîné, Harrison, âgé de 34 ans. Quant à l'autre fils, Jerry, âgé de 29 ans, il a hérité de la direction des relations publiques.

Il est huit heures du matin et une importante réunion au sommet se tient dans la salle de conférence de l'entreprise Le chat gris.

— Pour une nouvelle, c'en est toute une. J'attends d'une minute à l'autre un coup de téléphone du palais royal. Six chats d'un coup ! Ça vous défait une ménagerie. La reine doit être dans tous ses états. Il faut arrêter tout de suite la production de notre marque « Mistigri ». Je veux qu'on cesse immédiatement la distribution du produit. Il va falloir rappeler nos stocks chez les détaillants.

Ces dernières paroles font sursauter Sue Clarkson, la directrice du marketing. La jeune cadre ne peut s'empêcher de réagir verbalement aux propos alarmistes de monsieur Catfish.

— Mais, Monsieur Catfish, nous ne livrons que trois types de pâtés à la famille royale : le « Délice Neptune », le « Foie de ma mère l'Oye » et le « Poissons des îles ».

— Nous ne devons prendre aucun risque. Si un autre incident devait survenir, nous pourrions avoir toute la presse contre nous, et ce, à la grande joie de nos compétiteurs.

Partageant l'opinion de sa collègue Sue Clarkson, Alicia Preston, la directrice de la recherche et du développement, prend la parole afin de tempérer les ardeurs de monsieur Catfish.

— Je pense, Monsieur Catfish, qu'il est prématuré d'arrêter notre chaîne de production et de retirer des rayons notre marque « Mistigri ». Il m'apparaît avisé, avant toute chose, de faire des prélèvements sur des échantillons afin de s'assurer de la qualité de nos produits. Si c'est un problème de toxicité, nous pourrions réagir en connaissance de cause.

— Alicia a raison, Monsieur Catfish, renchérit Bart Dwayne, le directeur de la production. L'arrêt de la chaîne produisant notre nourriture humide est impensable. Nous produisons jour et nuit et notre carnet de commandes est plein. Si nous arrêtons la machine, nous aurons de sérieux problèmes avec nos distributeurs. Il est facile de retracer le lot précis des produits soi-disant altérés. Nous avons les numéros de série numérisés de chacun des lots mis en boîte et étiquetés.

— On ne sait même pas ce qui est arrivé à ces foutus chats, lance sèchement Harry Carlyle, le directeur des finances. Une seule journée d'inactivité nous coûte 35 000 $. Non, je pense qu'il faut faire des contrôles de la qualité tout en maintenant notre production.

Nullement rassuré par les dernières interventions de sa garde rapprochée, monsieur Catfish poursuit la divulgation de ses inquiétudes.

— Supposons que nous soyons aux prises avec un problème beaucoup plus sérieux. Supposons un instant que ce sont nos installations de démembrement des carcasses qui se révèlent totalement contaminées. Nous manipulons tellement de charognes, passez-moi le terme, que nous ne sommes pas à l'abri d'une contamination bactérienne généralisée. Les gens ignorent les saloperies que nous transformons chaque jour. Dans l'imagerie populaire, Le chat gris apprête amoureusement crevettes, crabes et homards pour les bons minous des citadins. Si les gens savaient qu'il n'y a pas le soupçon d'une once de fruits de mer dans nos boîtes, mais seulement de la vulgaire farine animale, toute sirupeuse et d'origine inconnue, servant à lier ensemble de putrescents morceaux de poissons dont l'apparence visuelle et olfactive est savamment maquillée par des saveurs et des colorants artificiels, nous serions acculés à la faillite. Et en plus, il y a cet enfoiré de Hammerhead... Je suis sûr que ce vieux crapaud de mer nous passe des poissons contaminés à l'arsenic, au mercure et aux BPC. C'est connu comme Barrabas dans la Passion que ses chalutiers descendent leurs filets dans les eaux stagnantes et putrides de la baie de Palmer. Vous vous rendez compte ? Ce salaud de Hammerhead pêche à moins de deux kilomètres des cheminées de refroidissement de la centrale nucléaire de Kimberley !

— Il n'y a pas un chat dans la baie, alors les eaux sont forcément très poissonneuses. Personne ne veut s'y aventurer. Certains pêcheurs disent que la radioactivité est à ce point élevée dans la baie qu'il est fréquent que des baleines bleues à deux têtes viennent s'échouer sur la grève. Il y a même des résidants côtiers qui soutiennent que, les soirs de pleine lune, les eaux opaques et brunâtres de la baie présentent d'inquiétants reflets roses fluorescents.

— Voyons, Harry ! rétorque Bart. Ce sont des bobards débités par de vieux ivrognes. Nous n'avons aucune preuve scientifique que les poissons de la baie de Palmer sont impropres à la consommation animale. Et puis, il ne faut pas oublier que Hammerhead nous vend ses cargaisons à moitié prix et que toutes ses livraisons se font la nuit.

— Je veux qu'on stérilise sur-le-champ toutes nos installations et, surtout, nos robots culinaires. Il faut passer le tout à l'acide muriatique.

— Mais, Monsieur Catfish, c'est beaucoup trop fort ! On va faire sauter toute la baraque ! s'écrie Bart. On peut stériliser les installations avec un agent antibactérien du genre de l'acide salicylique. Mais une telle stérilisation exige que nous arrêtions notre chaîne de production pour une période d'au moins trois semaines. Ça va nous coûter un max et nous ne sommes même pas sûrs d'être en face d'un problème de contamination bactérienne. Si jamais la contamination est d'origine virale, toute cette opération de décontamination n'aura servi strictement à rien. C'est un pensez-y-bien ! Il va falloir renvoyer temporairement une bonne centaine de travailleurs. Il va y avoir de la grogne !

Quittant son énorme fauteuil de cuir marron, Jerry Catfish se dirige lentement vers la fenêtre, qui donne une vue imprenable sur le quartier historique de Plymouth. Repoussant du revers de la main les lamelles métalliques du store vertical, le directeur des relations publiques est à même de scruter les badauds déambulant nonchalamment dans les rues étroites ceinturant le pâté de maisons. Sans détourner son regard, Jerry Catfish s'adresse de nouveau à ses collègues.

— Le chat gris a une image de marque à préserver. Nous ne pouvons nous contenter de demi-mesures. Les gens achètent nos produits parce qu'ils symbolisent le summum de la qualité. Les gens aiment leurs chats et ils nous font confiance pour que nous en prenions bien soin. Peu importe ce que mangent ces bestioles, elles ne doivent en aucun temps être malades ou… Il ne faut surtout pas rompre le lien de confiance que nous avons avec nos clients. Il ne faut jamais oublier qu'un chat échaudé craint l'eau froide.

— Faisons nos tests de qualité sur les stocks vendus à la Couronne. Après, nous serons fixés.

— Madame Preston! Savez-vous combien de familles nobles et bien nanties, de par le vaste monde, nous confient la panse de leurs chatons?

— Je donne ma langue au chat, Monsieur Catfish!

— Plus de 20 000 familles aristocratiques achètent chat en poche chez nous! Et vous voulez que je joue à chat perché avec ces braves gens qui font notre promotion, dans les grands salons huppés, en jouant au bridge et en buvant du thé?

— Ne sommes-nous pas en train de tuer une mouche avec un bazooka? ajoute Bart Dwayne, le plus calmement du monde. Nous pourrions tout simplement augmenter le temps de cuisson de la nourriture et ajouter quelques gouttes de bleu de méthylène.

— Nous pourrions attendre les résultats de l'autopsie des six chats persans. Par la suite, nous pourrions, je pense, agir de façon plus éclairée.

— Madame Clarkson! Pensez-vous sérieusement que je n'y ai pas songé? Mais le temps joue contre nous. Que nous arriverait-il si, demain matin, le *New York Times* titrait: «Les chats siamois du Grand Cheik des Émirats du désert unifié victimes de "Mistigri"»? Mon père a mis plus de 20 ans à créer la réputation irréprochable de notre entreprise. Quelques jours suffisent pour anéantir Le chat gris qui, je présume que vous le savez, n'a malheureusement pas neuf vies.

— Écoutez, Monsieur Catfish, je pense que nous sommes tous ébranlés par ce qui arrive, mais nous devons absolument garder la tête froide. Il faut surtout éviter de généraliser et de brosser un tableau sombre de la situation. Vous savez, lorsque nous sommes sous le coup d'une grosse émotion, notre esprit a tendance à s'obscurcir. Après tout, la nuit, tous les chats sont gris.

— Monsieur Carlyle, il faut appeler un chat un chat. Nous sommes en situation de crise. Nous devons prendre des mesures énergiques pour éviter de nouveaux dérapages.

— Nous pourrions attendre le retour de votre frère.

— Pardon, Madame Preston ? Je n'ai pas bien compris ce que vous avez dit.

— Je disais que nous pourrions, euh…

— Avez-vous un chat dans la gorge, Madame Preston ? J'ai cru entendre que vous parliez de mon frère. Vous saurez, vous tous, qu'en son absence, c'est moi qui assume la présidence. J'ose croire que cela est clair. Mon frère a d'autres chats à fouetter. Il est à Auckland, en Nouvelle-Zélande, justement pour faire connaître nos produits de qualité. Je n'ai pas le temps de jouer au chat et à la souris pour tenter de le joindre avec tout le décalage horaire qui nous sépare. Je prendrai une décision définitive cet après-midi. En attendant, pas un mot aux employés. Ça doit être *business as usual*. Vous pouvez disposer, maintenant.

Dans le couloir menant à leurs bureaux, Sue, Bart et Alicia échangent quelques propos.

— Tu sais, Bart, il en profite pendant que Harrison est à l'étranger.

— C'est bien évident, Sue : « Quand le chat n'est pas là, les souris dansent. » On dirait qu'il vit présentement un *power trip*. Harrison et lui ont toujours vécu comme chien et chat. Il n'a jamais accepté d'être écarté de la présidence de l'entreprise. C'est comme si cette affaire de chats royaux lui permettait de nous prouver qu'il est un leader : un vrai Catfish ! Si jamais il arrête notre production et rappelle tous nos produits « Mistigri », laisse-moi te dire que ça va chauffer lorsque le frangin va être de retour.

— Ouais, Jerry va expérimenter personnellement le sens du proverbe « À bon chat, bon rat », marmonne presque malicieusement Sue.

— Pourquoi paniquer, bon sang ? s'écrie Alicia. Il n'y a pas de quoi fouetter un chat. Tout ce que nous avons à faire, c'est des contrôles de la qualité sur les lots ciblés. Un point c'est tout !

Question

En vous référant à la figure 2.5 (La dynamique des 4 R du pouvoir politique organisationnel), à la page 52, expliquez la réaction de Jerry Catfish lors de l'« importante réunion au sommet ». Justifiez votre réponse à l'aide d'extraits du cas.

2. Le petit chaperon jaune

Vous êtes le réalisateur du film *Le petit chaperon jaune*. Il s'agit d'une adaptation fantasmatique du célèbre conte pour enfants. Dans cette nouvelle version, l'innocente gamine traversant la forêt pour se rendre au domicile de sa mère-grand est beaucoup plus délurée que son ancêtre. En fait, le petit chaperon jaune est une jolie blonde désaxée d'une vingtaine d'années, férue de chasse au loup. Son panier ne contient pas seulement des galettes et un petit pot de beurre. Il renferme également tout un arsenal pour attirer vers elle les loups un peu trop téméraires…

La distribution des rôles progresse bien. Il ne vous reste plus qu'à choisir l'actrice qui incarnera le petit chaperon jaune.

Quoique votre budget soit plutôt modeste, vous ne voulez pas lésiner sur la qualité. Vous voulez réaliser un film mettant en évidence la qualité de l'interprétation des acteurs. Par ailleurs, vous avez à peine un mois pour réaliser le tournage des scènes.

Dans le scénario original, écrit par l'auteur allemand Karl Keinheim en 1966, le petit chaperon jaune est une jeune femme à la fois élancée et musclée. Son caractère est froid, rationnel et calculateur. Elle chasse ses proies avec implacabilité, utilisant tous les moyens mis à sa disposition. Il s'agit là d'un rôle exigeant.

Trois actrices sont disponibles pour le tournage du film. Vous avez recueilli l'information suivante à leur sujet.

Caractéristiques	Janis Kallisson	Suzy Varchau	Nancy Cirulato
Taille	1,60 mètre	1,50 mètre	1,65 mètre
Âge	29 ans	19 ans	23 ans
Formation théâtrale	Diplômée du conservatoire	Conservatoire non terminé	Ø
Prix d'interprétation	Meilleure actrice de soutien en 1998	Ø	Révélation de l'année en 2002
Distinction	Personnalité du mois d'octobre de la revue *Cinérama*	Miss Nevada en 2003	Troisième place à un concours de diction
Cachet professionnel demandé	2 000 000 $	1 600 000 $	900 000 $
Caractère	Agréable et facile à diriger	Impulsive et colérique	Timide et réservée
Problèmes	Ø	Toxicomanie	Problèmes conjugaux (divorce en cours)

Question

En vous référant à la figure 2.11 (Les conditions favorisant l'émergence du pouvoir politique organisationnel), à la page 62, dites dans quel quadrant du tableau de contingences 2 x 2 évolue le réalisateur du film. Justifiez votre réponse à l'aide d'extraits du cas.

3. L'Académie aimerait que...

Des chercheurs de l'Académie des sciences de l'espace travaillent présentement à la réalisation d'un ambitieux projet spatial. Effectivement, le projet Minerve U235 consiste à envoyer un équipage de six astronautes sur la planète Mars. L'équipe de chercheurs responsable du projet doit travailler sous pression. Elle est effectivement engagée dans une véritable course contre la montre depuis que les Américains ont mis au point le prototype d'un petit robot téléguidé capable d'effectuer de la prospection martienne et des analyses géologiques. Il y a fort à parier que la planète rouge sera visitée d'ici une dizaine d'années par les fils de l'Oncle Sam.

Le projet Minerve U235 consiste de plus en la fabrication d'un vaisseau spatial, *Phobos Alpha,* mû par un réacteur nucléaire encastré dans un caisson de carbone ayant subi une polymérisation isotopique. Mille fois plus léger que le plomb, ce nouveau type de caisson absorbe, en principe, la totalité des radiations de l'uranium enrichi. Qui plus est, l'énergie produite par le réacteur nucléaire dépasse de beaucoup la puissance du traditionnel carburant composé d'hydrogène liquide. Les chercheurs de l'Académie estiment que le vaisseau *Phobos Alpha* pourrait faire l'aller simple en neuf mois.

Toutefois, l'avenir du projet Minerve U235 semble des plus incertains. En effet, la Commission de l'énergie atomique a demandé à quatre de ses plus grands spécialistes en radioactivité d'enquêter sur l'étanchéité du caisson de carbone. Les enquêteurs de la Commission sont réputés très pointilleux en matière d'utilisation d'énergie nucléaire dans l'espace. Effectivement, ils redoutent particulièrement une catastrophe majeure lors de la phase de lancement. De plus, le problème de la gestion des déchets radioactifs demeure entier.

Par ailleurs, le financement du projet connaît des ratés. Il manque environ 3 milliards de dollars pour achever le nouvel engin spatial. Afin d'attirer de nouveaux investisseurs privés, l'Académie doit présenter, le mois prochain, le projet Minerve U235 à un consortium d'entreprises œuvrant dans les secteurs de l'aérospatiale et de l'industrie militaire.

L'Académie a retenu vos services en tant que spécialiste en leadership.

L'Académie aimerait que vous l'aidiez à utiliser efficacement le pouvoir du leadership afin d'influencer positivement les membres de la Commission et les futurs bailleurs de fonds.

Question

En vous référant à la figure 2.12 (La dynamique de l'expression du management et du leadership), à la page 66, écrivez le texte de présentation du projet Minerve U235.

4. Bienvenue, Monsieur Champs

« Bienvenue, Monsieur Champs ! Nous sommes heureux de vous compter parmi nous. » C'est ainsi que Paul Champs avait été accueilli par monsieur Frank Silverstone, le directeur général de la succursale du centre-ville de la Banque Money-Honey, « Là où votre argent butine et travaille pour vous ! » La devise de la banque était très populaire auprès de la population et son logo, une grosse abeille jaune zébrée de noir, était un symbole de l'efficacité.

Paul Champs avait été présenté à tous les employés par monsieur Silverstone. Il s'agissait certes d'un accueil chaleureux puisque, à la fin de la journée, un goûter préparé par tous les employés avait été offert à Paul. Il y avait un tas de bonnes choses à manger tels des petits sandwichs fourrés au poulet, des salades de pomme de terre et de macaroni, des biscottes tartinées de terrine de lapin, des olives et une myriade de petites crudités. Le tout était copieusement arrosé de Gaillac, un vin rouge bien charpenté. Les gens s'agglutinaient autour de Paul et échangeaient volontiers avec lui. Paul se sentait déjà comme un membre de la famille.

Paul avait obtenu un baccalauréat en administration par cumul de certificats. Il avait étudié pendant huit ans dans une école de gestion prestigieuse et, aujourd'hui, il voulait mettre en application ce qu'il avait appris lors de ses cours du soir. Paul était spécialisé en planification financière personnelle. Il devait travailler sous la direction de madame Kathy Evelyn, planificatrice financière principale de la succursale. Il s'agissait d'une personne très affable et généreuse de son temps.

Les trois premiers mois se déroulèrent à un train d'enfer. Il y avait tellement de choses à apprendre, et puis la période des REER[32] battait son plein. Paul ne comptait pas ses heures. Il voulait faire ses preuves et était surtout désireux de montrer à monsieur Silverstone qu'il avait fait le bon choix en l'embauchant.

Puis, un beau matin, madame Kathy Evelyn entra dans le bureau de Paul.

— Comment ça va, Paul ?

— Occupé, mais j'aime ça !

— Écoute, Paul, j'aimerais te confier un dossier.

— Ah oui ?

— Oui. Il s'agit d'implanter un AWG auprès de nos planificateurs financiers.

— Un AWG ?

32. Acronyme signifiant « Régime enregistré d'épargne-retraite ».

— Oui ! Tu sais, un *Autonomous Work Group*. Ça marche très fort présentement aux États-Unis. Il s'agit d'un nouveau design opérationnel qui rend les employés plus autonomes et performants. J'aimerais que tu implantes cette réorganisation du travail en utilisant l'approche du développement organisationnel. Tiens, voici le livre de Hermann Spitz, le grand gourou de l'OD.

— Le OD ?

— Oui, l'*Organization Development*. Ça serait bien si nos nouveaux groupes de travail autonomes étaient pleinement opérationnels le mois prochain.

— Mais...

— Allez, je dois maintenant filer. J'ai une rencontre avec monsieur Silverstone.

Question

En vous référant à la figure 2.13 (La synergie générée par l'appariement de la maîtrise du management et du leadership), à la page 67, dites ce que devrait faire monsieur Champs pour répondre adéquatement aux demandes de madame Evelyn.

CHAPITRE **3**

Les habiletés politiques fondamentales

« L'art du politique est de faire en sorte qu'il soit de l'intérêt de chacun d'être vertueux. »

Claude Adrien Helvétius

« Tout ce que je demande aux politiques, c'est qu'ils se contentent de changer le monde, sans commencer par changer la vérité. »

Jean Paulhan

« L'histoire me sera indulgente, car j'ai l'intention de l'écrire. »

Winston Churchill

3.1 Le questionnement stratégique

Fondamentalement, la maîtrise de l'exercice du pouvoir politique nécessite chez l'agent l'habileté à faire une lecture perspicace de la conjoncture dans laquelle il se trouve. Sans ce sagace décodage des forces conjoncturelles, l'agent ne peut exploiter efficacement les quatre bases personnelles du pouvoir politique, soit le résiduel, les relations, les représentations et le rayonnement. Avant d'agir, il importe pour l'agent de bien comprendre la nature même de la situation. L'utilisation judicieuse de l'intelligence situationnelle, qui permet d'identifier et de jauger les forces en présence, constitue assurément la **première des habiletés politiques** de tout agent espérant exercer efficacement une influence politique sur son milieu.

À ce stade de la compréhension de la situation, la possession de grands yeux, de fines oreilles, d'un nez délicat et d'une toute petite bouche s'avère capitale à la réussite du travail d'investigation de l'agent. En se transformant en observateur avisé, l'agent prendra conscience qu'il évolue sur un échiquier stratégique n'offrant, à première vue, que fort peu d'indications sur le véritable positionnement et l'authentique valeur des pièces. Il s'agit en fait d'un terrain de jeu où l'action principale se déroule souterrainement. En d'autres termes, la majeure partie du jeu se passe sous la table plutôt que sur l'échiquier déposé sur celle-ci. Comme présenté à la figure 3.1, le questionnement stratégique de l'agent doit porter sur cinq objets primordiaux, ceux-ci étant :

1) l'identité des acteurs ;

2) leurs ressources ;

3) leurs intérêts ;

4) l'enjeu au centre des préoccupations des acteurs ;

5) le milieu (culture) où se situe l'action.

3.1.1 L'identité des acteurs

Il s'avère essentiel pour l'agent de découvrir l'identité des principaux protagonistes. L'agent doit connaître leur emplacement sur les carreaux de l'échiquier. Il doit surtout mettre à jour les relations meublant l'existence de ceux-ci.

3.1.2 Les ressources des acteurs

À la suite de l'établissement du fameux « qui fréquente qui », l'agent doit procéder à l'estimation de l'importance des

FIGURE 3.1 | L'ABÉCÉDAIRE DE L'ÉCHIQUIER DU POUVOIR POLITIQUE

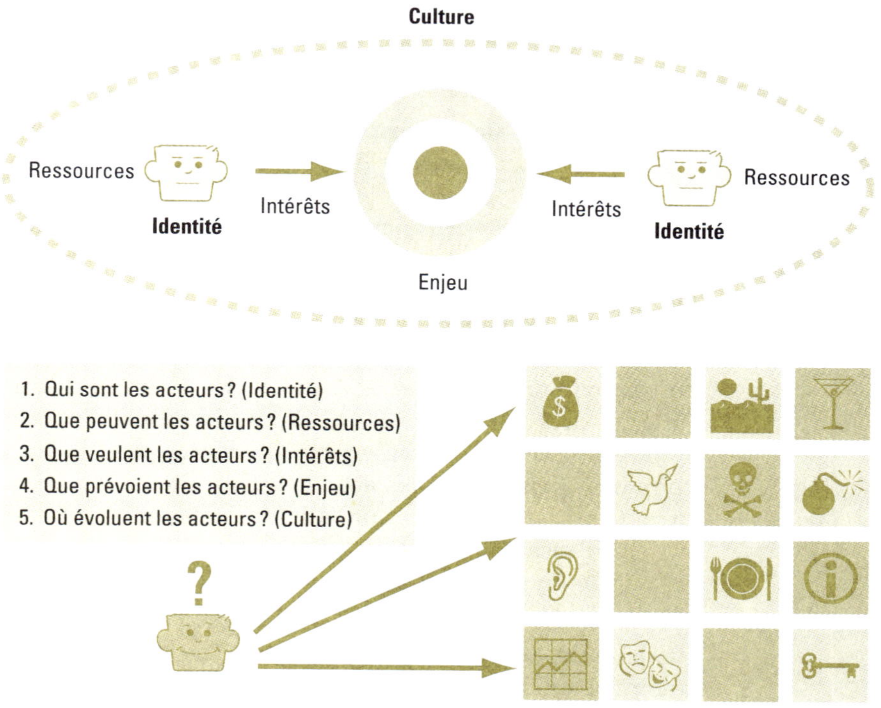

ressources (moyens d'action) des acteurs de premier plan. En jaugeant la valeur de leurs sources et de leurs bases de pouvoir, l'agent établit le pouvoir en puissance (potentiel d'action) de ces derniers.

Bien que la connaissance du potentiel de pouvoir des acteurs constitue en soi un appréciable atout, son importance stratégique s'accroît davantage lorsqu'elle est jointe au questionnement portant sur ce que veulent les acteurs. Les intérêts des acteurs (intentions d'action) consistent essentiellement en leur motivation quant à la nature des fins à atteindre ou des moyens à utiliser. Nous dirons que les intérêts des acteurs sont pleinement convergents lorsque les acteurs s'engagent ensemble dans l'accomplissement d'une activité concertée (esprit de collaboration). Dans le cas contraire, c'est-à-dire lorsqu'il y a absence d'engagement commun, les intérêts des acteurs sont dits divergents. Ou bien les acteurs sont en lutte pour la détermination des moyens à employer ou de l'activité à accomplir (esprit de compétition), ou bien ils vaquent, chacun de leur côté, à leurs propres activités en fonction des moyens qui leur semblent appropriés (esprit d'indifférence).

3.1.3 Les intérêts des acteurs

La découverte des intérêts des acteurs est foncièrement associée à l'établissement des objectifs qu'ils poursuivent. Toutefois, les deux variables, intérêts et objectifs, ne s'inscrivent pas forcément dans une relation de réciprocité. En d'autres termes, la fixation d'objectifs communs n'implique pas obligatoirement l'émergence d'intérêts convergents en matière de moyens à utiliser ou de fins à atteindre. Par exemple, il est fréquent que des acteurs ayant des objectifs communs soient portés à s'approprier leurs réalisations (intérêts divergents) plutôt que d'œuvrer ensemble pour les concrétiser (intérêts convergents). La présence d'objectifs communs peut inciter les acteurs à travailler soit conjointement (esprit de collaboration) afin de partager les retombées de leur réalisation (intérêts convergents), soit concurremment (esprit de compétition) afin de s'approprier la totalité des résultats (intérêts divergents).

Par ailleurs, l'existence d'objectifs distincts ne favorise guère une mise en commun de l'énergie des acteurs en présence. Il est somme toute plutôt rare que des acteurs dépourvus d'objectifs communs décident de travailler ensemble à la réalisation de leurs objectifs respectifs. La présence d'objectifs distincts traduit généralement l'expression d'intérêts divergents, chacun des acteurs voulant travailler séparément à l'atteinte de ses propres objectifs (esprit d'indifférence). Il sied ici de préciser que, dans un contexte de ressources limitées – ce qui est généralement le cas pour la quasi-totalité des organisations –, l'esprit d'indifférence se transforme rapidement en esprit de compétition.

3.1.4 L'enjeu qui préoccupe les acteurs

L'enjeu est la prévision d'arriver à ses fins – qu'elles soient personnelles ou collectives – nonobstant l'âpreté de l'entreprise causée par les intérêts existants et les ressources disponibles. Plus les fins sont jugées importantes et plus les intérêts sont divergents et les ressources, limitées, plus l'enjeu sera grand. Toutefois, si la probabilité de s'engager dans une action est conditionnée par la nature audacieuse de l'entreprise désirée, cette probabilité décroît rapidement lorsque l'audace fait place à l'utopie. La figure 3.2 présente la dynamique entre la probabilité de s'engager dans une action et l'importance de l'entreprise convoitée, cette dernière étant directement proportionnelle à son niveau de difficulté.

Chose certaine, lorsque, poussé par l'appât du gain, l'acteur décide d'accepter l'important enjeu qui se dresse devant lui, cet acteur ne peut se soustraire à l'expérience angoissante d'envisager une victoire décisive ou une défaite cuisante. Il importe pour l'agent de sonder ce que prévoient faire les acteurs en fonction de leur « estomac », c'est-à-dire leur niveau de tolérance en matière de gains et de pertes.

FIGURE 3.2 LA DYNAMIQUE DE LA PROBABILITÉ DE S'ENGAGER DANS UNE ACTION

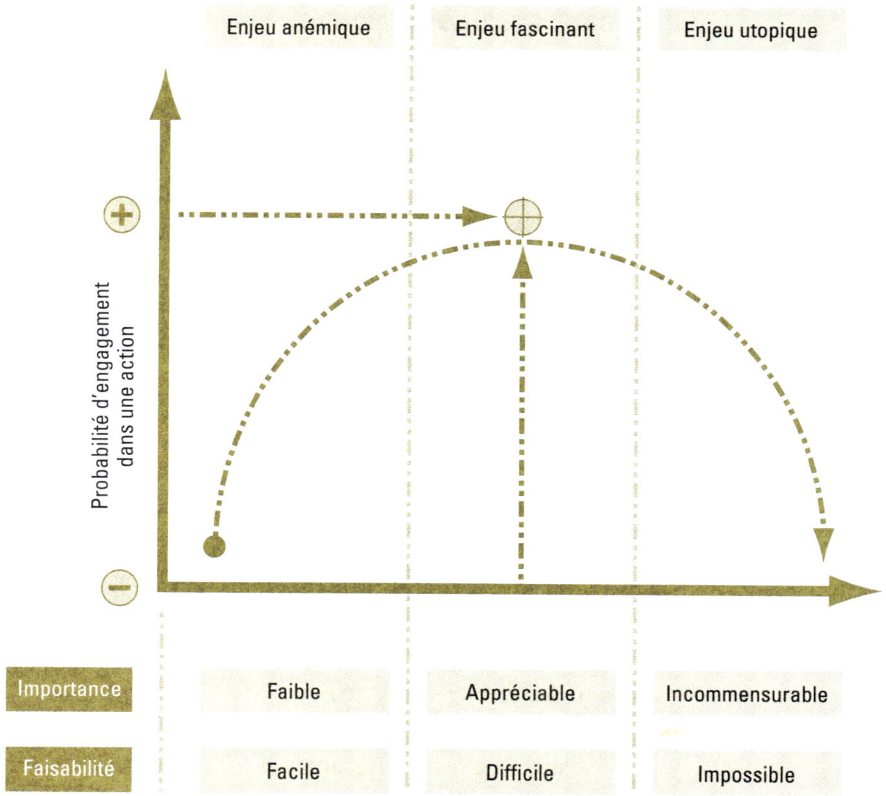

Importance d'une entreprise directement proportionnelle à son niveau de difficulté établi en fonction de la divergence d'intérêts et de la limitation des ressources

3.1.5 La culture organisationnelle

Enfin, l'agent doit s'interroger sur la nature de l'espace psychophysique[1] dans lequel vivent les principaux acteurs. Cet espace est en fait la culture structurant la façon de vivre majoritairement partagée par ceux-ci[2]. L'agent tentera ici de déterminer les valeurs, les croyances et les pratiques modulant le rythme existentiel des acteurs qui évoluent sur l'échiquier. Par cet exercice de détermination, l'agent parviendra à donner du sens à ce qui, en apparence, n'en a pas. En effet, certaines pratiques apparemment irrationnelles, par exemple les rites d'initiation communément appelés bizutage, reposent sur un système de pensée tacite parfaitement rationnel. L'importance des facteurs idiosyncrasique et culturel sera précisément analysée au chapitre 5.

3.2 La cartographie du pouvoir

Fort de la détermination des cinq paramètres balisant le pourtour de l'échiquier stratégique, l'agent doit maintenant concentrer ses réflexions sur la dynamique du pouvoir. Présentée au chapitre 1, la dynamique du pouvoir se résume pour l'essentiel à l'échange de ressources au sein d'une dyade d'acteurs. La **deuxième habileté politique fondamentale** devant être maîtrisée par l'agent consiste en un découpage dyadique de ses relations ainsi que de celles des autres acteurs découverts sur l'échiquier. À ce stade-ci de la lecture situationnelle, afin d'établir un sociogramme relationnel dyadique, l'agent exploitera principalement les trois premiers paramètres de l'échiquier, soit :

1) l'identité des acteurs ;

2) leur pouvoir (ressources) ;

3) leur vouloir (intérêts).

Comme elle est présentée à la figure 3.3, cette lecture de la situation peut être naïvement schématisée au moyen des symboles suivants :

1) une figure distinctive pour l'agent ;

2) des figures dont la taille varie en fonction de l'importance du pouvoir de chacun des acteurs identifiés par un nom ;

---

1. Qui concerne à la fois la pensée et le corps.
2. Pour une compréhension de la dynamique culturelle et des différents types de culture meublant l'univers organisationnel, le lecteur est invité à consulter les récents travaux de Ouimet (2007a, 2007b).

3) des pictogrammes climatiques différents selon la nature (positive, neutre ou négative) des intérêts des acteurs participant à la formation des différentes dyades.

FIGURE 3.3 || LE SOCIOGRAMME RELATIONNEL DYADIQUE

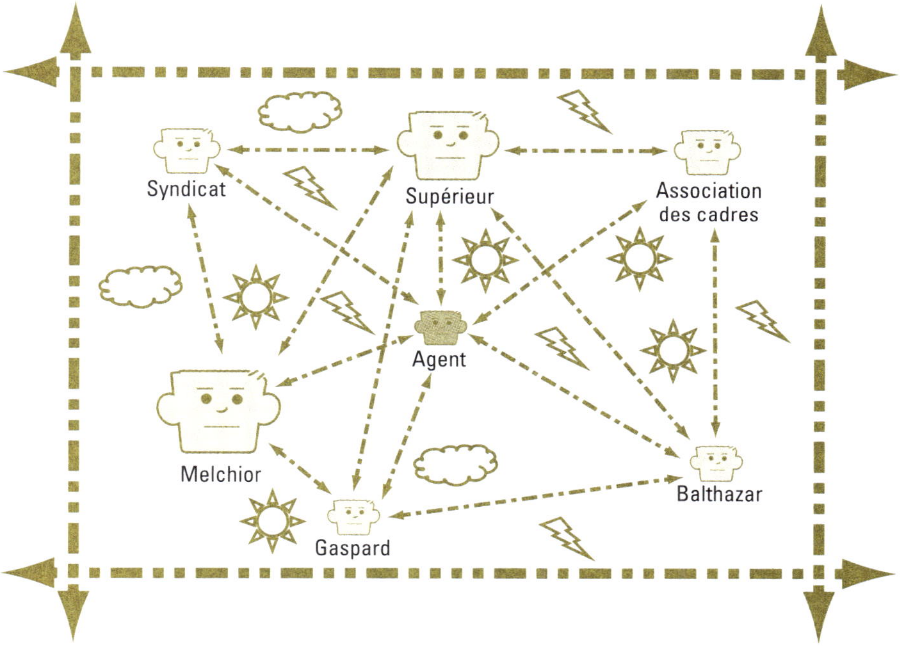

À vue de nez, le lecteur prendra rapidement conscience du nombre terriblement élevé de relations que peuvent générer entre eux quelques acteurs. Effectivement, le nombre de relations s'inscrit dans un rapport de nature exponentielle avec le nombre d'acteurs. Aussi importe-t-il à l'agent désireux de construire un sociogramme intelligible de ne retenir que les acteurs principaux, c'est-à-dire ceux qui ont la capacité de faire une différence significative au chapitre de son propre potentiel d'action (pouvoir). L'examen de la teneur symbolique de la figure 3.3 se révèle des plus éclairants, notamment en ce qui a trait au positionnement stratégique de l'agent.

En effet, l'analyse du sociogramme nous indique que le supérieur de l'agent, possédant un pouvoir substantiel, doit composer avec un acteur, Melchior, ayant un potentiel d'action supérieur au sien. Par ailleurs, ces deux acteurs centraux nourrissent les mêmes intérêts (convergence d'intérêts symbolisée par le soleil). Quoique partageant les intérêts de son supérieur, l'agent n'épouse pas ceux de l'acteur le plus puissant, soit Melchior (divergence d'intérêts symbolisée par l'éclair). Conséquemment, la situation de l'agent s'avère fort délicate. Celui-ci ne doit surtout pas sous-estimer le poids des intérêts. Il serait effectivement téméraire de sa part de contraindre son supérieur à choisir entre lui et Melchior.

La même problématique existe entre l'agent, son supérieur et Balthazar, un acteur toutefois beaucoup moins important que Melchior. Ici, la liberté d'action de l'agent s'en trouve accrue. Sa situation se révèle nettement moins précaire dans cette dernière configuration relationnelle dyadique.

Le même schéma de dissonance cognitivo-affective apparaît dans la mise en exergue des dyades agent–supérieur (convergence d'intérêts), supérieur–association des cadres (divergence d'intérêts) et agent–association des cadres (convergence d'intérêts). L'agent doit se montrer particulièrement prudent lorsqu'un acteur puissant diffère de lui quant au partage des intérêts d'un autre acteur. De même, la circonspection est de mise lorsque l'agent ne peut définir la nature des intérêts des principaux acteurs, soit parce que ceux-ci ne la connaissent pas encore, soit parce qu'ils refusent tout simplement de la divulguer. Pareil flottement relationnel (mouvance d'intérêts symbolisée par le nuage) ne saurait persister très longtemps. Dans un contexte de restriction des ressources, la neutralité apparente ou réelle cède rapidement le pas à l'alignement. Ou bien les nuages s'agglutineront et participeront à la formation d'un temps orageux, ou bien ils se disperseront au profit d'un temps ensoleillé.

Découlant de la production d'un sociogramme relationnel dyadique, la définition des principaux acteurs, l'estimation de l'importance de leur pouvoir respectif et la détermination de la nature de leurs intérêts au sein d'une relation permettent le peaufinage d'une cartographie du pouvoir explicitant le type d'acteur politique qui évolue sur l'échiquier stratégique. Présentée à la figure 3.4, cette cartographie du pouvoir est essentiellement un exercice d'affinage de la compréhension des rapports de forces et des enjeux qui se profilent en trame du sociogramme précédemment construit. De la toile d'araignée relationnelle tarabiscotée et jalonnée de climats dyadiques (convergence d'intérêts = climat sain, divergence d'intérêts = climat malsain et mouvance d'intérêts

FIGURE 3.4 LA CARTOGRAPHIE DU POUVOIR EN FONCTION DU TYPE D'ACTEUR POLITIQUE[3]

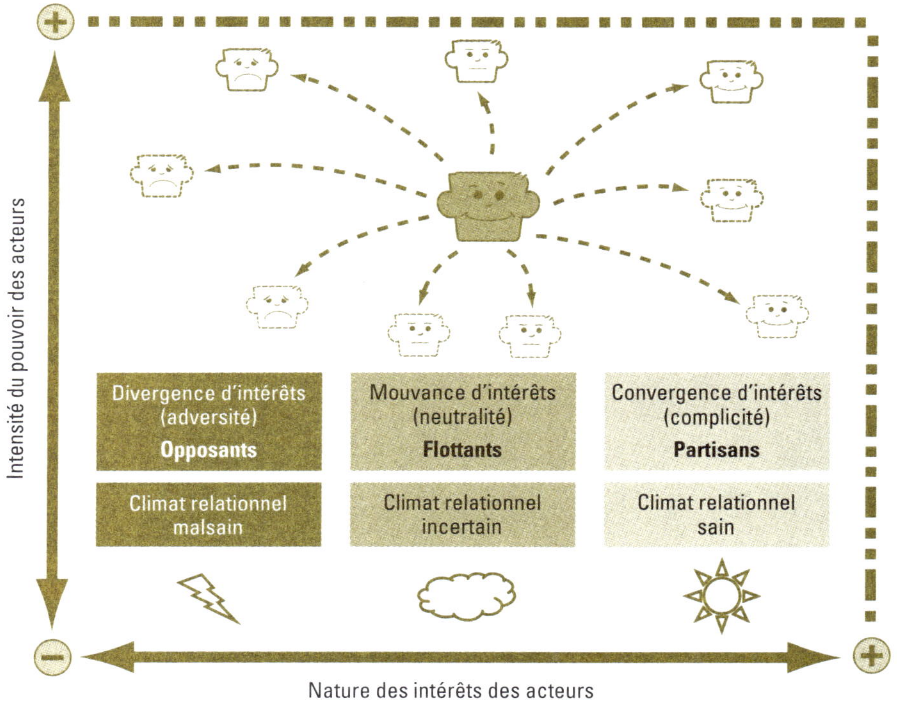

= climat incertain) émane le terrain des opérations clairement configuré en fonction des différents camps (allié, adverse et neutre).

Occupant arbitrairement la place centrale de la figure 3.4, l'agent, symbolisé par une figure distinctive, est entouré des principaux acteurs politiques dont l'importance stratégique (intensité du pouvoir) est signalée par la consistance du pourtour de leur figure respective. La distribution de ceux-ci sur la cartographie du pouvoir est la suivante : à la gauche de la figure se trouvent les opposants de l'agent (divergence d'intérêts), à droite sont regroupés ses partisans (convergence d'intérêts) et au centre se tiennent les flottants (mouvance d'intérêts).

3. L'expression *acteur politique* fait généralement référence au terme anglais *stakeholder* ayant également comme équivalents français les expressions « détenteur d'enjeu », « dépositaire d'enjeu » et « partie prenante ».

3.2.1 Les catégories d'acteurs politiques

Comme il est illustré au tableau 3.1, il existe en tout neuf types d'acteurs politiques répartis dans les catégories « adversité », « complicité » et « neutralité ». Dans la catégorie « adversité », nous retrouvons les opposants de type idéologique, viscéral ou compulsif. Parmi les complices de l'agent, il est possible de différencier les partisans de type réfléchi, double ou aveugle. Enfin, les apôtres de la neutralité apparaissent sous les traits des flottants de type dubitatif, intéressé ou inhibé. Examinons maintenant plus en détail la nature de chacun de ces différents types d'acteurs politiques.

TABLEAU 3.1 | LES CATÉGORIES D'ACTEURS POLITIQUES

Adversité (divergence d'intérêts)	Neutralité (mouvance d'intérêts)	Complicité (convergence d'intérêts)
Opposant idéologique (conviction)	Flottant dubitatif (indécision)	Partisan réfléchi (réflexion)
Opposant viscéral (aversion)	Flottant intéressé (négociation)	Partisan double (mission)
Opposant compulsif (compulsion)	Flottant inhibé (inhibition)	Partisan aveugle (fusion)

3.2.1.1 Les adversaires de l'agent

De tous les adversaires de l'agent, l'opposant idéologique est assurément le plus solide sur le plan de la qualité de l'argumentation. Effectivement, contrairement à ses confrères, l'opposant viscéral et l'opposant compulsif, l'opposant idéologique pense. Il a des idées, des principes et des valeurs. Ses prises de position sont foncièrement rationnelles ou du moins campées sur une logique démonstrative intrinsèquement cohérente. Aimant exploiter tantôt les théories – systèmes de croyances religieux, philosophiques ou scientifiques –, tantôt les faits, l'opposant idéologique s'oppose par conviction à l'agent.

Pour sa part, l'opposant viscéral ne se dresse pas contre les positions défendues par l'agent, mais plutôt contre ce dernier. Animé par une profonde aversion pour la personne de l'agent, l'opposant viscéral s'engage avec ce dernier dans une discorde essentiellement émotionnelle communément appelée « conflit de personnalités ». La véhémence de l'acrimonie l'emporte considérablement sur la profondeur de l'argumentation.

Enfin, l'opposant compulsif s'inscrit en faux contre les visées de l'agent simplement par réflexe. Ce type d'opposant est littéralement victime d'une compulsion ontogénique[4] inconsciente de négation. Solitaire, replié sur lui-même et dépourvu d'arguments un tant soit peu valables, l'opposant compulsif affirme sa présence au monde en rejetant systématiquement toute stimulation externe à son univers psychique. L'agent se trouve en fait confronté à un enfant qui, sous l'oripeau physionomique d'un adulte, n'a pu s'extirper de la phase de la découverte du « non ». L'opposant compulsif est de loin le moins dangereux de sa catégorie.

3.2.1.2 Les acteurs neutres

Dans la catégorie des acteurs qui estiment appartenir au camp de la neutralité, nous retrouvons dans un premier temps le flottant dubitatif. Cet individu perplexe se questionne sincèrement sur le bien-fondé des positions soutenues par l'agent. Sa neutralité toute temporaire n'est en fait que la manifestation de son indécision. De toute évidence, ce type d'opposant mérite grandement que l'agent s'investisse à son endroit afin de le convaincre de la justesse de ses prétentions.

Le deuxième type d'acteur neutre est le flottant intéressé. Contrairement au flottant dubitatif, le flottant intéressé ne s'interroge pas sur la pertinence des différents points de vue formulés. Son questionnement porte plutôt sur les retombées engendrées par l'alignement de sa neutralité. Excessivement patient et tatillon, ce type de flottant, encroûté dans l'attentisme, aime se faire courtiser par les divers prétendants au pouvoir. Il est un spécialiste de la négociation de son adhésion. Foncièrement arriviste, il se rangera du côté du plus offrant. Sa dangerosité provient essentiellement de l'inconstance de ses résolutions. En somme, ses seules convictions sont de nature strictement marchande.

Finalement, la catégorie des acteurs neutres compte dans ses rangs le flottant inhibé. N'ayant à vrai dire aucune idée sur quoi que ce soit, le flottant inhibé est torturé par l'idée de devoir, d'une part, se prononcer et, d'autre part, décevoir les acteurs ne recevant pas son assentiment. Afin de se soustraire à cette anxiogène incapacité décisionnelle, le flottant inhibé se terre dans l'ambiguïté de ses réactions aux sollicitations de son environnement. Ne sachant trop bien s'il faut répondre favorablement ou non aux demandes qui lui sont faites, cette victime de l'inhibition adopte une attitude

4. Qui se rapporte au développement de l'individu et non de l'espèce.

mi-figue mi-raisin en éparpillant furtivement, ici et là, tantôt des acquiescements, tantôt des réprobations. Inoculé par ce qu'il convient d'appeler le syndrome de la figurine oscillante[5], le flottant inhibé, tel le sympathique toutou installé devant la lunette arrière du véhicule automobile et dodelinant inlassablement la tête, tente désespérément de ménager les susceptibilités de tous et chacun. L'adhésion de ces indécis impénitents se révèle toujours superficielle.

3.2.1.3 Les partisans de l'agent

La troisième et dernière catégorie d'acteur politique contient les partisans de l'agent. Le premier type est le partisan réfléchi. Ce n'est qu'après une réflexion approfondie que cet acteur politique accepte d'accorder son appui à l'agent. À la fois critique et objectif, le partisan réfléchi soutient l'agent uniquement dans la mesure où les positions de ce dernier lui apparaissent défendables. Certes foncièrement conditionnel, son appui s'avère indéfectible le temps que dure son adhésion à la cause de l'agent.

Le deuxième type de complice de l'agent, le partisan double, quoiqu'il manifeste ostensiblement un soutien à l'agent, ne partage pas pour autant les vues de ce dernier. En fait, cet allié est en mission, celle-ci consistant uniquement en la défense de ses propres intérêts. Il n'hésitera pas à se servir de l'agent comme écran de fumée, comme objet de diversion ou même comme chair à canon afin de réaliser en tapinois[6] ses ambitions personnelles. Aussitôt parvenu à ses fins, le partisan double s'évanouit dans la nature, abandonnant ainsi à son triste sort l'agent qu'il avait antérieurement tant conforté.

Finalement, appartient à cette troisième catégorie d'acteur politique le partisan aveugle. Véritable admirateur de l'agent, le partisan aveugle cautionne inconditionnellement les actions de celui-ci. Dépourvu de sens critique, ce partisan entretient la plupart du temps avec l'agent une relation fantasmatique fusionnelle. Habité par un irréductible transfert d'idéalisation, le partisan aveugle déifie littéralement l'agent. Ce dernier est son inestimable idole pour laquelle il est prêt à entreprendre les croisades les plus périlleuses. L'agent doit

---

5. Appelée en anglais *noddy,* cette figurine, de par ses caractéristiques morphologiques, est à la base de l'appellation de ce syndrome dont l'expression synonymique est en français « syndrome de la figurine oui-oui » et en anglais *bubble head syndrom.*

6. Avec dissimulation, en se cachant.

être conscient des dangers inhérents à la loyauté sans discernement. Une personne vous disant pertinemment « non » se révèle un collaborateur beaucoup plus précieux qu'une personne invariablement d'accord avec vous. Qui plus est, l'agent ne saurait éluder l'existence fréquente d'une déconcertante transformation de l'idéalisation en dévalorisation. L'histoire est jonchée de dieux diversiformes brutalement déboulonnés de leur piédestal par ceux-là mêmes qui encore tout récemment se prosternaient devant eux.

3.3 Les stratégies politiques

Très peu d'auteurs ont proposé une typologie dynamique des stratégies politiques, c'est-à-dire une typologie générée par le croisement d'au moins deux variables. En effet, la quasi-totalité des classifications[7] présentes dans la littérature scientifique se situe au stade primaire de la nomenclature, consistant en la recension statique des stratégies politiques, et ce, la plupart du temps, selon l'ordre alphabétique de leur dénomination. S'inspirant du modèle politique de prise de décision élaboré par Forester (1984, 1989), Yang (2003) développe un modèle politique trifactoriel des stratégies de prise de décision. En combinant les variables « justice organisationnelle perçue », « conflit d'intérêts perçu » et « proactivité de la réponse de l'agent », Yang construit une matrice tridimensionnelle permettant l'identification de huit stratégies politiques exploitées lors d'un processus décisionnel.

C'est ainsi qu'un agent devant résoudre un problème dans un environnement politique perçu comme juste (justice organisationnelle) et où cohabitent des acteurs partageant les mêmes intérêts (consensus d'intérêts) utilisera :

1) la stratégie du raisonnement (démonstration factuelle et logique), s'il croit en ses moyens de réussir (réponse proactive) ; ou
2) la stratégie de la consultation (recherche d'information additionnelle), s'il doute de pouvoir y parvenir (réponse réactive).

---

7. Voir entre autres les classifications proposées par les auteurs suivants : Feldman et Klitch (1991) ; Gray et Starke (1988) ; Huczynski (1996) ; Kipnis, Schmidt et Wilkinson (1980) ; Kipnis, Schmidt, Swaffin-Smith et Wilkinson (1984) ; Pettigrew (1974) ; Pettigrew et McNulty (1995) ; Pfeffer (1992a) ; Read (1992) ; Zugbach (1995).

Par ailleurs, un agent constatant que toutes les parties impliquées affichent les mêmes intérêts (consensus d'intérêts), mais sont néanmoins aux prises avec un problème émergeant d'un environnement politique injuste (injustice organisationnelle), adoptera :

3) la stratégie de la séduction (appel aux émotions, bienveillance ou camaraderie), s'il estime pouvoir par lui-même restaurer le climat d'équité (réponse proactive) ; ou
4) la stratégie du réseautage (établissement de relations avec des acteurs influents), s'il considère que l'obtention du soutien de ceux qui détiennent le pouvoir et l'information est essentielle au rétablissement d'un tel climat (réponse réactive).

Le troisième cas de figure consiste en un agent percevant l'existence d'un problème au sein d'un environnement politique juste (justice organisationnelle) cachant une divergence d'intérêts entre les acteurs (conflit d'intérêts). L'agent peut, dans cette situation problématique, recourir à :

5) la stratégie de l'échange (offre d'une faveur à la cible), s'il possède déjà certains éléments de solution au problème (réponse proactive) ; ou à
6) la stratégie du marchandage (demande formulée à la cible), s'il ne connaît pas ces éléments de solution (réponse réactive).

Enfin, un agent percevant qu'un problème se manifeste dans un environnement politique injuste (injustice organisationnelle) dans lequel évoluent des acteurs en opposition sur le plan des intérêts (conflit d'intérêts), exploitera :

7) la stratégie de la pression (contrainte ou menace), s'il estime pouvoir faire des gains au chapitre de la défense de ses propres intérêts (réponse proactive) ; ou
8) la stratégie de l'endiguement (blocage des actions de la cible), s'il ne peut créer de solutions valables ou défendre convenablement la légitimité de ses positions (réponse réactive).

Bien qu'il se révèle des plus éclairants relativement aux processus psychologiques impliqués dans la détermination des actions stratégiques de l'agent, le modèle intégrateur de Yang présente une appréciable limite en matière d'analyse globale du pouvoir politique. En effet, la dimension politique du pouvoir n'est considérée que dans la perspective d'une prise de décision stratégique. Or, les acteurs organisationnels ne sont pas tous des décideurs évoluant à des niveaux hiérarchiques supérieurs. Qui plus est, la prise de décision stratégique n'est pas un processus envahissant le quotidien des organisations.

3.3.1 L'utilisation des bases personnelles de pouvoir

Conscient de cette dernière limitation analytique, nous nous proposons de poursuivre nos réflexions afférentes à la cartographie du pouvoir en fonction du type d'acteur politique. Une fois cette cartographie établie, l'agent doit connaître la façon d'évoluer sur l'échiquier politique. Plus précisément, il doit savoir exactement quelles bases personnelles de pouvoir – les 4 R du pouvoir politique, soit le résiduel, les relations, les représentations et le rayonnement – il doit utiliser et, de plus, comment il doit les manipuler. Cette connaissance du quoi (savoir politique) et du comment (savoir-faire politique) constitue la **troisième habileté politique fondamentale** de l'agent.

Pareille appropriation de ces savoirs n'est possible que dans la mesure où l'agent saisit exactement la nature du qui (savoir-être politique). Savoir à qui il a affaire, en identifiant correctement les différents types d'acteurs politiques le côtoyant, lui permet l'accès à l'algorithme[8] politique décisionnel le plus approprié au contexte (savoir quoi faire et comment faire sur l'échiquier politique). Aussi importe-t-il qu'au sein de chacune des dyades le liant aux principaux acteurs, l'agent évalue le plus précisément possible la nature du rapport de forces émanant de la conjonction de l'intensité du pouvoir des acteurs et de leurs intérêts respectifs. L'évaluation adéquate de la nature du rapport de forces dyadique est à l'origine de la sélection congrue des stratégies politiques qui s'offrent à l'agent. Au nombre de quatre, ces stratégies politiques sont présentées à la figure 3.5, à la page suivante.

L'examen de la figure 3.5 nous indique qu'un agent évoluant dans un climat relationnel positif et ayant un pouvoir peu élevé au sein de la relation (dyade A) a nettement intérêt à emprunter une stratégie politique de probation, soit s'appliquer à faire la preuve de son potentiel, et ce, en exploitant principalement ses relations. L'agent inscrit dans une telle dyade relationnelle doit rechercher le soutien de l'acteur lui étant favorable.

---

8. Système séquentiel de règles permettant la résolution de problèmes semblables.

FIGURE 3.5 | LES 4 P DE LA STRATÉGIE POLITIQUE

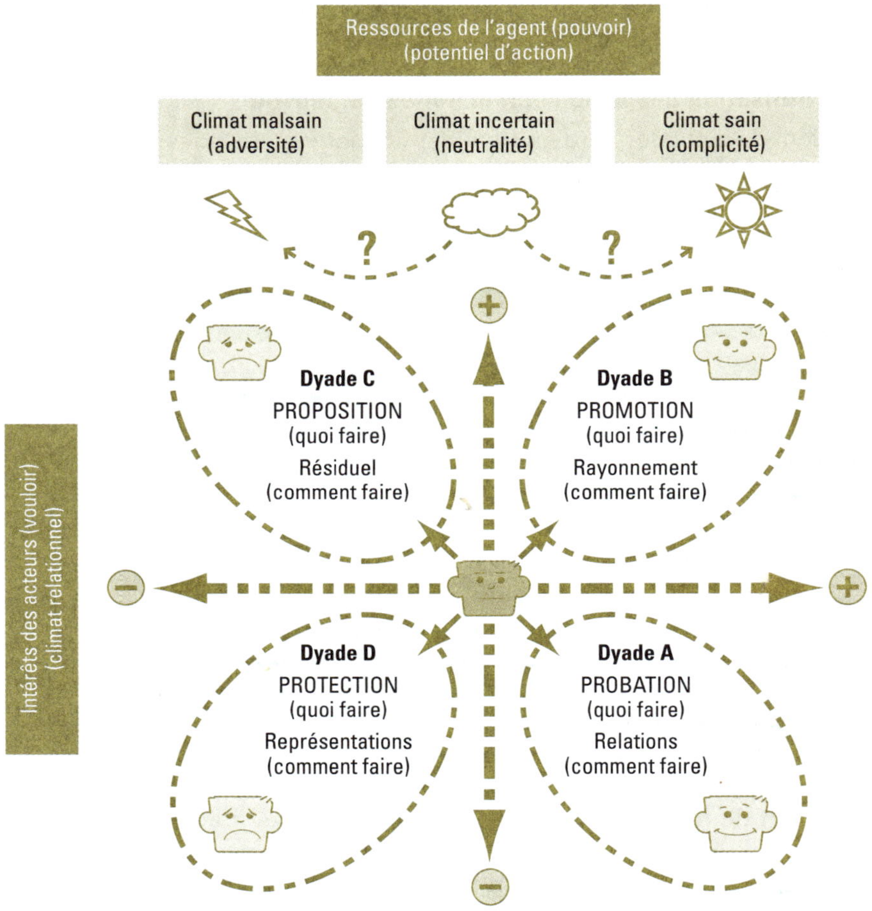

Par ailleurs, si l'agent affiche un pouvoir passablement élevé dans un climat relationnel positif (dyade B), il serait davantage opportun pour lui d'adopter une stratégie politique de promotion, c'est-à-dire de profiter du rapport de forces pour lancer un projet d'importance au moyen principalement de son rayonnement, soit la mise en valeur de son image.

L'agent contraint, pour sa part, de s'exécuter dans un climat relationnel négatif (dyade C) tout en étant investi d'un pouvoir non négligeable est fortement invité à s'en remettre à une stratégie politique de proposition, soit s'efforcer de négocier une solution réaliste avec l'acteur lui étant réfractaire. Il pourra y parvenir en exploitant le résiduel, c'est-à-dire les moyens discrétionnaires lui étant accessibles.

Enfin, dans une dyade baignant dans un climat négatif et à l'intérieur de laquelle l'agent est passablement démuni en matière de pouvoir (dyade D), il est vivement recommandé d'opter pour une stratégie politique de protection. La défense de l'agent repose essentiellement sur la maîtrise assurée de ses représentations, soit la prestation théâtrale colmatant les brèches de sa vulnérabilité.

L'analyse des composantes de la figure 3.5 révèle qu'en fonction du type d'acteurs politiques gravitant autour de l'agent, il est possible pour lui d'exploiter soit simultanément, soit successivement les quatre stratégies politiques. L'agent ne peut espérer devenir un stratège politique s'il ne parvient pas à s'adapter aux exigences des dyades. La flexibilité comportementale est une précieuse qualité pour quiconque veut réussir sur l'échiquier politique.

Par ailleurs, nous sommes en droit de nous demander ce que doit faire l'agent évoluant dans un climat incertain. Comme il est indiqué dans le haut de la figure 3.5, la neutralité – hormis celle de type inhibiteur – ne résiste guère au passage du temps dans un contexte de ressources limitées. Autre qualité primordiale du stratège politique, la patience lui permettra de saisir la nature et l'évolution des intérêts des acteurs en place sur l'échiquier politique. À l'exception du flottant inhibé, les autres acteurs neutres migreront pour joindre les rangs soit des opposants, soit des partisans.

3.3.2 L'estimation de la qualité du soutien du supérieur hiérarchique immédiat

Pour autant que l'évaluation du rapport de forces émergeant du croisement de deux variables puisse être utile, elle ne traduit pas l'entièreté de la teneur stratégique de la maîtrise des habiletés politiques. La virtuosité politique nécessite l'estimation judicieuse d'une troisième variable stratégique cardinale : le soutien du supérieur hiérarchique immédiat.

L'importance de cette variable a été mise en lumière par des études établissant l'incidence positive de celle-ci sur le développement professionnel du subordonné, et ce, nonobstant le palier hiérarchique considéré[9]. Qui plus est, un supérieur hiérarchique immédiat offrant un soutien étayé sur le respect d'une justice interactionnelle (équité) favorise chez le subordonné l'expression d'un engagement à son endroit et, conséquemment, envers l'organisation[10].

L'estimation de la qualité du soutien offert par son supérieur hiérarchique immédiat constitue la **quatrième habileté politique fondamentale** de l'agent. La prise en considération de ce facteur est capitale et ne doit jamais être sous-estimée. Effectivement, si un supérieur hiérarchique immédiat ne peut pas toujours aider un subalterne, il peut toujours lui nuire. L'agent doit en tout temps s'interroger sur la nature du soutien de son supérieur hiérarchique immédiat. En d'autres termes, il doit se questionner sur la façon dont le supérieur entend assumer son devoir à son endroit. Il doit savoir précisément dans quelle mesure son supérieur l'appuie (vouloir) ainsi que dans quelle mesure il peut assumer adéquatement l'appui consenti (pouvoir).

Une caution efficiente du supérieur hiérarchique est la résultante positive de ces deux derniers attributs. Bien que résolument décidé à appuyer son subalterne, un supérieur hiérarchique dépourvu de potentiel d'action ne peut engendrer qu'une caution déficiente. Certes beaucoup moins délétère[11] qu'une déficience totale, voire une absence de caution de la part d'un supérieur hiérarchique pouvant ou non, mais ne voulant surtout pas appuyer les actions de son subalterne, cette caution déficiente émanant uniquement d'un manque de pouvoir peut, en l'absence d'une compréhension éclairée de sa dynamique, considérablement exacerber la précarité stratégique de l'agent.

Effectivement, comme il a été présenté à la figure 3.3 (Le sociogramme relationnel dyadique), à la page 83, les différents acteurs évoluent simultanément dans plusieurs dyades. Un supérieur hiérarchique immédiat cautionnant totalement son subordonné désavoué par ailleurs par un

---

9. L'importance hautement stratégique du soutien du supérieur hiérarchique immédiat est judicieusement soulignée par les auteurs suivants : Allio (2007) ; Jawahar et Carr (2007) ; Macneil (2001) ; Seibert, Kraimer et Liden (2001).

10. Voir à ce sujet les travaux des auteurs suivants : Colquitt, Conlon, Wesson, Porter et Ng (2001) ; Hackett, Farh, Song et Lapierre (2003) ; Masterson, Lewis, Goldman et Taylor (2000) ; Wang, Law, Hackett, Wang et Chen (2005).

11. Qui se révèle nuisible.

supérieur hiérarchiquement plus puissant se trouve stratégiquement coincé. Le subordonné doit ici faire preuve d'intelligence situationnelle en pondérant ses demandes pressantes de soutien auprès de son supérieur hiérarchique immédiat. Plutôt que de se cantonner dans une vision myope de sa situation, le subordonné a nettement intérêt à développer une vision d'ensemble de la configuration stratégique de l'échiquier. En contraignant son supérieur immédiat à occuper une position intenable, le subordonné participe à son insu à l'aggravation sévère de la précarité de sa propre situation. En effet, quoiqu'elles puissent être pleinement légitimes, les incessantes exhortations à l'appui amplifient indûment l'intensité du stress négatif du supérieur immédiat, qui risque fort probablement de développer du ressentiment à l'endroit de la source de ses malheurs. Pourvu d'intelligence situationnelle, l'agent doit savoir ménager ses partisans et, notamment, son supérieur hiérarchique immédiat. Comme le précisent Bolman et Deal (2000), il doit savoir quand tenir et quand plier (*hold or fold*) afin de préserver la vitalité de ses appuis. Les paramètres du modèle tridimensionnel créé à la suite de l'ajout de la troisième variable, la caution du supérieur immédiat, sont présentés à la figure 3.6, à la page suivante.

3.3.3 La connaissance de la dynamique des modalités stratégiques

L'introduction d'une troisième variable augmente de beaucoup la profondeur analytique du modèle de la dynamique de la stratégie politique. Tout en conservant les 4 P de la stratégie politique, soit la probation, la promotion, la proposition et la protection, le modèle tridimensionnel nuance grandement leurs modalités d'application. Eu égard aux huit points de conjonction matricielle produits par la combinaison des trois variables, nous pouvons attribuer deux modalités d'actualisation à chacune des quatre stratégies politiques. Conséquemment, comme elles sont présentées à la figure 3.7, à la page 97, huit modalités de stratégie politique – ce qu'il convient désormais d'appeler les 8 C de l'application modale de la stratégie politique – s'offrent à l'agent. La connaissance de la dynamique de ces modalités stratégiques constitue la **cinquième habileté politique fondamentale** de l'agent.

En situation de probation (pouvoir de l'agent peu élevé et climat relationnel positif), l'agent peut manifester sa présence et démontrer son potentiel au moyen soit de la construction

FIGURE 3.6 | **LES PARAMÈTRES FONDAMENTAUX DU MODÈLE TRIDIMENSIONNEL DE LA STRATÉGIE POLITIQUE**

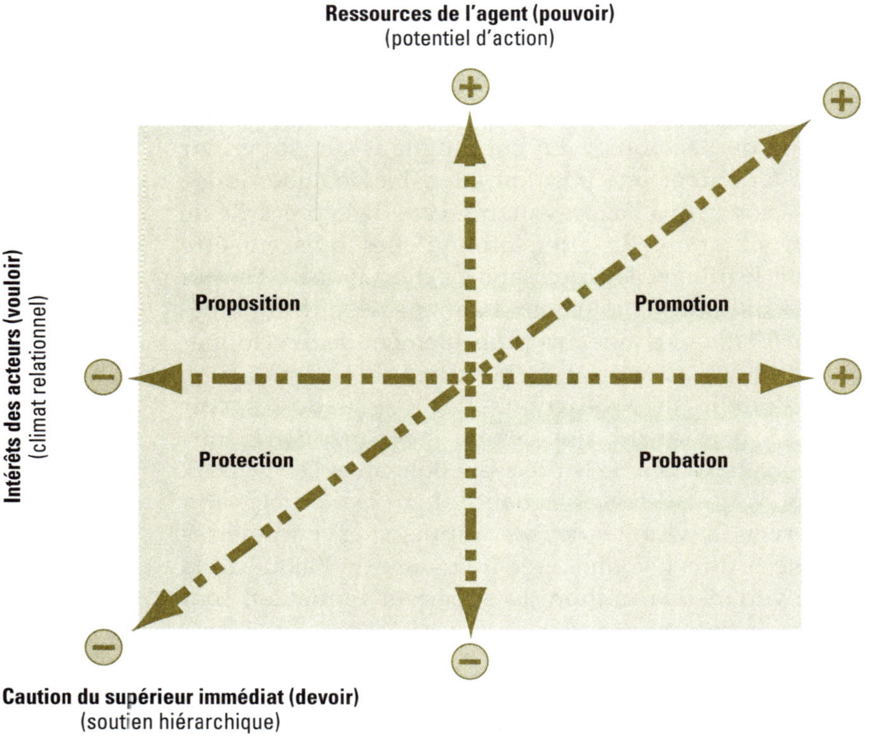

(caution efficiente de son supérieur immédiat), soit de la consultation (caution déficiente de son supérieur immédiat). Investi d'un potentiel de promotion (pouvoir passablement élevé et climat relationnel positif), l'agent est invité à prendre l'initiative du leadership du changement en s'en remettant à la consécration (caution efficiente) ou à la consolidation (caution déficiente). Lorsqu'il est partie prenante à une problématique de proposition (pouvoir passablement élevé et climat relationnel négatif), l'agent doit s'efforcer de négocier avec son vis-à-vis dyadique une solution réaliste en recourant à la confrontation (caution efficiente) ou à la concertation (caution déficiente). Enfin, s'il doit évoluer en situation de protection (pouvoir peu élevé et climat relationnel négatif), l'agent peut assurer la préservation de son intégrité psychoaffective au moyen de la conservation (caution efficiente) ou de la conjuration (caution déficiente).

FIGURE 3.7 LE MODÈLE TRIDIMENSIONNEL DES 8 C DE L'APPLICATION MODALE DE LA STRATÉGIE POLITIQUE

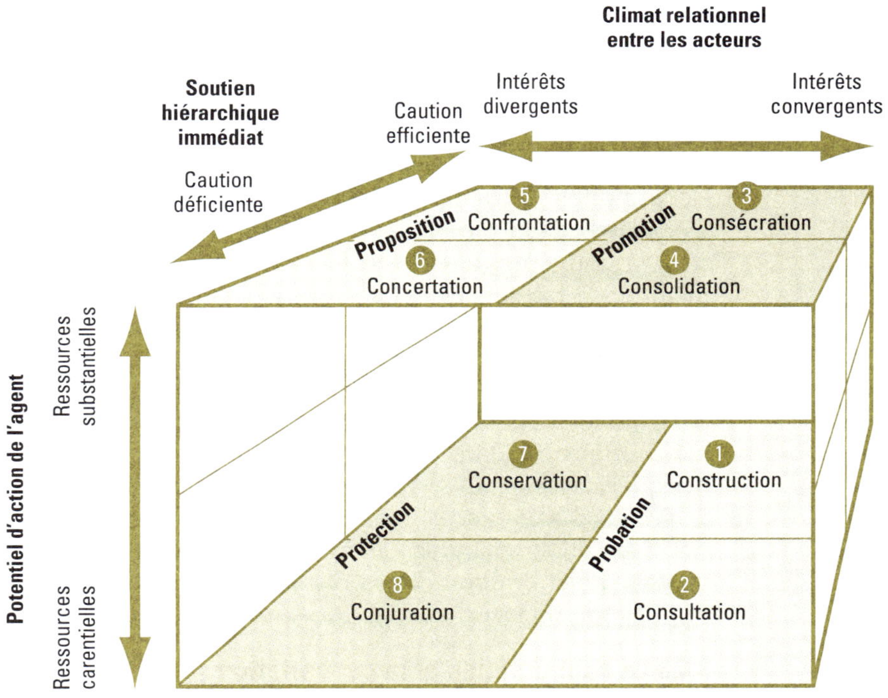

3.4 Les modalités des stratégies politiques

Il sied maintenant d'examiner la teneur de chacune des huit modalités stratégiques.

3.4.1 La construction et la consultation

En modalité de construction (caution efficiente), l'agent assume sa probation en prenant activement part à la diffusion de la valeur de son potentiel. En tissant des relations avec des acteurs lui étant favorables, l'agent s'approprie le soutien nécessaire à l'édification de sa valeur marchande. L'agent se construit sous l'égide de son supérieur hiérarchique immédiat. Par contre, en l'absence d'appui suffisant de son supérieur, l'agent doit opter pour une modalité de consultation. Ses relations lui serviront davantage à l'obtention de judicieux conseils facilitant sa probation. À défaut de pouvoir façonner lui-même sa réputation (construction), l'agent inscrira l'actualisation de sa probation dans la trajectoire des enseignements de la sagesse (consultation).

3.4.2 La consécration et la consolidation

La modalité de consécration signifie la promotion énergique, voire survoltée d'idéaux menant à l'adoption de changements majeurs. Dûment appuyé par son supérieur hiérarchique, l'agent procédera à la consécration d'inespérées occasions. Cette modalité stratégique implique idéalement la galvanisation de la détermination des membres de l'équipe œuvrant sous la gouverne de l'agent. L'exaltation de la volonté des membres à relever les défis proposés par l'agent se trouve nettement amplifiée lorsque ce dernier exploite son rayonnement, soit la mise en valeur de son image. Par contre, un agent puissant évoluant dans un climat positif, mais ne pouvant espérer un appui substantiel de son supérieur hiérarchique ou, dans certains cas, des hautes instances doit marquer du sceau de la prudence sa stratégie de promotion de projets d'envergure. Il doit impérativement consolider ses positions en soignant son image, en validant la pertinence de son projet et, dans le cas d'une conclusion positive, en privilégiant une promotion segmentée de celui-ci.

3.4.3 La confrontation et la concertation

Lorsqu'il est contraint de composer avec un acteur affichant une divergence d'intérêts relativement aux siens, l'agent jouissant d'un fort potentiel d'action et d'une caution efficiente de son supérieur hiérarchique doit s'efforcer de proposer un dénouement viable à l'impasse. Dans le cas présent, l'exploitation de la confrontation se révèle tout indiquée. Confronter ne signifie nullement affronter : loin d'être un affrontement (combat entre des adversaires), la confrontation désigne tout simplement la mise en présence des différents points de vue afin d'en apprécier la valeur respective. En utilisant principalement son résiduel (moyens discrétionnaires), l'agent proposera résolument, c'est-à-dire avec fermeté et promptitude, une solution réaliste au différend. Par ailleurs, si l'agent ne peut compter sur le soutien de son supérieur hiérarchique, la proposition par concertation est nettement plus appropriée. Plutôt que d'orienter la résolution de la problématique, l'agent, toujours au moyen de son résiduel, tente de temporiser les antagonismes tout en suggérant certaines avenues de réflexion. La concertation implique nécessairement un cheminement réflexif dont l'issue, en matière de contenu et d'entrée en vigueur, est bien souvent aléatoire.

3.4.4 La conservation et la conjuration

Le dernier cas de figure concerne un agent démuni sur le plan du pouvoir et assujetti aux pressions d'un climat relationnel négatif. S'il peut compter sur une caution efficiente de son supérieur hiérarchique, l'agent veillera à sa protection au moyen de la conservation. Ses représentations visent la préservation de ses acquis. Bénéficiant du parapluie que lui offre son supérieur, l'agent s'applique à dissuader ses opposants de recourir à une action lui étant nuisible. Toutefois, si le soutien hiérarchique fait lamentablement défaut, l'agent a davantage intérêt à assurer sa protection au moyen de la conjuration. La conjuration est une modalité stratégique binaire foncièrement campée sur la diversion et, accessoirement, sur la dénonciation. Conjurer signifie, dans un premier temps, se prémunir contre un danger. Par la qualité de ses prestations, l'agent s'escrimera à mystifier ses adversaires. Toutefois, si les attaques de ceux-ci s'avèrent avalisées par le supérieur hiérarchique de l'agent, la dénonciation des injustices commises à des instances supérieures s'impose. Cette dénonciation est essentiellement motivée par le rétablissement de pratiques équitables et respectueuses des personnes ou le renversement d'une direction éthiquement fautive. La synthèse de la teneur des modalités de la stratégie politique est présentée à la figure 3.8, à la page suivante.

3.5 La dynamique des jeux politiques

L'actualisation des modalités d'application de la stratégie politique se fait généralement au moyen de jeux politiques. Un jeu politique est un schéma attitudinal ou comportemental générant des résultats fortement récursifs[12] en fonction de la stabilité contextuelle. Il s'agit donc d'une structure de pensée ou d'action dont la nature et la portée des incidences peuvent raisonnablement être supputées. La connaissance de la teneur et de la pertinence des principaux jeux politiques

12. Qui peut être répété indéfiniment au moyen de l'application de la même règle.

FIGURE 3.8 LA SYNTHÈSE DE LA TENEUR DES 8 C DE L'APPLICATION MODALE DE LA STRATÉGIE POLITIQUE

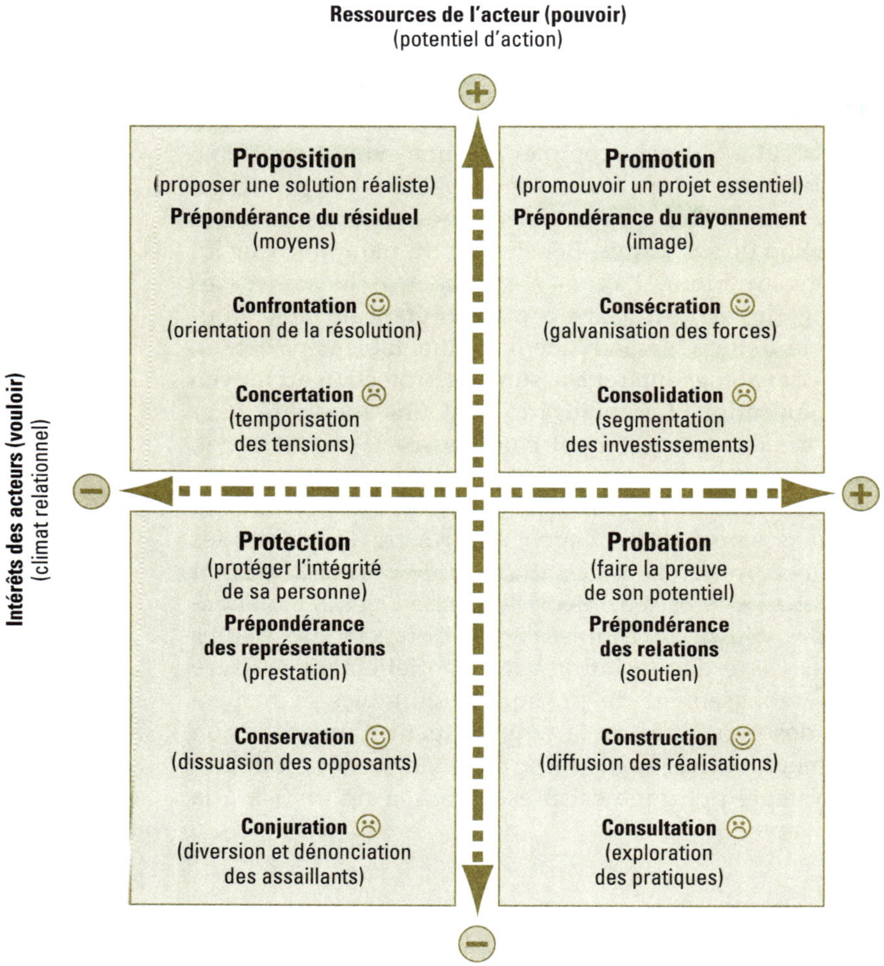

Légende

☺ Caution efficiente du supérieur hiérarchique

☹ Caution déficiente du supérieur hiérarchique

existants ainsi que la maîtrise de leur utilisation constituent la **sixième habileté politique fondamentale** de l'agent. Les jeux politiques ont été l'objet de bon nombre d'analyses réalisées au cours des 30 dernières années[13]. La plupart des analyses produites sont de facture descriptive et portent essentiellement sur l'identification des jeux politiques (ou tactiques d'influence) efficaces dans une relation descendante (supérieur à subordonné), ascendante (subordonné à supérieur) ou latérale (collègue à collègue)[14]. Or, la compréhension de la logique à la base de l'efficacité des différents jeux politiques est un puissant atout stratégique. Étayés sur des études de cas, les travaux de Ouimet (2003, 2007c) ont permis de dégager une logique opérationnelle sous-jacente à l'optimisation de l'efficacité des principaux jeux politiques utilisés en Occident. Présentée à la figure 3.9, à la page suivante, cette logique opérationnelle sera intégralement reprise dans le cadre du présent ouvrage.

La lecture pénétrante de la logique opérationnelle des jeux politiques nécessite un découpage analytique selon les deux axes factoriels. En concentrant son attention exclusivement sur l'ordonnée, le lecteur retiendra dans un premier temps qu'un agent ayant un pouvoir peu élevé, donc évoluant au bas de la figure, doit réagir aux situations plutôt que les provoquer. L'utilisation des jeux politiques doit être ici parcimonieuse et des plus sélectives. La sélection des jeux politiques sera essentiellement motivée par la congruence de ceux-ci relativement aux impératifs circonstanciels. En d'autres termes, c'est la situation qui dicte à l'agent (attitude ludique réactive) le choix des jeux politiques. Qu'il s'agisse pour l'agent d'entreprendre une stratégie de probation au moyen de la modalité de construction ou de consultation ou une stratégie de protection au moyen de la modalité de conservation ou de conjuration, son attitude sera guidée par la réactivité politique.

Par contre, si la position de l'agent se situe dans les quadrants supérieurs droit et gauche de la figure, il convient pour lui de prendre l'initiative des interactions avec son vis-à-vis dyadique (attitude ludique proactive). Profitant d'un potentiel d'action élevé, l'agent doit influer le cours des

---

13. Voir à ce sujet les auteurs suivants : Dubrin (1990) ; Fairholm (1993) ; Latimer (1999) ; Mintzberg (1983) ; Ouimet (2003, 2005, 2007c) ; Pfeffer (1981) ; Yukl et Falbe (1990) ; Zanzi et O'Neill (2001).

14. L'orientation foncièrement descriptive des études traitant des jeux politiques est particulièrement manifeste chez les auteurs suivants : Cheng (1983) ; Ferris, Judge, Rowland et Fitzgibbons (1994) ; Rao, Schmidt et Murray (1995) ; Schriesheim et Hinkin (1990) ; Somech et Drach-Zahavy (2002) ; Thorne McAlister et Darling (2005) ; Yukl, Guinan et Sottolano (1995) ; Yukl et Tracey (1992).

FIGURE 3.9 | LA LOGIQUE OPÉRATIONNELLE DES JEUX POLITIQUES

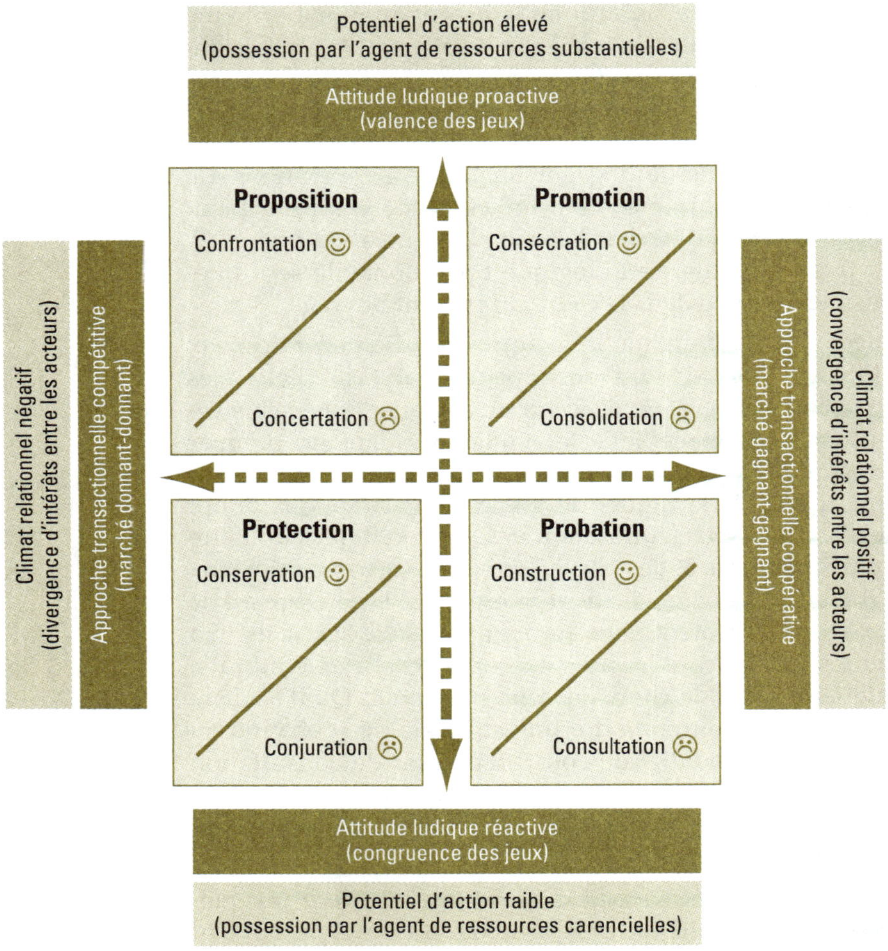

Légende

☺ Caution efficiente du supérieur hiérarchique
☹ Caution déficiente du supérieur hiérarchique

événements en combinant judicieusement le plus grand nombre possible de jeux politiques pertinents (valence des jeux). Tel un joueur de poker ayant une main gorgée de figures de la même couleur (ressources substantielles), l'agent, qu'il soit en stratégie de promotion (modalité de consécration ou de consolidation) ou de proposition (modalité de confrontation ou de concertation), procédera avec méthode afin d'imposer aux autres acteurs une séquence ordonnée de réactions attitudinales ou comportementales. Lorsque l'agent jouit d'un tel positionnement stratégique, il doit être le maître du jeu. Ne pas agir de la sorte pourrait entraîner un étiolement de la force de son pouvoir et, conséquemment, le faire glisser au bas de la figure (stratégie de probation ou de protection).

La seconde phase de la lecture de la figure concerne l'abscisse illustrant la nature du climat relationnel. Nonobstant la force du pouvoir de l'agent, lorsque ce dernier partage les intérêts de l'autre partie de la dyade, il est en droit d'amorcer une approche transactionnelle coopérative. Celle-ci consiste essentiellement en un état d'esprit de franche collaboration s'actualisant au moyen d'un partage intégral de l'information (transparence communicationnelle) essentiel à l'émergence d'une plus-value organisationnelle (marché gagnant-gagnant), c'est-à-dire la création collective de richesses.

Par contre, si le climat relationnel s'avère négatif (divergence d'intérêts entre les acteurs), l'approche empruntée par l'agent sera radicalement différente. Effectivement, l'adoption d'une approche transactionnelle compétitive s'impose dans un tel contexte. Nécessitant un état d'esprit de circonspection aiguisée, cette approche fonctionne par un filtrage sélectif de l'information (nuance communicationnelle) ne pouvant qu'engendrer une distribution des richesses déjà existantes (marché donnant-donnant). Dans la partie gauche de la figure, l'agent pourra difficilement élever son jeu au-dessus de la traditionnelle règle du partage de la poire signifiant pour l'essentiel qu'un acteur gagne ce que l'autre perd.

À l'instar du jeu de Parchési, dont l'enjeu pour les participants consiste à être les premiers à placer leurs quatre pions dans un espace central nommé « maison », la figure 3.9 présente une case, le quadrant supérieur droit abritant la stratégie de promotion, qui suscite comme par enchantement une fascination chez bon nombre d'acteurs. Il est effectivement plus emballant pour un acteur d'occuper, en tout temps et en tous lieux, la position du leadership du changement que celles du dénouement des situations tendues (stratégie de proposition), de l'obligation de faire ses preuves (stratégie de probation) ou encore de la préservation de son existence au sein de l'organisation (stratégie de protection). Il est fort peu probable qu'un acteur puisse réussir en se confinant exclusivement dans l'exploitation, bien souvent exaltante et, qui plus est, campée sur la modalité de consécration, de la stratégie de promotion. Agir ainsi se révélerait à coup sûr périlleux. Conforté dans ses impériales ambitions par la spectaculaire magnificence de son sacre à Notre-Dame de Paris en 1804, Napoléon ne put, 11 ans plus tard, dans une bucolique plaine de Wallonie, tirer profit d'une pareille démonstration de puissance. S'il y a un temps pour la promotion, il y en a un assurément pour la protection.

La figure 3.10 présente la nomenclature des principaux jeux politiques en fonction des 4 P de la stratégie politique et, conséquemment, des 8 C de leurs modalités d'application. Cette nomenclature se démarque considérablement des classifications traditionnelles. Effectivement, originalement construite à la suite de la production d'une dizaine d'études de cas (Ouimet, 2000, 2003, 2005, 2007c), elle présente à la fois la dynamique et le rationnel conceptuels justifiant l'adéquation des jeux politiques sélectionnés.

3.6 Les jeux politiques de probation

3.6.1 La stratégie de probation liée à la modalité de construction

Qu'elle s'actualise au moyen de la construction ou de la consultation, la stratégie de probation s'étaye pour l'essentiel sur l'exploitation par l'agent de ses relations. La mise en valeur de son potentiel en modalité de construction (diffusion de ses réalisations) repose principalement sur l'utilisation de trois jeux politiques relationnels, soit les jeux du boy-scout, du réseautage et de la symbiose.

Le jeu du boy-scout – également appelé « jeu du louveteau » – consiste à venir spontanément en aide à ses collègues. Tel un boy-scout, l'agent s'applique à faire régulièrement une bonne action. Celle-ci vise à dépanner des collègues aux prises avec d'ennuyeux problèmes logistiques. Il s'agit de petits services demandant peu de temps à celui qui les rend, mais pouvant en faire gagner beaucoup à ceux qui les reçoivent. Pendant que l'agent prête assistance, il en profite pour se faire connaître et pour propager ses réalisations. L'agent doit toutefois se méfier des personnalités vampiriques qui tenteront d'abuser de sa serviabilité. En aucun temps, l'agent ne doit accomplir le travail des autres. Donner un coup de pouce ne peut être que temporaire. Afin de se protéger contre les tentatives d'exploitation de ce type de personnalité, l'agent peut recourir à deux parades : l'agenda bariolé et le bureau bordélique. En mettant occasionnellement

FIGURE 3.10 LA NOMENCLATURE DES 40 PRINCIPAUX JEUX POLITIQUES EN FONCTION DES STRATÉGIES POLITIQUES (4 P) ET DE LEURS MODALITÉS D'APPLICATION (8 C)

10 jeux de proposition
(proposer une solution réaliste)
Prépondérance du résiduel (moyens)

Confrontation ☺

Mode principal	*Mode complémentaire*
Résiduel 1. Budgétisation 2. Modulation temporelle 3. Délimitation spatiale	**Représentations** 1. Discernement normatif **Relations** 1. Caution des mandarins

Concertation ☹

Mode principal	*Mode complémentaire*
Résiduel 1. Substitut 2. Expertise externe 3. Échange de renseignements (*give-and-take*)	**Représentations** 1. Bienveillance (*priming*) 2. Demande personnelle

10 jeux de promotion
(promouvoir un projet essentiel)
Prépondérance du rayonnement (image)

Consécration ☺

Mode principal	*Mode complémentaire*
Rayonnement 1. Rituels 2. Symboles 3. Bon prince	**Représentations** 1. Intérêts supérieurs 2. Appel à l'inspiration

Consolidation ☹

Mode principal	*Mode complémentaire*
Rayonnement 1. Fréquentations sélectives 2. Abstention circonstancielle 3. Bouc émissaire (*scapegoating*)	**Représentations** 1. Persuasion **Relations** 1. Mentor

10 jeux de protection
(protéger sa personne)
Prépondérance des représentations (prestation)

Conservation ☺

Mode principal	*Mode complémentaire*
Représentations 1. Faveur obligataire (*ticket-to-ride*) 2. Éveil aux avantages 3. Bonhomme Sept Heures (*Bogeyman*)	**Relations** 1. Coucou **Rayonnement** 1. Homme-sandwich

Conjuration ☹

Mode principal	*Mode complémentaire*
Représentations 1. Renard 2. Enfonceur de portes ouvertes 3. Canard boiteux (*lame duck*)	**Relations** 1. Coalition 2. Coup de sifflet (*whistle-blowing*)

10 jeux de probation
(faire la preuve de son potentiel)
Prépondérance des relations (soutien)

Construction ☺

Mode principal	*Mode complémentaire*
Relations 1. Boy-scout 2. Réseautage (*networking*) 3. Symbiose (*piggybacking*)	**Rayonnement** 1. Bulletin 2. Clapet

Consultation ☹

Mode principal	*Mode complémentaire*
Relations 1. Pupillarité 2. Placement 3. Cooptation	**Rayonnement** 1. Preux chevalier **Représentations** 1. Roue grinçante (*squeaky wheel*)

Légende

☺ Caution efficiente du supérieur hiérarchique

☹ Caution déficiente du supérieur hiérarchique

bien en vue un agenda dont les cases horaires sont abondamment couvertes de vives couleurs fluorescentes ou en transformant momentanément son espace de travail en véritable champ de bataille, l'agent est en mesure d'éconduire élégamment les impénitents profiteurs du travail des autres.

Le jeu du réseautage – connu en anglais sous le nom de *networking* – permet également à l'agent d'utiliser ses relations en tant que canaux de diffusion de ses réalisations. Le tissage de liens lors de cocktails ou de tournois de golf constitue une excellente occasion pour l'agent d'échanger avec des gens influents et de leur laisser sa carte de visite. Le réseautage permet à l'agent, d'une part, de mettre en valeur son potentiel et, d'autre part, d'accroître son rayon d'exposition.

Le jeu de la symbiose – *piggybacking* en anglais – offre à l'agent la possibilité de développer et de faire connaître son potentiel au moyen de son insertion dans une relation privilégiée. Par exemple, en acceptant de suivre la trajectoire professionnelle d'un supérieur hiérarchique affichant un avenir des plus prometteurs, l'agent, tout en participant à l'ascension de ce dernier, profite de son aura de succès et des retombées de l'exercice de son pouvoir. Le fait pour l'agent de devenir le bras droit d'une figure montante accroît considérablement sa visibilité.

La stratégie de probation au moyen de la modalité de construction peut accessoirement faire appel à deux jeux politiques assurant le rayonnement de l'agent. Il s'agit des jeux du bulletin et du clapet.

Le jeu du bulletin est ainsi nommé en référence au pouvoir irradiant du relevé de notes remarquable d'un étudiant. Les bons résultats scolaires contribuent beaucoup à la glorification de celui qui les obtient et préparent subséquemment la voie à des permissions interdites aux cancres. Le bulletin de l'agent consiste en un rapport de ses activités régulièrement mis à jour. Rédigé schématiquement à l'aide d'un tableau simple qui ne comporte que trois colonnes (celle de gauche indiquant l'état actuel de chacun des dossiers pilotés par l'agent, celle du centre indiquant l'évolution prévue pour chacun de ceux-ci et celle de droite fixant leurs échéances respectives) et qui peut être facilement fourni sur demande, le bulletin permet à l'agent de répondre avec assurance et promptitude aux requêtes inattendues de son supérieur hiérarchique. Pouvoir répondre avec célérité à une demande fortuite aide énormément l'agent à faire bonne impression auprès des gens de son entourage.

Le jeu du clapet participe au rayonnement de l'agent en faisant connaître, verbalement ou par écrit, ses réalisations. Force nous est de constater que la divulgation des exploits d'une personne s'effectue habituellement beaucoup plus lentement que celle de ses bévues. Si le bonheur d'une personne lui incombe foncièrement, son malheur est généralement assumé par les autres. L'agent doit prendre une part active dans la communication de ses derniers faits d'armes – tous véridiques, faut-il le préciser. Quoique potentiellement enivrante, l'exagération des faits corroderait assurément la crédibilité de l'agent. Dans le dévoilement de ses réalisations, l'agent doit éviter d'assumer le rôle du facteur de ses propres bonnes nouvelles. Aux yeux de plusieurs, il passerait malheureusement pour quelqu'un d'infatué de sa personne qui se complaît à plastronner. Il est sage de recourir à un tampon communicationnel servant de support neutre à la transmission de l'information. Par exemple, le journal de l'organisation ou certains collègues peuvent très bien servir d'intermédiaire entre la source d'information et les principaux destinataires.

3.6.2 La stratégie de probation liée à la modalité de consultation

La stratégie de probation peut par ailleurs se concrétiser au moyen de la modalité de consultation (exploration des pratiques). Exploitant principalement trois jeux politiques relationnels, la démonstration de la valeur de son potentiel est ici davantage arrimée aux réalités culturelles du milieu. Ces trois jeux politiques sont les jeux de la pupillarité, du placement et de la cooptation.

Le jeu de la pupillarité consiste en l'accès privilégié aux lumières d'un mentor ayant le potentiel d'éclairer le tracé sécuritaire du passage obligé qu'est la probation. Personne chevronnée, respectée de plusieurs et instruite des us et coutumes prévalant dans le milieu, le mentor initiera son pupille à la compréhension de l'imperceptible logique de l'univers structurel de l'organisation. Les précieux enseignements et les sagaces conseils du mentor permettront à son protégé de découvrir les valeurs fondamentales de l'organisation, d'accéder à son soubassement mythique – qui sert de foyer à l'attisement de ténébreuses liturgies tapissées de tabous, d'interdits, d'exploits, de calamités, de héros et de parias – et de décrypter la signification de certains rituels initiatiques. Comparativement à un collègue de même rang hiérarchique, totalement laissé à lui-même et, de ce fait, parfaitement ignare sur le plan de la chose symbolique, l'agent évoluant sous la houlette d'un mentor connaîtra une progression plus rapide et plus harmonieuse.

Le jeu du placement renvoie à la tentative effectuée par l'agent d'encourager, d'une part, la naissance de relations favorables et, d'autre part, l'avortement de relations défavorables. En travaillant à la nomination d'un supérieur hiérarchique s'avérant particulièrement sympathique à sa cause et en s'opposant parallèlement, avec une extrême prudence, à l'ascension d'un opposant avoué ou anticipé, l'agent prépare le terrain en vue de récoltes fécondes. Avoir l'oreille de la direction est un atout de taille.

Alors que dans le jeu du placement, l'action stratégique de l'agent est dirigée vers le sommet de la pyramide stratégique, dans le jeu de la cooptation, l'attention de l'agent est portée sur la base de celle-ci. L'agent tente ici d'influer sur le processus de recrutement des membres de façon à grossir les rangs de ses futurs partisans.

Deux jeux politiques subsidiaires, les jeux du preux chevalier (jeu promotionnel) et de la roue grinçante (jeu scénique), viennent se greffer à la modalité stratégique de consultation.

Le jeu du preux chevalier concourt au rayonnement de l'agent. Effectivement, la défense de causes nobles, telles la protection de l'environnement et la réinsertion sociale des jeunes désœuvrés, ne peut que gonfler le capital de sympathie des gens envers l'agent. Il est plutôt rare qu'un apôtre de l'humanisme, exprimant avec calme et cohérence ses préoccupations planétaires et son engagement communautaire, soit voué aux gémonies. Au contraire, l'esprit chevaleresque animant la défense des veuves, des orphelins et des déshérités de ce monde constitue une qualité, voire une vertu, intimement enviée par le commun des mortels.

Le jeu de la roue grinçante – dont l'expression anglaise *squeaky wheel* est abondamment répandue dans le monde des organisations – consiste à formuler une plainte afin d'obtenir les ressources nécessaires à une probation réussie. Telle une roue grinçante se plaignant à cause d'un manque d'huile dans son moyeu, l'agent doit se manifester afin d'attirer l'attention sur certains aspects déficients de sa situation. Toutefois, les plaintes formulées ne doivent jamais prendre la forme de virulentes sorties contre les politiques de l'organisation, de caustiques diatribes contre d'antipathiques collègues, de pleurnichardes jérémiades ou de défoulements cathartiques. Les plaintes doivent plutôt s'apparenter à des doléances pondérées, de préférence exprimées en entrefilet, c'est-à-dire à l'intérieur d'un commentaire plus général essentiellement constitué de propos stimulants et anecdotiques, et dont l'expression est motivée par l'obligation d'atteindre les objectifs de l'organisation. En aucun temps, les plaintes de l'agent ne doivent relever de motifs personnels. Tout en évitant de sombrer dans le radotage et, par le fait même, d'indisposer ou même d'exaspérer le destinataire de la plainte, l'agent s'efforcera, pendant un certain temps, d'être diplomatiquement tenace. La douce persévérance est plus efficace que l'impulsive intransigeance.

3.7 Les jeux politiques de promotion

3.7.1 La stratégie de promotion liée à la modalité de consécration

En fonction de l'existence ou de l'inexistence de l'appui de son supérieur hiérarchique, l'agent pourra entreprendre une stratégie de promotion (présentation d'un changement majeur) au moyen des modalités de consécration (galvanisation des forces) ou de consolidation (segmentation des investissements)[15]. Dans les deux cas, il est recommandé d'accorder une préséance à l'exploitation de son rayonnement (mise en valeur de son image). La modalité d'application stratégique dite de consécration fait principalement appel à l'emploi de trois jeux politiques promotionnels, soit les jeux des rituels, des symboles et du bon prince.

Le jeu des rituels représente pour l'essentiel la présidence de réunions, d'activités ou d'événements[16] balisant le parcours existentiel de l'organisation. Être à l'avant-scène lors de réunions de travail, de comités pléniers, de conseils consultatifs, de rencontres de planification budgétaire, d'ateliers stratégiques, de cérémonies de remise de prix, de conférences de presse, d'annonces de nomination ou de projets d'expansion, de célébrations d'excellence, de lancements de produits ou

15. Bon nombre des jeux politiques afférents à ces deux modalités d'application stratégique sont explicitement décrits et analysés dans l'étude de cas « Monsieur X » réalisée par Ouimet (2007c).

16. Il peut s'agir également d'une association étroite (coprésidence ou participation en tant que membre ou conseiller) à la tenue de ceux-ci.

de fêtes de bureau, confère à la personne exposée aux feux des projecteurs un halo de prestige. En modalité de consécration, l'agent se forgera une image de puissance en côtoyant fréquemment les feux de la rampe.

De même, le jeu des symboles participe grandement au rayonnement de l'agent. À la fois multiples et hétéromorphes, les symboles amplifient l'impact des impressions positives suscitées par l'agent. Aussi l'exploitation par ce dernier de métaphores, de paraboles, d'allégories, de mythes, de lettres de noblesse[17] (possession de diplômes universitaires ou de titres professionnels), de logos, de sigles, d'images ou de cadastrages territoriaux (emplacement, superficie et ameublement du bureau ; possession et localisation d'une place de stationnement) alimente-t-elle son aura de magnificence.

Même lorsqu'il est bercé par la voluptueuse apothéose de sa gloire, l'agent doit éviter de sombrer dans l'exaltation de ses réussites personnelles. Il lui faut en tout temps avoir le succès modeste. Triompher décemment est un ingrédient essentiel de la recette de la pérennité des grands personnages. L'apprivoisement d'une certaine retenue permet d'éviter les inconvenants débordements de fatuité. Le jeu du bon prince est un excellent antidote aux pompeuses déclamations de l'amour-propre. Il consiste pour l'agent à faire preuve de tolérance, d'indulgence, voire de magnanimité à l'égard des acteurs qui se sont opposés à lui et sont aujourd'hui défaits. Le bon prince refuse d'emprunter les si lénifiantes[18] voies de la vengeance, surtout si celles-ci le conduisent à laminer des acteurs moribonds dont la pathétique situation est dorénavant du ressort de la charité chrétienne ou de la commisération humaine. Le bon prince sait pertinemment qu'il est interdit de tirer sur une ambulance. Les gens admirent tout particulièrement chez une personne sa capacité de se montrer, à l'apex[19] de sa puissance, généreuse et bienveillante.

Deux jeux scéniques viennent compléter le tableau de la modalité stratégique de consécration. Il s'agit des jeux des intérêts supérieurs et de l'appel à l'inspiration.

Le jeu des intérêts supérieurs se résume au vibrant appel au sens du devoir et à l'obligation morale de défendre les

17. Elles manifestent généralement leur existence par des acronymes placés à la suite du nom de la personne jouissant de la publicité d'une carte de visite.

18. Bienfaisantes.

19. Apogée, sommet.

intérêts supérieurs de l'organisation. Ce jeu politique exploite la fibre déontologique des membres de l'organisation. Bénéficiant de l'alignement favorable des trois facteurs clés de l'évolution fructueuse sur l'échiquier politique, soit un pouvoir fort, un climat relationnel positif et une caution hiérarchique efficiente, l'agent est en bonne position pour exiger des autres qu'ils servent dignement, professionnellement et éthiquement leur organisation.

Le jeu de l'appel à l'inspiration vise pour sa part à provoquer chez autrui un ébranlement émotionnel. Celui-ci est enclenché par la promotion de valeurs fondamentales et la poursuite de grands idéaux. En proposant aux différents acteurs de son entourage une voie permettant de s'affranchir des entraves existentielles qui minent l'épanouissement de leur potentiel tant personnel que collectif, l'agent ravive un besoin de transcendance typiquement humain.

3.7.2 La stratégie de promotion liée à la modalité de consolidation

Faute de pouvoir tabler sur le soutien de son supérieur immédiat, l'agent doit actualiser sa stratégie de promotion au moyen de la modalité de consolidation, soit l'adoption d'une approche à la fois sobre et circonspecte. Trois principaux jeux politiques promotionnels, soit les jeux des fréquentations sélectives, de l'abstention circonstancielle et du bouc émissaire, se révèlent particulièrement appropriés à la consolidation.

Le jeu des fréquentations sélectives consiste à privilégier les échanges avec les acteurs jouissant de notoriété et de probité et, à l'inverse, à éviter l'entretien de relations douteuses. Le simple fait d'être vue en compagnie d'un acteur ayant mauvaise réputation peut sérieusement entacher la crédibilité de l'agent.

Le jeu de l'abstention circonstancielle se résume à l'obligation pour l'agent de bien choisir ses batailles. Il peut s'avérer périlleux de s'engager, pour la forme, tête baissée dans la défense d'une cause accessoire dont l'issue est plus qu'incertaine. Dans certaines circonstances, il est avisé d'être absent ou, du moins, silencieux.

Le jeu du bouc émissaire vise la préservation de l'image et de la réputation de l'agent par l'identification d'un responsable de ses malheurs. Bien qu'elle puisse être de nature humaine, les insuccès génèrent généralement moins d'effets secondaires indésirables lorsque leur cause est matérielle ou événementielle. Par ailleurs, en l'absence de véritable responsable, l'agent doit dignement assumer sa culpabilité et prendre l'entièreté du blâme de ses échecs. Les gens respectent davantage une personne responsable et intègre affrontant courageusement les revers de fortune qu'une personne se réfugiant derrière une boiteuse défense cousue de fil blanc.

Deux jeux politiques complémentaires de consolidation s'offrent à l'agent. Il s'agit des jeux de la persuasion (jeu politique scénique) et du mentor (jeu politique relationnel).

Le jeu de la persuasion est exclusivement étayé par le recours à une démonstration logique, rationnelle et factuelle. En misant sur l'intelligence et la bonne foi de la cible, l'agent espère consolider sa démarche promotionnelle par le poids de l'évidence. Conséquemment, ce jeu politique nécessite soit l'emploi d'une argumentation hypothético-déductive dépouillée de références émotionnelles, soit la présentation de résultats dont la validité est dûment reconnue par la communauté.

Enfin, le jeu du mentor invite l'agent à assumer l'encadrement éducationnel de certaines recrues. En prenant une part active à l'acculturation de celles-ci, l'agent participe concurremment à la création d'un bassin de partisans. Effectivement, parmi ses pupilles se trouveront des individus se sentant profondément redevables à l'agent de ses salutaires auspices. Qu'elle soit de nature émotionnelle ou idéologique, l'adhésion des protégés constitue un précieux potentiel d'action pouvant être, le moment venu, mis à profit.

3.8 Les jeux politiques de proposition

3.8.1 La stratégie de proposition liée à la modalité de confrontation

Devant l'obligation de composer avec une divergence d'intérêts au sein d'une dyade, l'agent possédant un appréciable potentiel d'action est en droit d'entreprendre une stratégie de proposition (négociation d'une solution réaliste). Celle-ci pourra emprunter les modalités de confrontation (orientation de la résolution) ou de concertation (temporisation des tensions). Ces deux modalités d'application stratégique ont en commun la prépondérance consentie à l'utilisation du résiduel (moyens discrétionnaires). Examinons dans un premier temps les trois principaux jeux politiques afférents à la modalité de confrontation. Il s'agit des jeux de la budgétisation, de la modulation temporelle et de la délimitation spatiale.

Le jeu de la budgétisation concerne la détermination de la destination des allocations budgétaires. L'argent est une donnée primordiale dans l'équation du bon fonctionnement d'un acteur. En tenant les cordons de la bourse, l'agent peut, par octroi ou par rétention, espérer infléchir certaines positions de son vis-à-vis irréconciliables avec les siennes. D'aucuns conviennent que l'argent puise sa puissance dans sa capacité à satisfaire les besoins des individus et à permettre l'expérimentation de leurs fantasmes. Si l'argent ne peut certes régler tous les problèmes humains, son absence nuit considérablement à l'entreprise de création de richesses.

Le jeu de la modulation temporelle consiste en la gestion du temps par l'agent. Dans des sociétés fonctionnant au rythme effréné des moyens de production à haute teneur technologique, le contrôle du temps devient un inestimable atout. Lors d'un processus de négociation, un agent en mesure d'accorder un répit à son homologue peut favoriser d'heureux rapprochements. Au contraire, le retranchement de précieuses minutes à une période de planification stratégique peut provoquer chez d'autres acteurs une véritable conscientisation quant à l'urgence d'agir afin d'en arriver à un règlement acceptable.

Le jeu de la délimitation spatiale consiste à baliser le lieu des échanges. La formulation efficace d'une proposition est fortement conditionnée par la nature de l'endroit où se déroule l'action. Dans la mesure du possible, l'agent s'efforcera de recevoir plutôt que d'être reçu. Il est nettement plus facile de prendre l'initiative sur son terrain que sur celui des autres. De plus, l'isolement de certains acteurs nuisant par leur intraitable négativisme à la dynamique propositionnelle permet souvent d'insuffler un élan d'optimisme et de vitalité nécessaire à la poursuite des échanges. Enfin, le jeu de la délimitation spatiale peut également signifier que la stratégie de proposition fait appel soit à la concession d'espaces de travail additionnels, soit à leur réduction, soit à leur suppression.

Deux jeux politiques subsidiaires, les jeux du discernement normatif (jeu politique scénique) et de la caution des mandarins (jeu politique relationnel), s'ajoutent à la modalité de confrontation.

Le jeu du discernement normatif fait appel à la capacité de l'agent à inscrire sa lecture des règles à l'intérieur d'une grille interprétative à géométrie variable. Avec certains acteurs particulièrement opiniâtres, l'agent peut décider d'appliquer les règlements à la lettre (*by-the-book tactic*). Par contre, avec des acteurs plus souples et compréhensifs, l'agent peut opter pour le respect de l'esprit des règlements tel qu'il était considéré au moment de leur formulation (*rule-evading tactic*). Le contrôle des paramètres normatifs par l'agent augmente sa latitude d'agir efficacement lors d'une négociation.

Le jeu de la caution des mandarins a pour objectif d'assurer les arrières de l'agent. Reposant sur l'orientation plus ou moins directive de la résolution d'un problème, la confrontation implique souvent le froissement de certaines susceptibilités. Frustrés par cette directivité, plusieurs acteurs n'hésiteront pas à court-circuiter la chaîne de commandement pour aller se plaindre directement à diverses instances supérieures. L'agent doit fréquemment vérifier l'état de l'appui hiérarchique dont il bénéficie. Échappant par définition au contrôle de l'organisation, la manipulation de ressources personnelles dans le cadre d'une confrontation nécessite que l'agent tienne son supérieur hiérarchique régulièrement informé de l'évolution du dossier. Il importe pour l'agent d'être sur la même longueur d'onde que lui afin d'éviter que le tapis lui glisse inopinément sous les pieds.

3.8.2 La stratégie de proposition liée à la modalité de concertation

Au contraire, privé du soutien de son supérieur hiérarchique, l'agent est fortement invité à faire reposer sa stratégie de proposition sur la modalité de concertation. Trois jeux politiques résiduels sont susceptibles de lénifier certains irritants enrayant le fonctionnement de la dynamique relationnelle. Il s'agit des jeux du substitut, de l'expertise externe et de l'échange de renseignements.

Le jeu du substitut consiste à inclure dans le processus transactionnel dyadique la présence d'un troisième acteur: un émissaire incontestablement résolu, au caractère agréable et dont le statut hiérarchique n'est pas menaçant aux yeux de la cible. Dûment informé de la nature particulièrement ingrate de sa mission, le sympathique substitut se veut en fait l'incarnation du moindre mal. Effectivement, la bonhomie du substitut a pour objectif d'inciter la cible à négocier avec lui plutôt qu'avec l'agent dont l'attitude, dans le règlement du différend, s'avère incertaine. Se tenant en retrait des échanges, l'agent est régulièrement informé par le substitut de l'évolution de sa proposition. En cas d'impasse dans les pourparlers, l'agent possède alors une certaine base justificative susceptible de convaincre son supérieur hiérarchique du bien-fondé de ses positions.

Le jeu de l'expertise externe peut également favoriser l'assainissement d'un climat relationnel tendu. Instruit de l'affligeant, mais ô combien éclairant proverbe « Nul n'est prophète en son pays », l'agent, en recourant aux lumières d'une sommité externe à la dyade, augmente l'accroissement potentiel de la réceptivité de la cible à ses positions. En outre, il appert que la sensibilité de cette réceptivité soit directement proportionnelle à la réputation de l'expert dans les sphères universitaires ou professionnelles. En exploitant le regard objectif et impartial d'un spécialiste, l'agent soutenant – nous l'espérons – des positions raisonnables invite son vis-à-vis dyadique à faire preuve d'entendement et de bonne volonté.

Le jeu de l'échange de renseignements – connu en anglais sous le nom de *give-and-take tactic* – repose sur la disposition tout humaine à jauger constamment le niveau d'équilibre entre ce qui est donné et ce qui est reçu afin de veiller à son maintien. En acceptant de livrer à la cible certaines bribes d'information utile à son fonctionnement, l'agent tente d'enclencher chez elle l'éveil d'une telle disposition. Dans le cas de l'émission d'une réponse favorable de la cible, l'agent poursuit sa distillation informationnelle afin d'établir chez elle une accoutumance au respect de l'échange de bons procédés. Les chances que possède l'agent de défendre avec succès sa proposition demeurent bonnes tant et aussi longtemps que les deux acteurs acceptent honnêtement de cheminer ensemble.

Deux jeux politiques scéniques, soit les jeux de la bienveillance et de la demande personnelle, viennent compléter la modalité stratégique de concertation.

Le jeu de la bienveillance consiste à faire montre de gentillesse peu de temps avant la formulation d'une requête. En employant un compliment, des civilités ou encore un geste de déférence, l'agent peut espérer que certaines cibles, spécialement sensibles aux manifestations d'égard à leur endroit, se montreront mieux disposées à accueillir favorablement les termes contenus dans sa proposition.

Le jeu de la demande personnelle invite l'agent à motiver sa sollicitation au moyen de raisons à forte teneur émotionnelle. Il peut par exemple invoquer auprès de la cible l'indélébile lien d'amitié soudant à tout jamais leurs destinées, le rapport privilégié qu'il entretient avec elle – cette personne lui étant particulièrement chère –, l'appartenance au même ordre professionnel ou une adhésion idéologique commune. L'agent peut également démontrer la recevabilité de sa proposition en attirant l'attention de la cible sur la présence chez elle de nobles qualités, tels le caractère raisonnable, le professionnalisme et la magnanimité.

3.9 Les jeux politiques de protection

Finalement, le quatrième et dernier cas de figure concerne la situation d'un agent possédant un pouvoir passablement limité et contraint d'évoluer dans un climat relationnel malsain. Cette conjoncture invite l'agent à adopter une stratégie de protection pouvant, en présence d'une caution hiérarchique efficiente, s'actualiser au moyen de la modalité de conservation (dissuasion des opposants). En l'absence d'une telle caution, il est justifié d'opter pour la modalité de conjuration (diversion et dénonciation des assaillants).

Nonobstant les modalités d'application stratégique retenues, les jeux politiques de protection sont principalement regroupés sous la catégorie des représentations offertes par l'agent (qualité de la prestation). Avant d'aborder la description de ces différents jeux politiques, il convient ici de souligner que leur utilisation ne se fait pas sans la présence chez l'agent d'une forte émotivité négative. Effectivement, l'obligation de se protéger d'une menace, voire dans certains cas d'un grand danger, génère de fortes doses de stress comprenant des émotions négatives dont les principales sont la peur, la tristesse et la colère. Or, la gestion d'une émotion négative se révèle terriblement ardue. De toutes les stratégies politiques analysées jusqu'à présent, la protection de l'intégrité personnelle est assurément la plus difficile à maîtriser. En fait, le plus grand ennemi d'une personne sérieusement menacée s'avère ses émotions négatives étouffant sa capacité de réflexion stratégique et, de ce fait, lui faisant perdre ses moyens. Conséquemment, le traitement analytique consacré à la stratégie de protection sera relativement plus approfondi.

3.9.1 La stratégie de protection liée à la modalité de conservation

Trois jeux politiques scéniques servent bien l'application de la modalité de conservation. Ce sont les jeux de la faveur obligataire, de l'éveil aux avantages et du Bonhomme Sept Heures.

Le jeu de la faveur obligataire – appelé en anglais *ticket-to-ride tactic* – consiste à accorder une faveur à un acteur menaçant afin de créer chez ce dernier soit une dette morale, soit une appréhension quant à la perte d'éventuels bénéfices. L'utilisation de ce jeu nécessite une bonne maîtrise de son émotivité. Seul un agent émotionnellement mature peut espérer exploiter ce jeu avec succès. Il s'avère en effet terriblement difficile de consentir une faveur à un acteur suscitant l'antipathie, la peur ou même le dégoût. En exploitant le jeu de la faveur obligataire, l'agent devra se faire violence. En effet, ce jeu s'oppose à l'animalité, inscrite au plus profond de la nature humaine, incitant inconditionnellement à réagir agressivement à tout stimulus répulsif. L'agent doit ici dominer sa colère, apprivoiser sa peur et suspendre sa tristesse. Il est parfois sage pour un agent démuni sur le plan du pouvoir de tenir commerce avec des acteurs hostiles ou sur le point de le devenir. En offrant gracieusement à un opposant un billet lui permettant de visiter les lointaines contrées de la reconnaissance sociale ou de l'estime de soi, l'agent s'offre maintenant le répit nécessaire pour préparer demain !

Le jeu de l'éveil aux avantages a pour objectif de présenter à la cible l'inventaire des retombées positives émanant de la normalisation de la situation. L'agent se transforme littéralement en portefeuille d'options, commentant les nombreux avantages que recèle une véritable coopération entre les deux parties. Il n'hésite pas à fournir de nombreux exemples tirés d'expériences vécues et invite son vis-à-vis à vérifier la véracité historique de ceux-ci. Au besoin, l'agent pourra même fournir à la cible un tableau comparatif établissant les ratios coûts/bénéfices de chacune des options inhérentes à un réchauffement des relations.

Le jeu du Bonhomme Sept Heures[20] se résume à attirer l'attention des acteurs hostiles à l'agent sur la présence d'une

20. Possiblement tirée de l'anglais *bone setter* (rebouteux), cette expression désigne un sinistre vagabond maîtrisant l'art de remettre les membres démis et de réduire les fractures tout en terrifiant les enfants lors de ses apparitions inopinées dans la région.

véritable menace présente dans leur environnement externe. Cette identification d'un danger exogène[21] vise à détourner la pression délétère exercée sur l'agent par ses adversaires et à la rediriger sur le nouveau péril qui les guette désormais. Facilement repérable au moyen d'une recherche informatisée, la menace externe se révélera la plupart du temps protéiforme. Elle pourra ainsi correspondre à l'imminence de nouvelles législations gouvernementales perturbant le bon fonctionnement de la cible, d'affligeantes fusions d'entreprises, de changements draconiens relativement aux goûts des consommateurs, du lancement par un concurrent d'une nouvelle technologie révolutionnaire, d'une raréfaction de la matière première, d'une saturation du marché actuel, etc.

Un jeu politique relationnel, le jeu du coucou, ainsi qu'un jeu politique promotionnel, le jeu de l'homme-sandwich, viennent compléter la modalité stratégique de conservation.

À l'instar du coucou qui se départit de son œuf en le déposant subrepticement dans le nid d'un autre oiseau, l'agent doit quelquefois se résoudre à confier temporairement à de puissants collègues bien intentionnés certains dossiers avidement convoités par ses adversaires. Dans certains milieux, ce n'est pas tant ce que vous faites, mais ce que vous êtes qui importe pour prétendre à la réalisation d'accomplissement d'envergure. « Aux âmes bien nées, la valeur n'attend point le nombre des années[22] » est de toute évidence une affirmation fort peu appréciée dans bon nombre de structures fortement hiérarchisées. En trouvant un foyer d'accueil pour un dossier suscitant l'éveil brutal des instincts guerriers des convoiteurs, l'agent s'éloigne de la zone orageuse et refuse ainsi d'assumer candidement le rôle du paratonnerre. Une fois l'orage dissipé, l'agent à présent mieux pourvu en matière de potentiel d'action pourra récupérer le bébé confié jadis à une brave nourrice. Le jeu du coucou offre à l'agent une défense efficace de ses acquis.

Confiné à un climat relationnel malsain, un agent détenant peu de pouvoir se voit tout naturellement habité par l'idée de fuir cet espace anxiogène. Quoique normale, la fuite n'est pas toujours profitable à un acteur politique. Pendant son absence, ses adversaires jouissent de toute la marge de

21. Qui se situe à l'extérieur d'une réalité donnée (individu, groupe, système, société, etc.).

22. P. Corneille (1997), *Le Cid*, Paris, Classiques Bordas, p. 48.

manœuvre nécessaire pour parachever son discrédit. Instruits de certains enseignements portant sur l'efficacité de la diffamation et se résumant dans l'impérative consigne « Mentez, mentez, il en restera toujours quelque chose[23] », ils savent pertinemment que la calomnie laisse des traces indélébiles. La politique du fauteuil vide dessert la plupart du temps son utilisateur. Les absents ont rarement raison. Dans la tourmente, il est toujours bon de se rapprocher de ses amis et de ne jamais perdre de vue ses ennemis. C'est la meilleure façon de savoir ce que ces derniers complotent contre vous. L'agent doit se transformer en homme-sandwich et incarner le menu symbolique des valeurs estimées importantes par l'organisation. En faisant la promotion tous azimuts de ces valeurs, l'agent mine le travail de sabotage ignoblement tramé par ses détracteurs. Le jeu de l'homme-sandwich consiste à prendre une part active dans l'organisation d'activités grandement appréciées par la direction et dont l'orchestration témoigne de son engagement envers l'organisation. Les occasions de manifester son adhésion à la culture organisationnelle sont légion. L'agent peut par exemple s'occuper de l'organisation du tournoi de golf annuel du président, de la collecte de fonds d'une œuvre de bienfaisance dûment reconnue par la direction, de la planification des exercices d'évacuation en cas d'incendie, etc. L'essentiel pour l'agent est de briller non pas par son absence, mais par sa présence assidue à l'intérieur des murs de l'organisation.

3.9.2 La stratégie de protection liée à la modalité de conjuration

Lorsqu'il ne peut compter, au mieux, que sur un timide appui de la part de son supérieur hiérarchique immédiat, l'agent en stratégie de protection privilégiera la modalité de conjuration. Trois jeux politiques scéniques peuvent grandement l'aider dans sa tentative de diversion. Il s'agit des jeux du renard, de l'enfonceur de portes ouvertes et du canard boiteux.

Le jeu du renard se révèle particulièrement efficace pour semer les acteurs nourrissant le dessein de faire un mauvais parti à l'agent. Tel un renard affectionnant la multiplication

23. Paroles faussement attribuées à Voltaire. Effectivement, dans une lettre du 21 octobre 1736 adressée à Thiriot, Voltaire aurait plutôt suggéré ceci : « Mentez, mes amis, mentez, je vous le rendrai un jour. »

de fausses pistes tout autour de son terrier[24], l'agent incite subtilement ses adversaires à s'engager dans des avenues ne conduisant strictement nulle part. La transformation de l'agent en spécialiste du cul-de-sac exige qu'il se faufile habilement dans une digression à propos d'un sujet analogue à celui de l'inconfortable conversation en cours. Connaissant évidemment bien les tenants et aboutissants du sujet développé entre parenthèses, l'agent espère que ses assaillants s'engouffreront dans le passage sans issue pour se jeter aveuglément sur le leurre proposé : un dossier impeccable.

Lorsqu'il est poussé dans ses derniers retranchements, l'agent peut considérablement limiter les dégâts en prenant la parole et en la conservant le plus longtemps possible. Il est conscient que, réduits au silence, les plus féroces ennemis sont amputés d'une grande partie de leur puissance diffamatoire. Le jeu de l'enfonceur de portes ouvertes consiste donc à prendre la parole afin de garder silencieux ses détracteurs. Il s'agit d'un jeu politique extrêmement difficile à pratiquer. Les vives réactions émotionnelles négatives engendrées par des critiques acerbes, des remarques désobligeantes, des propos orduriers, des insultes personnelles ou des menaces à peine voilées mineront remarquablement la capacité de l'agent à conserver la pleine maîtrise de soi.

Tel un stoïque Jedi inspiré uniquement par la force, l'agent ne doit surtout pas réagir aux provocations de ses adversaires. Celles-ci sont souvent des pièges visant à décontenancer le destinataire pour l'inciter à commettre des gestes regrettables, telles des menaces verbales ou une agression physique. Contrôlant sa respiration pour éviter l'hyperventilation et s'efforçant de conserver tout son calme, l'agent répondra à ces odieux procédés par une intervention la plus longue possible. Il ne s'agit pas ici de s'évertuer à rectifier intelligemment l'état des faits. Dans un climat survolté de règlement de comptes, la raison peut difficilement venir à bout de l'ignominie. Motivé par le désir de rendre muets ses adversaires, l'enfonceur de portes ouvertes parlera longuement pour en définitive ne rien dire. Exploitant de grands principes difficilement récusables, l'agent construira sa réplique au moyen des trois composantes suivantes :

---

24. Extrêmement rusé, le renard revient sur ses pas après avoir abondamment uriné à la fin de son parcours. Le futé petit mammifère prend soin de répéter un grand nombre de fois ce déroutant stratagème de diversion.

1) les adverbes d'affirmation;
2) le pronom personnel «nous»;
3) le mode verbal futur.

En permettant à l'agent d'accuser réception des commentaires formulés par ses assaillants et d'inscrire sa riposte dans leur prolongement, les adverbes affirmatifs ont pour principal objectif de les désarçonner. À l'instar du tai-chi, promouvant la fluidité et la récupération à son profit de l'énergie émise par son opposant, les adverbes affirmatifs, tels les mots «effectivement», «évidemment», «assurément», «certainement», «inéluctablement», «indiscutablement», etc., ont pour effet de déstabiliser l'adversaire qui anticipe plutôt chez son vis-à-vis une impétueuse réaction de cabrage. L'emploi du «nous» rapproche quant à lui l'agent de ses détracteurs. Or, ceux-ci cherchent précisément le contraire. Ils veulent se distancier de lui afin de mieux le viser et l'atteindre. Enfin, l'adoption du futur en tant que registre temporel complexifie la tâche de l'adversaire. Effectivement, puisqu'il n'existe pas encore, il s'avère difficile pour lui de s'y opposer.

Le jeu du canard boiteux consiste en l'adoption d'un profil bas permettant à l'agent de projeter une image de lui-même édulcorée et non menaçante et, conséquemment, de ne pas attirer sur lui l'attention d'acteurs impatients d'en découdre avec un véritable rival dont l'asservissement ou l'anéantissement constituerait un défi des plus exaltants. Refusant catégoriquement de partager ses talents et de communiquer ses réussites personnelles, l'agent s'efforce plutôt d'afficher l'allure d'une personne devant peiner énormément pour atteindre ses buts. Rien ne doit lui sembler facile. Bon nombre d'acteurs ne souhaitent pas s'abaisser à faire un carton sur une personne dont la réputation ne dépasse guère la valeur d'un pet de lapin flottant dans l'air frais du matin. En passant pour une quantité négligeable – et, dans certains cas, en faisant tout simplement pitié –, l'agent se munit d'une protection efficace contre les acteurs ayant pour maxime existentielle «À vaincre sans péril, on triomphe sans gloire[25]». Deux jeux politiques relationnels complémentaires s'ajoutent à la conjuration. Il s'agit des jeux de la coalition et du coup de sifflet.

---

25. P. Corneille (1997), *Le Cid*, Paris, Classiques Bordas, p. 50.

Le jeu de la coalition se résume à la formation d'un regroupement d'acteurs ayant des intérêts convergents. Un agent vulnérable au chapitre du pouvoir et ne pouvant compter sur l'appui de son supérieur hiérarchique immédiat peut tenter de convaincre d'autres acteurs partageant avec lui cette réalité de la pertinence de faire front commun afin de mieux assurer leur défense. À l'origine des grands mouvements populaires de syndicalisation, cette mobilisation de compagnons d'infortune peut se révéler, à maints égards, des plus salvatrices. Le simple fait de pouvoir échanger avec des gens éprouvant les mêmes difficultés que les nôtres contribue énormément au maintien de l'équilibre psychologique. Outre les encouragements de fraternité, les membres de la coalition peuvent se transmettre de l'information utile relativement à la dynamique interne du pouvoir de l'organisation. Mieux aguerris aux dangers des manœuvres politiques, les membres peuvent davantage peaufiner leurs tactiques de diversion. Les membres peuvent même créer une association et souhaiter que le poids du nombre fasse pencher la balance de leur côté. En officialisant la défense de leurs intérêts communs, les membres pénètrent dans l'antichambre de la dénonciation. Évidemment, pareille entreprise n'est pas sans comporter d'appréciables risques. La solidarité est une disposition attitudinale foncièrement friable. Soumise à des pressions indues émanant d'enjeux capitaux, elle a tendance à s'effilocher pour laisser poindre le désistement et la désertion. Hier encore bien entourés, certains agents finissent fin seuls leur quête de la volonté générale.

Désigné par l'expression anglaise *whistle-blowing tactic*, le jeu du coup de sifflet vise carrément la dénonciation de pratiques répréhensibles. Lorsqu'il a pour supérieur hiérarchique immédiat soit un mollasson[26], soit, pire encore, une personnalité pathologique[27], l'agent, littéralement abandonné à son triste sort consistant à subir les mauvais traitements que lui infligent ses assaillants, peut décider, sous le sceau de la confidentialité, voire de l'anonymat, de siffler la fin de cette lugubre récréation en dénonçant leurs infâmes agissements. Il importe de bien choisir l'oreille du confident. Celui-ci doit

---

26. Par exemple, le flottant inhibé, incapable de prendre une décision ou de soutenir une cause faisant l'objet d'une controverse.

27. Certains types de personnalité pathologique ayant pour caractéristique principale la propension aux abus de pouvoir seront examinés au chapitre 5.

être un acteur probe et puissant. Il est préférable, dans un premier temps, de sélectionner celui-ci au sein de la haute direction de l'organisation. Le possible règlement à l'interne de situations déplorables constitue la première option à envisager. Toutefois, dans le cas du dépérissement de la situation, l'agent est en droit de s'adresser à des instances externes tels les ordres professionnels, le protecteur du citoyen et l'appareil juridique.

Études de cas et questions

1. Bernadette Walker

— Les demandes du syndicat sont irréalistes. On ne peut pas leur donner de telles augmentations salariales. Il faut que tu les raisonnes, Bernadette. Il faut que tu leur dises que la concurrence est féroce. Les gars doivent comprendre que nos parts du marché sont stagnantes depuis deux ans. S'ils s'entêtent dans leur demande de 3 % la première année, 4 % la deuxième année et 5 % la troisième année, moi, je ferme l'usine. Je déménage tout de suite toutes les installations au siège social. D'ailleurs, lorsque toutes nos installations seront modernisées à Mississauga, je compte bien mettre un terme à notre étalement territorial. Il faut rationaliser nos opérations, sinon on ne passera pas au travers.

— Êtes-vous en train de dire, Monsieur Galloway, que vous voulez fermer les usines de Dartmouth, de Saint-Hyacinthe et de Saskatoon ?

— Les choses ont changé, Bernadette. On ne peut plus faire des affaires à la façon de mon grand-père, Eugen, ou de mon paternel. Les Américains ont compris cela depuis longtemps. La performance passe aujourd'hui par la modernisation et les économies d'échelle. Il faut concentrer toutes nos opérations en un seul lieu hypermoderne. Les usines de la Nouvelle-Écosse, du Québec et d'ici sont désuètes. Elles sont en activité depuis plus de 70 ans. Il faudrait investir des sommes colossales pour les rendre concurrentielles.

— Mais, Monsieur Galloway, la Yellow Crows fabrique des tracteurs fermiers à Saskatoon depuis 1926. La communauté s'est développée avec l'usine et vice-versa. Les gens d'ici aiment la Crows. Les gens d'ici savent qu'ils fabriquent les meilleurs tracteurs au monde et ils en sont fiers. Il y a à peine 10 ans, votre père était venu à Saskatoon et il nous avait dit à quel point il était fier de nous. Il nous avait dit que nous étions les « laboureurs de la planète ».

— Moi aussi, je suis fier des gens de Saskatoon et je pense que les gens du Québec et de la Nouvelle-Écosse font également un excellent travail. Mais quatre usines au Canada, c'est trop aujourd'hui! L'usine la plus moderne est à Mississauga et c'est là qu'il faut investir pour l'avenir. Nous sommes au centre du Canada et aux portes des grands marchés du Midwest américain.

— Si je vous comprends bien, vous demandez aux gens d'ici de se serrer encore la ceinture pendant les trois prochaines années pour, par la suite, devenir chômeurs.

— Non! Non! Bernadette, il ne faut surtout pas voir la problématique de cette façon. Il y aura toujours une place pour les bons employés, jeunes et dynamiques. Travailler ici ou à Mississauga, ça revient un peu au même. Et puis, il y aura une attrition toute naturelle. Nos vieux employés partiront sous peu à la retraite. Les choses se feront humainement.

— Mais les gens, peu importe leur âge, ne sont pas des oiseaux migrateurs. C'est humain de s'attacher à sa région et de vouloir y vivre toute sa vie.

— Pense un peu à toi, Bernadette. Tu as un MBA de Regina University et tu es directrice d'usine ici, à Saskatoon. Moi, je te propose de devenir vice-présidente des opérations à Toronto. Ne gaspille pas ton talent. Il y a tellement à faire. Il y a tellement de défis à relever. Savais-tu que le géant américain Tireless Farmers a transféré l'année dernière la moitié de sa production de moissonneuses-batteuses au sud du Rio Grande? Avec une telle délocalisation, la Tireless Farmers a considérablement diminué ses coûts de production. Savais-tu, Bernadette, que la Kamarad Gorki, un consortium russe fabriquant de la machinerie aratoire, veut implanter, l'année prochaine, des points de vente en Amérique du Nord? Le prix de leurs satanés tracteurs est de 35% inférieur au prix d'un Yellow Crows! Comment veux-tu que je puisse rivaliser avec ces filous? C'est impossible pour nous de rester en affaires si nous ne modifions pas notre structure d'entreprise et nos modes de production. C'est une question de survie, Bernadette! La Yellow Crows ne peut plus désormais être concurrentielle avec une façon de faire artisanale. Il faut concentrer nos activités et moderniser nos installations. Les gars doivent faire leur effort de guerre. Il faut absolument qu'ils acceptent de prolonger de trois ans le gel des salaires. Moi, de mon côté, je m'engage au *statu quo,* et ce, peu importe l'état de notre chiffre d'affaires et de nos profits. Je fais la promesse solennelle qu'il n'y aura aucun licenciement et aucune fermeture d'usine pour les trois prochaines années. Après, c'est une autre histoire. Évidemment, tout cela reste entre toi et moi. Les employés ne doivent d'aucune façon connaître notre plan stratégique de restructuration des opérations. S'ils l'apprenaient, ta vie ici, à Saskatoon, deviendrait rapidement infernale.

Nous serions en plein chaos. Il n'y a rien de pire qu'un employé qui sait que c'est fini. Il devient rapidement démotivé et amer. Il n'a plus rien à gagner. Alors, souvent, il décide de se servir… Et ça, c'est très dangereux, ici comme ailleurs. Il ne faut jamais sous-estimer les réactions en chaîne. N'oublie pas, Bernadette, que nous avons des usines, toutes syndiquées, à Mississauga, à Saint-Hyacinthe et à Dartmouth. Alors, tout ce que tes gars ont besoin de savoir, c'est que, si nous ne parvenons pas à nous entendre sur un gel des salaires pour les trois prochaines années, les opérations de l'usine seront suspendues indéfiniment. Un point, c'est tout !

Sur ces paroles, monsieur Galloway prit son manteau, sa serviette, son ordinateur et salua Bernadette en lui disant : « Nous sommes aux portes du XXIe siècle. Il faut regarder devant, Bernadette, et foncer ! L'avenir est devant nous, pas derrière. »

Bernadette fut grandement affligée à la suite de son entretien avec monsieur Galloway. Son âme était déchirée. Elle était native de la Saskatchewan et elle aimait son coin de pays. Elle aimait les gens de la région, des gens fiers et braves. Mais elle connaissait aussi les lois implacables du marché.

Question

En vous référant à la figure 3.1 (L'abécédaire de l'échiquier du pouvoir politique), à la page 79, décrivez le questionnement stratégique de Bernadette Walker en prévision d'éventuelles négociations avec les représentants syndicaux de l'usine de Saskatoon.

2. Green Frog Corporation

Titulaire d'un doctorat en microbiologie de l'Université Thomas-Moore, Marie-Louise Pierrot travaillait à la société Green Frog Corporation depuis plus de deux ans. Son domaine de spécialisation était la culture des cellules souches et, notamment, des cellules hépatiques. Elle aimait son travail et, surtout, le dernier projet de recherche qui lui avait été confié. Il consistait à modifier certaines protéines permettant l'accélération de la division cellulaire. Assise à une petite table de la cafétéria, elle discutait avec Édouard L'Escarcelle, un collègue, également docteur en microbiologie et travaillant au même projet de recherche portant sur l'effet catalytique des protéines.

— On a fait certains progrès quant à la construction du vecteur viral permettant d'accélérer les divisions. Mais, comme tu dois bien t'en douter, Édouard, les séquences de dédoublement sont trop longues. Cela a pour effet d'épaissir la membrane de la cellule et de la rendre inaccessible aux acides aminés.

— L'équipe de Zörlitz, à Berlin, a le même problème que nous. Je demeure persuadé que la solution se trouve du côté des enzymes.

— Moi aussi! Mais il y a ce foutu Pistou qui bousille tout. Il est complètement à côté de ses pompes. Il m'a demandé de reprendre l'expérience de Hall et Barkins! Tu te rends compte? Une expérience qui date de 1983 et qui a été vérifiée au moins une centaine de fois. On va perdre un temps fou avec toutes ces dissections de foies de poulet.

— As-tu fait ce qu'il t'a demandé?

— Pas du tout!

— Fais attention, Marie-Louise! C'est vrai que Pistou est plutôt gâteux et que, la plupart du temps, il débite des âneries. Mais c'est lui, le chef du département. C'est lui, le patron. N'oublie jamais que c'est lui qui a fondé le département de recherche clinique. Il travaille ici depuis plus de 30 ans. Les dirigeants de la boîte l'estiment beaucoup. D'ailleurs, sais-tu pourquoi la société s'appelle Green Frog Corporation?

— Je n'en ai pas la moindre espèce d'idée!

— J'ai entendu dire qu'il y a une vingtaine d'années, la société s'appelait Laboratoires Nevada 21. Il y aurait eu une fusion avec une société pharmaceutique anglaise dont j'ignore le nom. Eh bien, les dirigeants du nouveau consortium auraient décidé de retenir le nom de la grenouille verte en l'honneur des fameux travaux de Pistou sur le mucus des rainettes en tant qu'agent antiviral.

— Tout cela est de l'histoire ancienne. Tout le monde sait qu'Antoine Pistou a étudié à la Sorbonne avec Jean-Paul Anoure. Tout le monde sait qu'il a remporté le prix Charles-Darwin pour son article traitant des sécrétions antiseptiques des petites grenouilles vertes, publié dans la prestigieuse revue scientifique *Bios and Telos*. Mais la microbiologie, aujourd'hui, ce n'est plus cela. Pistou est un homme du passé. Il travaille encore avec son vieux microscope Thompson! Nous sommes maintenant à l'ère de l'informatique et de la programmation. Pistou est un scientifique des années 1960 qui a arrêté d'évoluer au début des années 1980. Il n'est plus du tout dans le coup! Obnubilé par ses heures de gloire, il est devenu, au fil des ans, un anachronisme ambulant, un obstacle vivant au progrès scientifique.

— Ouais... «La vieillesse est un naufrage.» On ne peut être et avoir été à la fois! Une chose est sûre, toutefois: c'est lui qui est encore assis dans le grand bureau au généreux fenêtrage du deuxième étage.

— C'est bien ça qui m'exaspère! Je vais encore être obligée de faire des conneries pour satisfaire ce vieux radoteur. Quelquefois, j'ai l'impression de travailler pour le colonel Sanders!

— Tu sais, Marie-Louise, Jacques disait la même chose que toi. Il a eu le malheur de défier l'autorité de Pistou. Mal lui en prit. Tu es assise aujourd'hui dans son fauteuil. Tu sais, le vieux schnock est dangereux. Il a liquidé beaucoup de personnes du département. Il est préférable pour toi de ne pas croiser le fer avec lui. Et puis, il n'en a plus pour très longtemps. Il a le teint livide et les yeux d'un poisson mort.

— Ouais ! Je vais commencer demain à éventrer les foutus poulets. Si tu veux un *hot chicken*[28] pour le lunch de demain, viens me voir !

— Une question me chicote. Comment Pistou va-t-il s'y prendre pour convaincre les évaluateurs du Conseil fédéral de la recherche scientifique de nous verser la deuxième tranche de la subvention ? La réunion est prévue dans trois semaines et ce n'est pas avec les lumineux résultats obtenus sur tes petits poulets qu'on parviendra à impressionner les évaluateurs.

— C'est ce qui me chagrine le plus. Tu te rends compte, on risque de perdre une partie importante de nos fonds de recherche. Tout le projet peut être compromis à cause de cela. Pistou est incapable de faire une présentation intelligente. Les évaluateurs ont tous des Ph. D. en microbiologie. Ils vont bien s'apercevoir qu'il est complètement dépassé.

— Il ne faudrait pas que Pistou prenne la parole.

— Comment faire ? C'est lui le grand patron et, avec son infatigable clapet, ça promet !

Le soir venu, Marie-Louise quitta le bureau pour se rendre à son centre de conditionnement physique. Elle était férue de natation. Avec la fluidité d'un grand squale, elle traversa la piscine et accumula les allers-retours à une vitesse vertigineuse. Après ses ébats aquatiques, Marie-Louise croisa, dans le vestiaire, une ancienne collègue de classe.

— Hé ! Marie-Louise ! Comment ça va ? Je ne savais pas que tu t'entraînais ici.

— Oui, ça fait à peine deux semaines que je suis membre du club. J'aime mieux cela que la piscine municipale. C'est beaucoup plus calme et mieux entretenu. Et toi, comment ça va ?

— Ça va très bien. Tu sais, on ne chôme pas à la Cellularco. On m'a récemment nommée directrice de projets. Je dirige présentement les travaux d'une équipe de huit chercheurs qui travaille sur un projet très prometteur.

— C'est extra ! Je suis contente pour toi.

— Il est grand temps que nous, les femmes, prenions notre place. Tu sais qu'on a besoin de chercheurs comme toi à la Cellularco. Nous sommes présentement en pleine période de recrutement. Viens travailler avec nous !

28. Sandwich chaud au poulet recouvert d'une sauce brune et servi avec frites et petits pois.

Je te prends demain matin dans mon équipe. Ça te changera des petits batraciens et du vieux crapaud ! Ça fait des lunes que je l'ai vu. Est-il toujours aussi gaga ? Certains disent qu'il aurait une grenouille dans le cerveau. Tu sais qu'il y a des rumeurs qui circulent au sujet de la grenouille verte. On dit que vous seriez acheté prochainement par American Pharma, une boîte qui fait strictement dans le générique. Tu te rends compte ? Plus de recherche, seulement de la commercialisation ! Pour un chercheur, c'est terrible.

— Écoute, Isabelle, on en a déjà discuté ensemble et tu sais très bien que je suis liée à la Green Frog par un contrat de non-divulgation d'une durée de sept ans.

— C'est carrément abusif ! Nos avocats disent qu'une telle entente pourrait être facilement abrogée faute d'équivalent jurisprudentiel. Pense un peu à toi, Marie-Louise. Crois-tu sincèrement que le vieux crapaud respecte ton expertise et ton talent ? Il t'utilise pour entretenir son aura de magnificence. Tu n'es à ses yeux qu'un petit têtard. Lorsqu'il n'aura plus besoin de toi, il te bouffera. Comme il a fait avec Jacques Roussette. En passant, Jacques travaille maintenant chez nous. Il est le directeur des activités scientifiques. Pas mal pour un détritus de la Green Frog !

Sur ces paroles, Marie-Louise échangea un long regard songeur avec son interlocutrice et quitta très lentement les lieux. Pendant ce temps, au fameux restaurant *Le Cochon rôti*, deux fidèles clients attaquaient avec un appétit glouton leur copieuse assiette.

— Dommage, Monsieur Pistou, que Marie-Louise ne soit pas avec nous. J'ai remarqué qu'il y avait au menu du foie de poulet sauté au beurre. Elle en raffole !

— Ha ! Ha ! Ha ! Je ne vous savais pas à ce point humoriste, mon cher Édouard. Pauvre petite salamandre ! Une brave fille, cette Marie-Louise, mais... intellectuellement limitée. Veille à ce qu'elle perde son temps avec les abats des petits volatiles. Il faut encore la tenir occupée. Elle ne doit surtout pas se douter que tu as trouvé la clé de l'énigme de l'opacité membraneuse. Tu te rends compte, Édouard ? Nous venons, toi et moi, de découvrir la modulation de la division cellulaire et...

— Et le futur médicament permettant une guérison totale et absolue du cancer.

— Quelle jouissance ! Ah, Édouard ! Je lève mon verre à nous deux : à notre immense talent !

— À notre gloire et à notre fortune ! Le départ est prévu pour quand ?

— Joseph Zörlitz nous attend à Berlin dans un mois. Nous avons juste le temps de faire le ménage de nos dossiers. Il ne faut laisser aucune trace. Les Américains débarquent chez nous dans deux semaines.

— Et la rencontre avec les évaluateurs du Conseil fédéral de la recherche scientifique ?

— Un exercice purement bidon. Je m'en suis occupé. J'ai des amis au Conseil. Je les ai mis au parfum de notre imminent changement de vocation. On ne laissera rien aux Américains, crois-moi ! Ils ne méritent même pas un vieux kopeck, ces salauds qui veulent faire de nous de vulgaires marchands de pilules.

Question

En vous référant à la figure 3.4 (La cartographie du pouvoir en fonction du type d'acteur politique), à la page 85, et au tableau 3.1 (Les catégories d'acteurs politiques), à la page 86, décrivez le positionnement stratégique de Marie-Louise Pierrot au sein de la société Green Frog Corporation.

3. Peekaboo Dohe

Jamie Dohe travaille à la Zinco-Faraway depuis près de deux ans. Elle occupe la fonction de directrice adjointe des ressources humaines. Jamie est surnommée Peekaboo à cause de son côté bon enfant et de sa joie de vivre. Elle aime s'amuser et faire des bouffonneries pour égayer la vie des gens. On dit que son surnom lui aurait été donné par un des employés de la Zinco-Faraway lors d'un pique-nique familial. Jamie faisait rire aux éclats les enfants en masquant ses yeux avec ses mains, puis en les relevant brusquement et en poussant un tonitruant « coucou ». Un mineur d'origine écossaise lui aurait alors lancé : « *Jamie, you are a real funny peek-a-boo !* »

Zinco-Faraway est une importante entreprise minière dont l'essentiel des activités porte sur l'exploitation de gisements de zinc. En fait, cette entreprise américaine multinationale se situe au deuxième rang en matière de production mondiale de minerai de zinc. Elle est devancée dans ce domaine par le consortium germano-britannique Kingshey-Fröbel. Zinco-Faraway possède 11 mines de zinc dont les 4 plus importantes sont situées en Bolivie, au Brésil, au Canada et au Pérou. Depuis 1997, le géant américain connaît un ralentissement d'activités. La vétusté de ses installations minières ainsi que le plafonnement des prix mondiaux du zinc rendent des plus coûteuses l'extraction du métal blanc bleuâtre. Aussi, à la suite d'une réunion de planification stratégique tenue le 12 août 2000 au siège social de l'entreprise situé à Cleveland, en Ohio, les dirigeants de la Zinco-Faraway ont décidé de procéder à une sérieuse rationalisation de leurs opérations.

Monsieur George Williams, le président-directeur général, appuyé par l'ensemble de son état-major, dont les membres les plus influents sont monsieur Pearce Kolindorf, le directeur des opérations stratégiques,

- Intérêts divergent w. Rivest
- caution déficiente+++

monsieur Paul Bianka, le directeur de la production, et monsieur Jimmy Bleuler, le directeur des activités commerciales, estime que la fermeture de 6 des 11 mines de l'entreprise s'impose comme la seule stratégie permettant de faire face efficacement à l'inquiétante et apparemment interminable chute du prix de l'action de l'entreprise. D'une valeur de 32 $ en 1997, l'action de la Zinco-Faraway ne vaut plus, trois ans plus tard, que 6 $. Lors de la dernière assemblée des actionnaires, le 21 mai 2000, ceux-ci ont vertement manifesté leur mécontentement à l'endroit de la direction de l'entreprise. L'impatience fait maintenant place à la grogne. Monsieur Williams et ses principaux lieutenants savent pertinemment que la présente conjoncture est critique et que seul un redressement rapide du cours de l'action peut leur éviter les affres du couperet.

Les extraits suivants de cette réunion de planification stratégique traduisent bien la teneur des préoccupations des intervenants.

— Il faut absolument liquider les activités de notre site d'extraction du 66e parallèle. Notre mine de la terre de Baffin, à Arctic Bay, doit être fermée d'ici le mois de mai de l'année prochaine.

— Vous ne sauriez si bien dire, Monsieur Williams. Le Grand Nord canadien nous coûte une fortune. La mine est située au bout du monde. L'usine de transformation du minerai la plus près d'Arctic Bay est à plus de 8000 kilomètres. Le transport du zinc brut par bateau triple littéralement nos coûts de production.

— C'est vrai, Pearce, mais la qualité du minerai canadien est tout de même exceptionnelle !

— Voyons, Paul, nos clients s'en balancent totalement, rétorque Jimmy Bleuler. On peut leur passer n'importe quoi pourvu que le prix de la tonne soit le plus bas possible.

— Chose certaine, poursuit Paul Bianka, l'éloignement d'Arctic Bay est sûrement un facteur désavantageux pour nous. Il faut également souligner les coûts d'exploitation liés à la masse salariale. Les mineurs canadiens sont tous syndiqués et ils bénéficient d'avantages normatifs considérables.

— C'est quand même fou ! s'écrie Pearce Kolindorf, totalement désabusé. Si on tient compte de la prime d'éloignement et des heures supplémentaires, un mineur canadien peut gagner plus de 100 000 $ par année ! Vous vous rendez compte ? 100 000 $ pour porter un casque avec une lumière dessus et pour donner des coups de pioche dans un trou ! *My God !*

— Mais où allons-nous, bon sang ? renchérit Jimmy Bleuler. Vous y pensez un peu ? On peut avoir 30 mineurs péruviens pour ce prix. Et ces gens-là ne font jamais d'histoire. Ils ne savent même pas épeler le mot « syndicat » !

— Qui est le directeur de la mine du nord ?

— Un dénommé Roger Rivest, Monsieur Williams. Je l'ai rencontré une fois en Arabitibi. Un bled perdu où ils font l'élevage des moustiques. Son dossier indique qu'il travaille pour nous depuis huit ans.

— Non, Paul, ce coin-là s'appelle l'Abitibi ! précise Pearce Kolindorf, quelque peu exaspéré.

— Ah oui ! C'est vrai. L'Abitibi !

— Paul, tu vas lui passer une commande, formule froidement George Williams. Je veux que les choses se fassent en douceur. Il ne faut pas faire de vagues. Il faut procéder par étapes. Il faut fermer la mine d'Arctic Bay sans que les mineurs s'en aperçoivent. Je ne veux pas de casse. Les mineurs canadiens sont réputés pour avoir du chien.

— Surtout les Québécois ! ajoute sardoniquement Pearce Kolindorf. Ils sont toujours en train de protester et de revendiquer. On dirait d'irréductibles petits Gaulois. Je me suis laissé dire que leur chef voulait proclamer l'indépendance de leur territoire.

— Ils sont fous, comme les Français. Et en plus, ils sont communistes, de conclure Jimmy Bleuler.

— Peu importe qu'ils soient fous ou communistes, je ne veux pas de bavure, précise George Williams. Il ne faut pas avoir la presse canadienne et l'opinion publique contre nous. Quant à la fermeture des cinq mines de l'Amérique du Sud, c'est sans danger. On peut adopter l'approche marteau et fermer le tout avant le début des séries mondiales de baseball.

Début septembre, dans les bureaux de la Zinco-Faraway, à Rouyn-Noranda.

— Bonjour Peekaboo ! Comment vas-tu ?

— Je vais super bien. J'ai eu de belles vacances. Nous avons fait le tour de la Gaspésie. Il a fait tellement beau... Nous avons visité tous les petits villages le long de la côte. Les gens sont tellement accueillants ! Ils ont un accent tellement sympathique ! Il y a là des paysages à couper le souffle. Et puis le bleu de la mer, le vent salin, les petits bateaux blancs et les fruits de mer ! C'est réellement un endroit merveilleux. Et vous, Monsieur Rivest, avez-vous passé de belles vacances ?

— Oui, excellentes. Je me suis bien reposé à mon chalet du lac Kikwissi. Écoute, Peekaboo, j'aimerais que tu t'occupes d'un dossier.

— Si je peux vous aider, cela me ferait plaisir.

— Comme tu le sais, le marché du zinc traverse une période difficile. Les prix sont plutôt bas, ce qui cause évidemment des problèmes de rentabilité à l'entreprise. Le marché devrait se revigorer l'année prochaine. Ça fait déjà cinq ans que le prix du zinc vivote. Je pense bien que nous arrivons à la fin de ce cycle de décroissance. Les gens de Cleveland m'ont dit que la demande pour le zinc devrait considérablement augmenter l'année prochaine. Plusieurs pays de l'ancienne Europe de l'Est, surtout la Pologne, la Hongrie et la Roumanie, vont procéder sous peu à des investissements majeurs en matière de réfection de l'infrastructure de tout leur réseau ferroviaire. Et laisse-moi te dire, Peekaboo, qu'il va en falloir, des boulettes de zinc, pour retaper leurs vieux trains datant de la Deuxième Guerre mondiale.

— C'est génial !

— Oui, mais en attendant, nous devons envisager des mises à pied temporaires.

— Oh non, pas ça ! Les gens travaillent tellement fort, ici !

— C'est une mesure temporaire, Peekaboo. Nous allons rappeler nos employés au plus tard au début de janvier. J'ai pensé te confier le mandat d'annoncer la nouvelle aux employés.

— Pourquoi moi ? Il me semble que vous ou monsieur Mackboy, le chef des équipes, ou encore madame Beauchemin, notre directrice des ressources humaines, soyez mieux placés que moi pour faire ce genre d'annonce.

— Malheureusement, je dois me rendre à Cleveland pour participer à une rencontre de planification stratégique. Les dirigeants de la Zinco veulent moderniser nos installations ici et à Arctic Bay, et ma présence est requise. Quant à madame Beauchemin, elle va prolonger un peu ses vacances. Elle a des problèmes de dos et elle doit consulter un spécialiste de Montréal.

— Rien de trop grave, toujours ?

— Non, non ! Des spasmes musculaires ou un disque coincé. Quant à monsieur Mackboy, il est trop émotif. Il va faire peur aux gars. Les gens ne doivent surtout pas paniquer. Il s'agit uniquement de mises à pied temporaires. Je pense, Peekaboo, que tu es présentement la seule personne qui peut assumer parfaitement ce mandat. Tout le monde t'apprécie et les gens ont confiance en toi.

— Ça ne sera pas facile, mais si vous pensez que je peux être utile…

— Très bien. Voici la liste des noms de nos 234 mineurs. Les noms marqués d'un crochet rouge sont ceux des employés qui doivent être mis à pied temporairement.

— Il y en a beaucoup !

— Quatre-vingt-douze exactement. Ils ont été choisis selon l'ancienneté. J'aimerais que tu fasses l'annonce mercredi de cette semaine.

— Je vais convoquer tout le monde à la cafétéria. Ça ne sera pas facile.

— Tu es capable, Peekaboo.

Le mercredi matin, à 10 h, les employés s'engouffrent dans la cafétéria. La pièce est pleine à craquer. Peekaboo, montée debout sur une table et micro à la main, prend la parole.

— Bonjour, tout le monde. J'espère que vous avez tous passé de très bonnes vacances. Je suis contente de vous revoir. Je vous ai réunis ce matin afin de vous parler d'une situation problématique concernant nos activités. Comme vous le savez tous, le prix du zinc n'est pas très élevé présentement. La Zinco connaît quelques difficultés à rentabiliser certaines de ses opérations. La demande pour le zinc n'est pas très forte actuellement et les dirigeants de la Zinco pensent qu'il est temps de ralentir temporairement nos activités à Arctic Bay. Monsieur Rivest est à Cleveland présentement, au siège social de l'entreprise. Il discute avec les dirigeants afin d'élaborer une stratégie permettant de moderniser nos installations car, dès le début de l'année prochaine, il y aura une grosse reprise de la demande pour notre zinc. Mais pour l'instant, nous devons ralentir temporairement nos activités.

— Tu es en train de nous dire qu'on va faire moins d'heures par semaine ?

— Pas tout à fait, Monsieur Saint-Grisou. Certains d'entre vous vont être mis à pied temporairement. Mais tout le monde va être rappelé au travail au début de l'année prochaine.

Sur ces paroles, un silence de mort envahit la salle. Les yeux exorbités des mineurs fixent Peekaboo Dohe. Les hommes casqués des galeries sont littéralement médusés par les dernières paroles de Peekaboo.

— C'est tout un mot de bienvenue après les vacances ! Premièrement, ma petite madame, j'aimerais vous dire que moi, Marcel Galibot, je suis le représentant syndical des mineurs unis du Québec et c'est la première fois que j'entends parler de ces mises à pied temporaires. Deuxièmement, il me semble qu'une décision comme celle-là, ça se prépare. Il n'y a aucun travailleur ici qui a été consulté au sujet d'une réduction des effectifs. Votre façon de faire est inadmissible. C'est un manque flagrant de respect à l'endroit des travailleurs et des travailleuses.

— Je suis totalement d'accord avec Galibot, clame Rolland Porion. Maintenant, peut-on savoir qui va se faire « slacker[29] » temporairement ?

— Évidemment, je sais que c'est une mauvaise nouvelle mais, je vous le répète, il s'agit d'une mesure temporaire. Tous ceux qui seront mis temporairement à pied vont être rappelés au début de l'année prochaine.

29. Expression dérivée de l'anglais qui signifie « licencier ».

— Peut-on savoir qui et combien d'entre nous vont être « slackés » ? demande avec insistance Bertrand Haveur.

— Il va euh… Il va y en avoir 92 et le choix respecte la règle de l'ancienneté.

— C'est toujours comme ça. C'est toujours les employés les plus jeunes qui payent la note, s'écrie Émile Herscheur, consterné.

— Êtes-vous devenus complètement fous ? vocifère Marcel Galibot. Quatre-vingt-douze personnes sur environ 200 mineurs. C'est une catastrophe ! Vous êtes en train de fermer la mine et vous ne voulez pas nous le dire !

— Non ! Non ! C'est une mesure temporaire. Le siège social de l'entreprise veut moderniser nos installations et nos équipements pour nous rendre plus concurrentiels. Il n'y aura pas de fermeture de la mine, je vous le promets.

— Moi, je ne comprends plus rien. Où est Monsieur Rivest ? Pourquoi ce n'est pas lui qui nous explique cela ? demande, estomaqué, Jack Mackboy.

— Je vous l'ai dit, il est à Cleveland afin de préparer, avec les grands patrons de la Zinco, un plan de modernisation de notre mine.

— Moi, je viens de m'acheter une maison, et puis j'ai mon *pick-up*[30] à payer. Je ne la trouve pas drôle du tout, ta maudite nouvelle. En fait, elle me fait suer, ta nouvelle, s'exclame hargneusement Fernand Raucheur.

Peekaboo sort de la rencontre complètement lessivée. Elle a essuyé un véritable barrage de questions toutes aussi anxieuses les unes que les autres. Elle a bien remarqué la peur sur les visages déconfits des gars. Peekaboo se dit toutefois que ce n'est qu'un mauvais moment à passer et que, dès janvier prochain, les choses reviendront à la normale.

Les mois de septembre et d'octobre s'écoulent dans un climat de travail passablement tendu. La belle camaraderie d'antan a cédé le pas à des regards chargés de suspicion et de ressentiment. Après leur séjour de travail de 21 jours au pays du Père Noël, les travailleurs ne s'arrêtent plus aux bureaux de l'Abitibi pour bavarder avec les employés assumant la logistique des opérations de la Zinco-Faraway. Après avoir foulé le sol du petit aéroport abitibien, les mineurs rentrent directement chez eux.

Au début de novembre, Peekaboo demande à monsieur Rivest s'il sait quand les spécialistes américains en génie minier passeront visiter la mine d'Arctic Bay pour procéder subséquemment à la modernisation des équipements. Monsieur Rivest reste évasif à ce sujet et allègue que des études de vitalité du marché sont en cours et qu'une décision d'avaliser la modernisation des installations sera prise sous peu. Peekaboo questionne par la

30. Lire ici « camionnette ».

suite monsieur Rivest au sujet de la date du rappel des employés temporairement licenciés. Monsieur Rivest saisit une pile de documents qu'il enfouit prestement dans sa serviette et, prétextant être grandement en retard à un important rendez-vous, file à l'anglaise.

Peekaboo est songeuse. La présence de monsieur Rivest au bureau se fait de plus en plus discrète et madame Beauchemin est toujours absente pour cause de maladie. Sur l'étage, elle est, la plupart du temps, toute seule avec monsieur Caron, le comptable. Un vague sentiment d'abandon l'envahit à l'occasion, mais Peekaboo se fait un devoir de chasser sur-le-champ ses idées noires. Le 17 novembre, elle reçoit la visite de monsieur Marcel Galibot, le représentant syndical. Ce dernier veut connaître la date du rappel des employés mis temporairement à pied. Peekaboo lui dit que cette décision sera bientôt communiquée aux employés par monsieur Rivest. Monsieur Galibot précise à Peekaboo que les gars sont devenus ces jours-ci très nerveux et qu'ils seraient grandement reconnaissants si une annonce était faite rapidement par la Zinco.

Le 23 novembre, Peekaboo demande à la secrétaire de monsieur Rivest si elle peut avoir un entretien avec celui-ci au cours de la semaine. Madame Blouin répond à Peekaboo que monsieur Rivest est absent du bureau pour quelques jours. Il a dû se rendre à Cleveland pour assister à une réunion de planification stratégique. Au sortir du bureau, le soir, Peekaboo trouve sa camionnette jaune citrouille complètement vandalisée. Le pare-brise a été pulvérisé, les quatre pneus, perforés, et des graffitis injurieux sont peints sur la carrosserie. Après le rapport d'événement effectué par les policiers, Peekaboo rentre à la maison en empruntant un camion de l'entreprise. Elle habite à la campagne, dans une vieille maison située sur le rang des Épinettes Noires. En arrivant chez elle, Peekaboo est surprise de ne pas entendre aboyer Dum-Dum, son fidèle compagnon. Après avoir gravi la totalité des marches de l'escalier, Peekaboo voit le gros labrador ensanglanté gisant mort sur le paillasson. Peekaboo éclate en sanglots et, s'agenouillant sur le pas de la porte, serre la bête inanimée contre sa poitrine.

Le lendemain, Peekaboo, quoique terriblement secouée par les événements de la veille, se rend au bureau. Il y a dans sa tête tellement de questions sans réponse ; Peekaboo veut savoir ce qui se passe exactement dans cette foutue boîte. Peekaboo gagne rapidement son bureau et attend patiemment que madame Blouin libère les lieux pour le dîner. À l'aide d'un couteau de scout, Peekaboo force la serrure de la porte du bureau de monsieur Rivest – eh oui, comme quoi il est vrai que « scout un jour, scout toujours ». Le bureau est relativement bien rangé. Il y a quelques dossiers qui traînent ici et là. Lorsqu'elle s'approche de la table de travail, un petit voyant lumineux vert clignotant situé au bas de l'écran de l'ordinateur attire l'attention de notre fouineuse téméraire. Le poste de travail électronique de monsieur Rivest est en mode « veille ». Il ne suffit que de secouer la souris pour que la luminosité bleutée de l'écran jaillisse. Peekaboo a du pot. Le mot de passe n'a pas été désactivé. Un simple clic sur la petite icône représentant une enveloppe ceinturée de deux flèches bleues et ornée d'un petit timbre rouge révèle le contenu de toute la boîte électronique de monsieur Rivest. Notre intrépide détective parcourt avec grand intérêt la teneur des messages en provenance de biankap@zinco-faraway.com ou de kolindorfp@zinco-faraway.com ou encore de williamsg@zinco-faraway.com.

Tout est maintenant clair dans sa tête. Une autre vague de mises à pied, touchant cette fois-ci 85 mineurs, sera réalisée le 10 janvier 2001. Cette annonce sera faite par téléconférence par monsieur Pearce Kolindorf, le directeur des opérations stratégiques de la Zinco. Une note de monsieur Williams, le grand patron, indique que la mine sera définitivement fermée le 27 mars 2001. En parcourant un organigramme du siège social de Cleveland, joint à un courriel du 11 novembre envoyé par Pearce Kolindorf, Peekaboo voit les noms de Roger Rivest et de Marthe Beauchemin inscrits en rouge dans leur petite case respective. De toute évidence, ils seront les seuls survivants du 66e parallèle.

Questions

1) En vous référant à la figure 3.7 (Le modèle tridimensionnel des 8 C de l'application modale de la stratégie politique), à la page 97, dites dans quel quadrant du modèle cubique se situe Jamie Dohe. Justifiez votre réponse à l'aide d'extraits du cas.

2) En vous référant à la figure 3.10 [La nomenclature des 40 principaux jeux politiques en fonction des stratégies politiques (4 P) et de leurs modalités d'application (8 C)], à la page 105, dites ce que devrait faire Jamie Dohe à la suite de sa furtive incursion dans le bureau de monsieur Rivest.

4. Tric-Trac

Tric-Trac est une entreprise familiale qui fabrique des pastilles à la menthe et des dragées à la liqueur. Elle a été fondée par monsieur Cédric Tracquelard en 1927. Aujourd'hui, l'entreprise est dirigée par le fils unique du père fondateur, Adrien Tracquelard. Lui, sa femme et leurs cinq enfants, Vincent, René, Marie, Lucie et Jean-Pierre, veillent à la destinée de la vieille confiserie. Il arrive à l'occasion que le patriarche, monsieur Cédric, vienne faire son tour pour jeter un œil sur la délicate opération de la coulée des liqueurs dans les dragées. Tric-Trac n'utilise que des essences naturelles et la totalité des opérations se fait à la main. Une quarantaine d'employés travaillent sous la supervision étroite du maître confiseur, monsieur Charles Lavoilière.

Vous avez fait vos études en administration avec Jean-Pierre, le cadet de la famille Tracquelard. Votre spécialisation est la gestion des opérations et de la production. Un bon matin, vous recevez un coup de téléphone de Jean-Pierre qui vous parle d'un poste à pourvoir en gestion des opérations chez Tric-Trac. Effectivement, le superviseur des opérations, monsieur Baker, a décidé de prendre sa retraite après 33 ans de bons et loyaux services.

Vous vous souvenez très bien des entrevues de sélection : un véritable barrage de questions s'étalant sur trois longs entretiens, menés par monsieur Adrien Tracquelard en présence de ses trois fils. La plupart des questions portaient sur des sujets personnels, soit vos valeurs, vos croyances, vos parents, vos amis, vos habitudes de vie, vos ambitions, vos objectifs de carrière, etc. Finalement, après ces nombreuses audiences dans le bureau du grand patron, vous avez obtenu le poste : votre premier emploi en gestion.

Trois mois se sont écoulés depuis votre embauche et vous êtes quelque peu songeur relativement à vos fonctions. Votre tâche consiste en fait à remplir des bons de commande pour la livraison du sucre candi et des essences naturelles. Fréquemment, Marie vous demande de traduire en anglais des lettres destinées à des clients de la Nouvelle-Angleterre. Vous sentez que vos connaissances en logistique ne sont nullement mises à profit. Il y aurait tant de choses à faire afin d'améliorer le rendement de l'entreprise... Vous avez déjà glissé un mot à ce sujet à Jean-Pierre, mais il a éludé habilement le sujet en orientant la conversation sur les activités du week-end.

Il y a tant de choses à la fois banales et étranges qui vous sont arrivées chez Tric-Trac... Comme le fameux incident du petit meuble vert en pin. Vous aviez demandé à ce que l'on déplace une petite étagère afin de faciliter le travail des employés dans l'atelier numéro 1. Monsieur Lavoilière, en apercevant le changement de configuration du poste de travail, avait littéralement éclaté de colère. La figure écarlate, les veines gonflées, les yeux exorbités et l'écume presque à la bouche, il vous avait lancé : « Veux-tu bien te mêler de tes maudites affaires ? Je n'ai pas besoin qu'un jeune blanc-bec, le nez encore plein de lait, vienne ici foutre la pagaille ! » Cet esclandre vous avait grandement secoué. Vous ne l'aviez jamais vu venir. Pourquoi faire toute une histoire pour un petit meuble de rien du tout ?

Et puis, il y avait eu une autre scène désagréable. Lors de la traditionnelle réunion de coordination du lundi matin, vous vous étiez levé pour aller au tableau afin de dessiner le croquis d'un atelier de travail permettant la fabrication simultanée de trois types de dragée. Vincent, le fils aîné, avait bondi de son fauteuil tel un lion enragé. Il s'était emparé brusquement de votre craie et avait biffé à grands traits l'esquisse proposée.

Vous vous souvenez également de la blessante rebuffade de Lucie à votre endroit. Lors d'une autre réunion de coordination, vous aviez proposé de mettre les dragées dans de nouveaux contenants scellés sous vide afin d'en préserver toute la fraîcheur. Le visage grimaçant, Lucie avait accueilli votre idée de la façon suivante: « Ça, c'est bon pour les produits qui ne se vendent pas et qui restent longtemps sur les rayons. » Sur ces paroles persifleuses, tous les employés s'étaient esclaffés et « sur le ventre, ils se tapaient fort ».

Vous avez de plus souvenir d'un autre lundi matin particulièrement morne et frustrant. Vous aviez abordé le problème qu'occasionnait le fréquent lavage des mains des employés confiseurs. Plusieurs avaient les mains gercées et sévèrement irritées à la suite des contacts répétitifs avec l'eau chaude et le gros détergent liquide rouge. Vous aviez parlé de l'existence d'un gel désinfectant, aux propriétés médicamenteuses et qui ne nécessitait pas de rinçage à l'eau. En vous regardant droit dans les yeux, René Tracquelard vous avait débité sèchement: « Ça, c'est bon pour des mollassons. Nous, on ne gère pas un CLSC[31]. »

Par ailleurs, que dire d'une autre mémorable réunion de coordination... Monsieur Tracquelard répétait ses sempiternelles consignes ayant trait à la qualité du fini glacé des menthes pendant que Marie planifiait l'envoi des cartes de Noël aux clients. Vous étiez intervenu pour soulever la possibilité de construire un site Web pour l'entreprise, permettant ainsi d'accroître l'accessibilité et la visibilité de Tric-Trac. À la suite de votre candide intervention, un silence de mort avait envahi la pièce. De gros yeux réprobateurs de gardes-chiourme s'étaient posés sur vous. Nul besoin d'épiloguer davantage.

Enfin, il y a eu votre dernière rencontre de coordination du lundi matin. Vous vous en souvenez encore très bien. Aussitôt assis dans votre fauteuil, monsieur Tracquelard, entouré de toute sa petite marmaille (à l'exception de Jean-Pierre, l'éternel absent), vous avait solennellement annoncé: « Monsieur, je vous informe que vous ne travaillez plus ici! »

Question

En vous référant à la figure 3.10 [La nomenclature des 40 principaux jeux politiques en fonction des stratégies politiques (4 P) et de leurs modalités d'application (8 C)], à la page 105, dites ce qu'aurait dû faire la jeune recrue afin d'éviter son congédiement de l'entreprise Tric-Trac.

31. Acronyme signifiant « centre local de services communautaires ».

CHAPITRE **4**

L'éthique politique

« Les plus grandes âmes sont capables des plus grands vices aussi bien que des plus grandes vertus. »

René Descartes

« On ne peut régner innocemment. »

Louis Antoine Léon de Saint-Just

« Par deux points fascistes passe une extrême droite et une seule. »

Jean Yanne

4.1 La problématique de la primauté des fins poursuivies

Inéluctable réalité, l'expression du pouvoir politique n'a pas en tant que telle de valeur intrinsèque. Effectivement, la qualité axiologique du pouvoir politique dépend essentiellement de ce que l'agent fait de celui-ci. Les intentions de l'agent jouent un rôle primordial dans la détermination de la teneur éthique de son pouvoir. Toutefois, nonobstant son importance capitale, la nature des fins poursuivies par l'agent ne saurait à elle seule fixer la valeur du pouvoir politique. Si tel était le cas, l'énoncé voulant que la fin justifie l'emploi de tous les moyens s'avérerait acceptable. Or, n'y a-t-il pas des moyens condamnables en soi, et ce, peu importe la noblesse des fins poussant l'agent à les employer ? C'est du moins ce que nous soutiendrons dans le présent chapitre. Ce faisant, nous ferons pièce à un important courant philosophique ayant balisé au cours des quatre derniers siècles l'exercice du pouvoir politique : le machiavélisme.

Nicolas Machiavel (1469-1527) élabore, entre autres dans les *Discours sur la première décade de Tite-Live*, ouvrage majeur débuté en 1512 et achevé en 1517, et dans *Le Prince*, écrit en 1513, les préceptes de la gouverne réaliste de l'État. Ardent républicain, Machiavel enseigne au prince comment conserver le pouvoir le plus longtemps possible afin de permettre l'érection d'une république forte et structurée, apte, d'une part, à bouter les barbares hors de l'Italie et, d'autre part, à gérer efficacement les insatiables désirs des êtres humains foncièrement dépravés, violents, menteurs, concupiscents et cupides. Le prince doit se montrer impitoyable afin de contrer la méchanceté naturelle des êtres humains. Tous les moyens sont bons pour parvenir un jour à fonder un État fort et vertueux. Confronté aux capricieuses forces conjoncturelles de la *fortuna*[1], ensemble neutre et complexe de donnés historiques pouvant, à l'instar d'une impétueuse rivière, servir ou desservir les riverains, le prince doit faire montre de *virtù*[2], c'est-à-dire de capacité à profiter de la conjoncture. L'exploitation efficace des forces conjoncturelles nécessite de la part du prince le recours à des manières d'être (*virtuosi*) à la fois animale et humaine.

---

1. Bonne ou mauvaise fortune.
2. Actualisation du potentiel d'action inhérent aux donnés historiques formant la conjoncture. Le terme *donnés* signifie, dans ce contexte « ce qui se présente immédiatement à l'esprit ».

Au chapitre de l'animalité, le prince, en position de force, n'hésite pas à rugir tel un lion afin d'établir son hégémonie. Le recours à la force et à la brutalité de ce grand félin lui assurera le respect des acteurs plus faibles que lui. Ceux-ci, envahis par la crainte du châtiment léonin, se garderont d'intriguer et de convoiter une position hiérarchique plus enviable. Par contre, en position de faiblesse, le prince gagne à se comporter en renard. À l'instar de ce futé canidé, le prince doit user de ruse afin d'abuser de la crédulité d'acteurs plus puissants que lui. La fourberie est l'arme tout indiquée pour annihiler les prétentions d'adversaires bénéficiant de solides assises. Quant au chapitre de l'humanité, le prince veillera à la pérennité de son règne en fondant des institutions étatiques fonctionnant au moyen de tribunaux et de lois. La république aura pour mandat d'endiguer les pulsions agressives des citoyens et d'ainsi leur assurer le maintien de l'ordre établi. Les éléments de base de la philosophie politique de Machiavel sont présentés à la figure 4.1.

FIGURE 4.1 LES ÉLÉMENTS DE BASE DE LA PHILOSOPHIE POLITIQUE DE MACHIAVEL

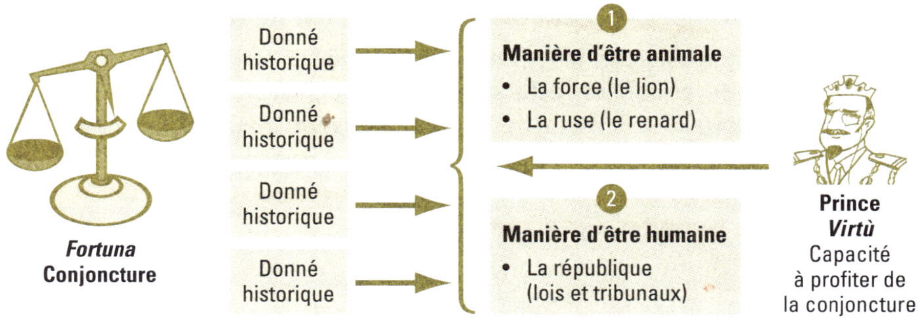

Remarque : Le terme *donné* signifie « ce qui se présente immédiatement à l'esprit ».

Il va de soi que l'édification d'une république princière[3] visant l'assainissement d'une société corrompue et l'avènement de la liberté civile constitue une fin des plus louables. Toutefois, pareil projet d'émancipation populaire exige le recours obligé à la « force extrême » et à la duplicité. Peut-on et doit-on cautionner, en vertu de la raison d'État, le

3. Et non pas aristocratique, comme c'est le cas chez Cicéron.

meurtre ciblé d'opposants, le terrorisme, l'emprisonnement arbitraire, les châtiments corporels, la torture, les mensonges et la trahison ? Sommes-nous prêts à accepter les coûts moraux inhérents au proverbe « La fin justifie les moyens » ? De toute évidence, les gens ayant une personnalité machiavélique[4] le sont d'emblée.

4.2 La personnalité machiavélique

Christie et Geiss (1970) définissent le machiavélisme comme l'utilisation systématique de la ruse, de la tromperie et de l'opportunisme dans les relations interpersonnelles. Les personnes machiavéliques sont essentiellement décidées à manipuler les autres afin d'atteindre leurs buts personnels (Brown et Trevino, 2006). Selon Austin, Farrelly, Black et Moore (2007), la personnalité machiavélique est principalement composée des attributs suivants :

1) un manque d'investissement émotionnel dans les rapports interpersonnels ;
2) une absence de respect de la morale conventionnelle ;
3) un très faible engagement idéologique ;
4) une conception cynique de la nature humaine.

Par ailleurs, les travaux de Christie et Geiss (1970) ont permis de circonscrire la structure caractérielle des personnalités qui affichent une très forte propension au machiavélisme et qui sont désignées par l'expression « *High Mach*[5] ». Les personnalités de type *High Mach* présentent les caractéristiques personnelles suivantes :

1) une indépendance d'esprit et une résistance opiniâtre aux pressions sociales ;
2) une utilisation pondérée de la tromperie en fonction des exigences de la situation ;
3) un faible investissement au chapitre de leur image personnelle et de leurs propres croyances ;
4) une grande facilité à manœuvrer politiquement, peu importe que le contexte soit d'ordre autocratique ou démocratique ;

4. Au sens strict de la terminologie idiosyncrasique, la personnalité machiavélique se résume à un style comportemental présent chez certains types de personnalité homologués entre autres par le DSM-IV. Les personnalités adoptant des comportements machiavéliques, c'est-à-dire abusant de leur pouvoir politique, seront examinées au chapitre 5.

5. *High Mach* signifie, en français, « hautement machiavélique ».

5) une sensibilité aiguisée permettant de saisir judicieusement les motivations et les désirs des autres pour ensuite mieux les exploiter à leur profit;

6) un comportement rarement vindicatif ou gratuitement vicieux;

7) une capacité à garder une distance émotionnelle eu égard à leurs comportements politiques;

8) une faible inclination à l'autoritarisme.

Par ailleurs, la plupart des études portant sur l'utilisation du machiavélisme en management ont isolé la présence d'incidences négatives afférentes à ce style de gestion, tels le recours au mensonge (Curtis, 2003; Meltzer, 2003; Ross et Robertson, 2000), l'emploi de la tromperie (Buttery et Richter, 2003) et la résistance au changement (McGuire et Hutchings, 2006). Nonobstant la finesse et la profondeur de la pensée philosophique de Machiavel, les enseignements promulgués par ce dernier heurtent sous maints aspects la morale, cette science du bien et du mal. Force nous est d'admettre que l'interprétation libre du bien et du mal réalisée par la personnalité machiavélique se révèle particulièrement propice à l'émergence de dangereuses dérives comportementales.

Il ne faut jamais oublier que les chapitres XV à XXII de l'ouvrage *Le Prince* sont exclusivement consacrés à l'art de conserver le pouvoir par tous les moyens. Ces derniers comprennent, entre autres, l'exécution expéditive et publique des opposants au régime. La violence et la brutalité du châtiment ont pour but de commotionner la population et de refroidir toute volonté de contestation de l'ordre établi. Il importe pour le prince de donner un exemple percutant afin de s'assurer de la bonne volonté de ses sujets. L'histoire regorge de personnalités machiavéliques qui, au nom d'un idéal élevé suprahumain, ont mis en œuvre des politiques faisant fi des conceptions conventionnelles du bien et du mal. La relativisation systématique des actions opérées par les personnalités machiavéliques entraîne forcément dans son sillage la banalisation du mal. En fait, la notion du mal chez une personnalité machiavélique est toujours assujettie à la cause qu'elle défend. Pour elle, le mal serait précisément de ne pas recourir au mal, car cela empêcherait que la juste cause ne triomphe. L'économie d'un questionnement sur la pertinence d'observer les notions transcendantes du bien et du mal constitue une véritable problématique axiologique. Conséquemment, il nous semble avisé d'examiner la teneur et la portée de deux disciplines fondamentales: la morale et l'éthique.

4.3 La morale et l'éthique

Ayant pour racine étymologique le mot latin *mores,* signifiant « mœurs », la morale n'a pas bonne presse aujourd'hui dans plusieurs pays occidentaux. Effectivement, l'enseignement du bien et du mal ne trouve plus guère d'audience auprès des masses populaires désormais affranchies des contrariants mandataires du discours moraliste, soit l'Église, la famille traditionnelle et l'aristocratie. En fait, l'effondrement de ces trois instances séculaires sociétales a permis la substitution de l'expérience immanente de choix personnels à l'existence transcendante du bien et du mal. Le gommage du péché permet l'émergence de multiples orientations toutes plus naturelles les unes que les autres. Les restrictions aprioristes propres à la morale cèdent le pas aux expérimentations personnelles d'options existentielles. « Tu ne dois pas ! » est remplacé par « J'ai bien le droit de… »

La nouvelle façon de s'assumer existentiellement est nommée, hélas faussement, éthique. Bien que faisant référence au même objet de réflexion que la morale (éthique puise son origine du grec *ethos* qui signifie « mœurs »), l'éthique semble offrir à l'oreille un son plus sympathique. Il n'est plus question ici d'observer les interdits formulés par des figures d'autorité, mais d'échafauder son propre système de normes comportementales. Or, l'éthique, au sens propre du terme, ne peut se résumer à une interprétation exclusivement personnelle de ce qu'il convient de faire. Quoique conceptuellement distincte de la morale, l'éthique ne peut vraiment s'actualiser sans le précieux concours normatif de celle-ci. Plutôt que deux notions contraires, la morale et l'éthique sont les dimensions complémentaires de la promotion du respect de l'être humain dans toute son unicité et dans son appartenance à l'humanité. Afin de saisir la nature de leur complémentarité, il sied d'examiner la véritable signification de chacune de ces deux balises axiologiques.

4.3.1 La morale

Selon la conception kantienne, la morale repose sur l'existence de valeurs transcendantes universelles. Peu importe les singularités culturelles des êtres humains, le bien et le mal existent et déterminent le registre comportemental humainement admissible. La morale relève d'un idéalisme transcendant qui impose une axiologie universalisée. Reposant sur un nombre plutôt restreint (environ une dizaine) de grands principes de vie, la morale établit un devoir-être afin de permettre la cohabitation harmonieuse d'individus génériques, soit les membres d'une communauté donnée. Qu'il soit citoyen ou fidèle, l'individu doit s'interdire l'adoption de certains comportements afin de respecter sa propre humanité et de préserver son appartenance à la collectivité. L'obligation et son corollaire, l'acquiescement, constituent les assises de la morale. Les commandements « Tu ne tueras point », « Tu ne voleras point » et « Tu ne mentiras point » visent expressément l'harmonisation des rapports humains. La morale fournit donc aux individus des réponses à leurs questionnements existentiels. Élaborées *a priori* par une source exogène suprahumaine, ces réponses fixent la nature du rapport de soi à l'autre à l'intérieur d'une zone de conduite balisée par le bien et le mal.

Évidemment, l'obéissance fidèle à un code de vie élaboré par des instances externes n'est pas sans danger. La morale peut prendre différents visages religieux ou civiques. Les robespierristes, les nazis, les staliniens, les maoïstes, les Khmers rouges et les fanatiques religieux de tout acabit ont tous élaboré leur propre traité de morale, exhortant les fidèles à l'abandon le plus total en échange de l'édification d'un monde prétendument meilleur. Pour contrer les potentiels dérapages moraux inhérents à la sujétion aveugle à une idéologie, l'éthique, c'est-à-dire l'exercice libre de la pensée, reste le seul antidote axiologique valable.

4.3.2 L'éthique

Dans *Éthique à Nicomaque*, Aristote livre à son fils les enseignements lui permettant de réaliser pleinement sa principale fonction humaine (le *télos*), soit devenir vertueux et ainsi accéder au bien souverain sur la terre, le bonheur. L'éthique consiste essentiellement en la recherche raisonnable du bonheur. L'adjectif « raisonnable » revêt une importance définitionnelle primordiale. La quête du bonheur ou du bien-vivre doit être sensée et modérée. L'éthique ne peut véritablement être pratiquée que par des personnes intelligentes et aptes à faire preuve de mesure. Si la morale contraint au devoir-être, l'éthique, pour sa part, invite à être en consonance tant cognitive qu'axiologique avec soi, et ce, à l'intérieur de son appartenance phylogénétique, l'humanité.

S'inscrivant certes dans un rapport de soi à soi, l'éthique ne se résume pas pour autant à l'établissement égocentrique de ce qui est bon ou mauvais pour le sujet pensant. La détermination du bien-vivre par ce dernier ne peut être dissociée de la production du bonheur pour l'ensemble des constituants de la communauté. L'éthique est essentiellement un exercice de conscience motivé par la majoration de l'humanité du sujet pensant. Confronté à des problématiques excédant de par leur originalité ou leur complexité la capacité nominale de résolution offerte par la morale, l'individu est convié à entreprendre un travail d'introspection afin de déterminer ce qui est le pire et ce qui est le mieux eu égard à une situation précise. Le questionnement éthique réalisé par l'individu est rendu momentanément possible grâce à une certaine distanciation qu'il opère par rapport à la morale. Loin de devenir immoral (contraire à la morale), l'individu éthique accepte d'être temporairement amoral, c'est-à-dire d'exercer son jugement critique relativement à ce qui a été préalablement décrété bien ou mal. Contrairement à l'univers manichéen de la morale proposant un clivage net des conduites en noir et en blanc, le domaine de l'éthique s'apparente à une nébuleuse grisâtre où il importe de distinguer le gris souris (le mieux) du gris anthracite (le pire). L'exercice n'est jamais facile.

Effectivement, la tenue d'une réflexion humaine circonstanciée visant, dans une perspective de respect de l'humanité, à la réalisation pleine et entière du sujet pensant confine ce dernier à des espaces moraux médians où le bien et le mal présentent occasionnellement d'irréguliers pourtours. L'âpreté du questionnement éthique réside en bonne partie dans la surmultiplication des possibilités comportementales consubstantielle à la technologisation exponentielle des conditions matérielles de vie. L'incessant raffinement des applications technologiques des découvertes scientifiques confronte l'individu à de déchirants dilemmes inhérents au recul des frontières de l'impossible. En fait, les notions du bien et du mal ont tendance à s'embrouiller lorsque les avancées technoscientifiques confèrent à l'être humain la possibilité de se substituer à Dieu. La capacité actuelle d'influer sur le cours de la vie (par des pratiques tel l'acharnement thérapeutique, l'euthanasie, l'avortement ou la procréation assistée) ou tout simplement de la modifier (au moyen du clonage ou de la manipulation du génome animal ou humain) interpelle sérieusement les individus ayant accepté de relever les épineux défis du questionnement éthique.

Si la morale, avec ses rigides encadrements idéologiques, peut donner lieu à de pernicieux endoctrinements, l'éthique n'est pas moins dépourvue de dangers potentiels. Produit de la réflexion humaine, l'éthique se révèle terriblement anémique au point de vue de la justesse et de la noblesse des idées émises lorsque les auteurs de celles-ci sont dotés de facultés intellectuelles douteuses et de valeurs à la solde de préoccupations égotistes. L'intelligence et la vertu n'étant pas forcément des attributs répartis également entre les êtres humains, l'exercice de la pensée, même mené par un groupe important d'individus, peut générer d'affligeantes et regrettables conclusions. En fait, il n'y a rien de plus dangereux qu'un ramassis d'ignares vaniteux qui raisonnent ensemble. Dans un pareil cas, seul le recours à la morale, ayant résisté à l'épreuve du temps, peut se montrer salvateur. Il serait effectivement peu probable que les enseignements doctrinaux des grands mouvements religieux ou philosophiques, affichant une longévité séculaire ou millénaire, doivent leur pérennité au hasard ou à la peur.

Relevant d'un pragmatisme immanent, soit la résolution concrète d'une problématique singulière au moyen d'un questionnement personnel qui s'opère dans un registre moral transcendant, l'éthique constitue une pratique axiologique des plus exigeantes. Devoir être moralement éthique par l'exploration intellectuelle et vertueuse de ce qu'il serait conjoncturellement bien de faire n'a strictement rien à voir avec les primesautiers états d'âme des êtres humains. Cela ne se rapporte pas non plus aux sentencieuses déclamations des libres penseurs qui proclament de façon simpliste la primauté du droit inaliénable de vivre sa vie en fonction exclusivement de choix personnels. Il est regrettable de constater que notre époque est le berceau de l'éviscération de la substance même de l'éthique. Seul le nom en est conservé. Ayant rejeté la contraignante morale sous prétexte de sa ringardise, bon nombre d'individus se sont transformés en éthiciens de la vie facile campant péniblement leur position axiologique sur des assertions gnomiques[6] se résumant pour l'essentiel au navrant « vivre et laisser vivre ».

Le populaire postmodernisme, arc-bouté sur le relativisme absolu et dépouillé de toutes prescriptions sociétales, a faussement fait miroiter le potentiel libérateur de l'expression, ici et maintenant, de l'individualité. La quête de l'affranchissement définitif de l'individu par l'homogénéisation, voire

6. Qui se présentent sous forme de maximes dogmatiques.

l'aplatissement de toutes les formes structurelles ou individuelles d'existence, s'est plutôt soldée en faillite de la pensée et en anathème[7] de la vertu.

Si l'éthique procède par questionnement personnel, son produit, soit la détermination du mieux et du pire, n'est nullement l'exutoire cautionné de besoins personnels considérés à partir d'aucun critère. Si le sujet pensant a le droit de remettre en question l'applicabilité situationnelle des termes moraux du bien et du mal, il a également et surtout le devoir de respecter les conclusions logiques émanant d'une cogitation rigoureuse et vertueuse.

Nonobstant l'actuelle place prépondérante consentie à la notion de droit de la personne, l'être humain évolue toujours dans un monde de nécessités régi par les implacables forces de la nature. La préservation de son humanité ne lui permet pas de se soustraire à ses astreignants devoirs pour se réfugier dans un état d'indolence rendu technologiquement possible. Considérée implicitement comme une solution de convenance personnelle, l'éthique du moi autosatisfait conduit inexorablement au dépérissement de l'humanité des individus. Le fameux impératif existentiel « Pense à toi ! » édulcore insidieusement la force du lien humain unissant les membres d'une communauté. Effectivement, le respect de cette maxime tout égocentrique confine ceux-ci à ne former qu'une sommation de petites solitudes obnubilées par l'obtention et la préservation de leur bien-être personnel.

4.3.3 Les liens unissant la morale et l'éthique

Plutôt que de s'opposer, l'éthique et la morale constituent les deux faces de la même monnaie axiologique[8]. La morale

---

7. Condamnation totale ou excommunication majeure.

8. Beaucoup plus près de la conception post-kantienne de Comte-Sponville (1994), nous nous éloignons ici considérablement de la pensée de Giuliani (2000), qui présente la morale comme une entrave idéologique à la pleine responsabilisation des individus. Soutenant que le moraliste « manque de tolérance et de courage » en se réfugiant dans un monde idéaliste régi par des valeurs objectives, universelles et absolues, Giuliani préfère l'éthicien pragmatique s'escrimant à trouver le plus grand bonheur possible au moyen d'une fidélité lucide à la raison, à la vérité et à l'amour. Mais qu'est-ce que le respect d'une démarche heuristique foncièrement rationnelle, véridique et aimante, si ce n'est carrément une adhésion à des valeurs transcendant la capacité réflexive du sujet pensant ? Pouvons-nous lucidement admettre que le « philosophe » affranchi de toute morale prétendument asphyxiante soit suffisamment intelligent et sage pour comprendre la composition complexe du bien ? Si tel était le cas, comment alors expliquer le pullulement de pensées philosophiques, d'une part, totalement antinomiques et, d'autre part, revendiquant la découverte exclusive du mode d'accès à une vie heureuse arc-boutée sur l'éthique ?

fournit à l'individu les balises normatives guidant l'exercice d'une pensée originale, articulée et respectueuse de l'essence humaine. Enfant de la nébulosité décisionnelle, l'éthique permet de sonder les limites aprioristes régissant la magnanimité des conduites humaines. Parce qu'il vise la construction ardue de réponses axiologiquement congrues à des problématiques à la fois singulières et complexes, le questionnement éthique gagne énormément à être réalisé en équipe. Aussi est-il normal de confier à un comité d'éthique plutôt qu'à une seule personne l'obligation de jeter un regard pénétrant, lucide et vertueux sur le traitement d'un sujet mettant en cause le respect de valeurs fondamentales.

La figure 4.2 présente l'articulation conceptuelle des composantes propres à la morale et à l'éthique.

FIGURE 4.2 || **LE RAPPORT ENTRE LA MORALE ET L'ÉTHIQUE**

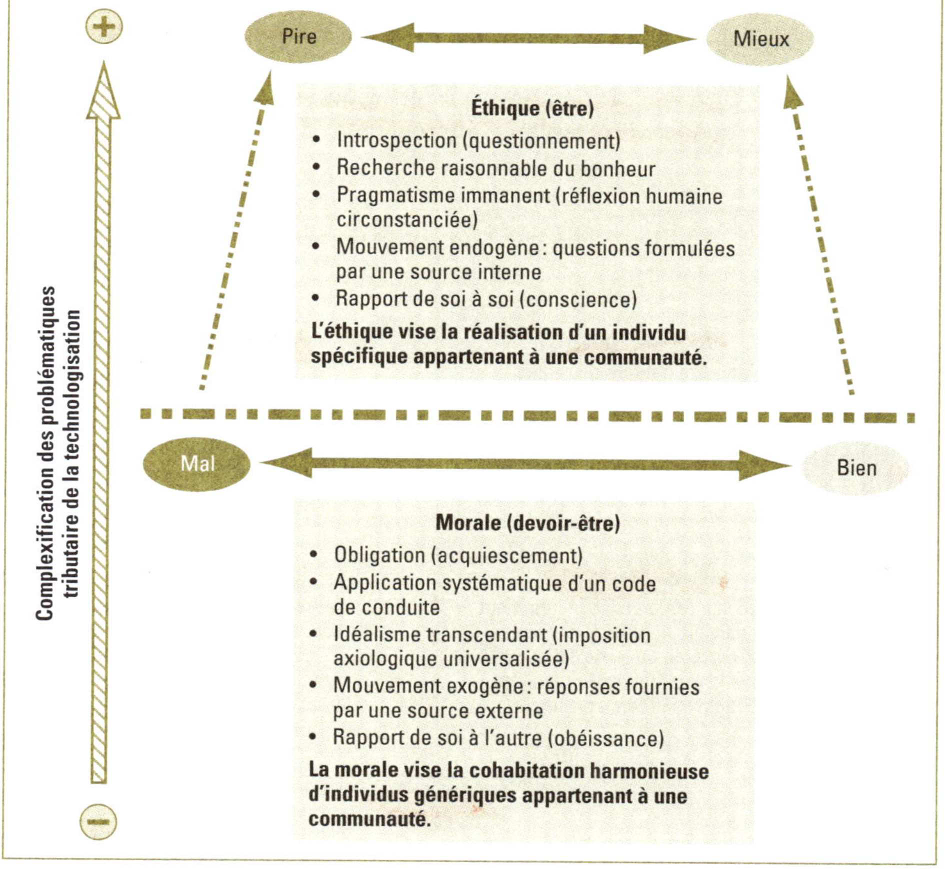

S'inspirant des travaux de Forsyth (1980) et de Waterman (1988), Field (1998) propose une intéressante taxinomie des positions éthiques pouvant être prises par les individus. Présentée à la figure 4.3, cette taxinomie, émanant du croisement des variables « idéalisme » et « relativisme », propose quatre positions éthiques possibles. L'idéalisme consiste à croire que le respect de règles morales universelles engendre toujours des conséquences désirables. Quant au relativisme, il s'agit de la propension à prendre des décisions en fonction de préférences et de valeurs strictement personnelles. C'est ainsi que les individus absolutistes (idéalisme élevé et relativisme faible) s'en remettent essentiellement à la morale pour guider leurs actions. À l'inverse, les individus subjectivistes rejettent d'emblée tout principe moral universel. Ces individus préfèrent axer leur conduite sur leur seul jugement personnel. Quant aux individus situationnistes, ils appuient le questionnement éthique sur des principes moraux transcendants. C'est évidemment la position éthique que nous défendons dans le présent ouvrage. Enfin, les individus exceptionnistes acceptent exceptionnellement de se distancier de leur morale afin d'entreprendre une réflexion éthique susceptible d'engendrer les résultats humainement désirables.

FIGURE 4.3 | LA TAXINOMIE DES POSITIONS AXIOLOGIQUES

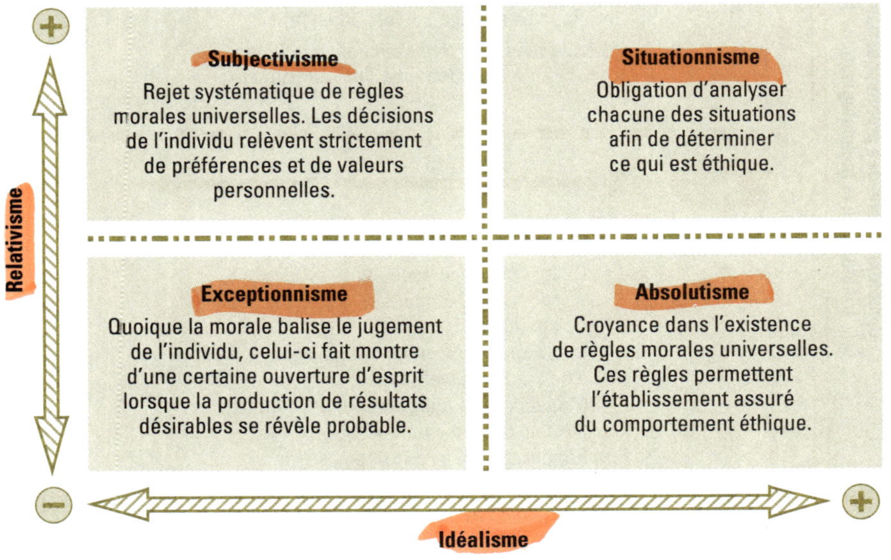

4.4 Le modèle éthique des comportements politiques

Le respect de l'application intégrale de la position éthique situationniste (questionnement éthique réalisé à l'intérieur de prescriptions morales) peut être grandement facilité par l'utilisation du modèle éthique des comportements politiques élaboré par Cavanagh, Moberg et Velasquez (1981). Présenté à la figure 4.4, à la page suivante, ce modèle, servant au balisage moral du questionnement éthique, se veut une synthèse d'enseignements philosophiques visant la bonification vertueuse des conduites humaines. Le modèle éthique synthétique se propose d'accroître les probabilités de se réaliser harmonieusement tant sur les plans générique (en tant que membre de l'espèce humaine) que spécifique (en tant qu'individu génétiquement unique).

4.4.1 Le premier questionnement éthique fondamental

Eu égard au modèle éthique des comportements politiques présenté à la figure 4.4, le premier questionnement éthique fondamental se rapporte à l'utilité du comportement politique devant être adopté. Cette réflexion n'est nullement étrangère aux préoccupations propres à l'utilitarisme, cette doctrine philosophique prônant la maximalisation de la satisfaction des besoins du plus grand nombre d'individus. Contrairement au kantisme, qui formule *a priori* les prescriptions nous permettant d'agir moralement, l'utilitarisme repose essentiellement sur une démarche conséquentialiste, c'est-à-dire que ce sont les conséquences de l'action qui déterminent son caractère moral. L'autodétermination *a posteriori* de la moralité d'une conduite émane originalement des travaux de Jeremy Bentham (1748-1832), considéré comme le père de l'utilitarisme hédoniste. Pour ce philosophe britannique, la valeur d'une action réside foncièrement dans sa capacité à engendrer « le plus grand bonheur pour le plus grand nombre ». Évidemment, la recherche de l'augmentation du bien-être de toutes les parties affectées par l'action joue en quelque sorte le rôle d'un antidote à l'égoïsme et au népotisme[9].

Dans le cas où le comportement éthique d'un acteur bien intentionné ne peut satisfaire la règle de l'optimisation du bien-être du plus grand nombre, l'acteur se doit de s'interroger sur l'existence possible de l'un ou de plusieurs des

9. Octroi indu de faveurs aux membres de sa famille ou à ses amis.

FIGURE 4.4 | LE MODÈLE ÉTHIQUE DES COMPORTEMENTS POLITIQUES

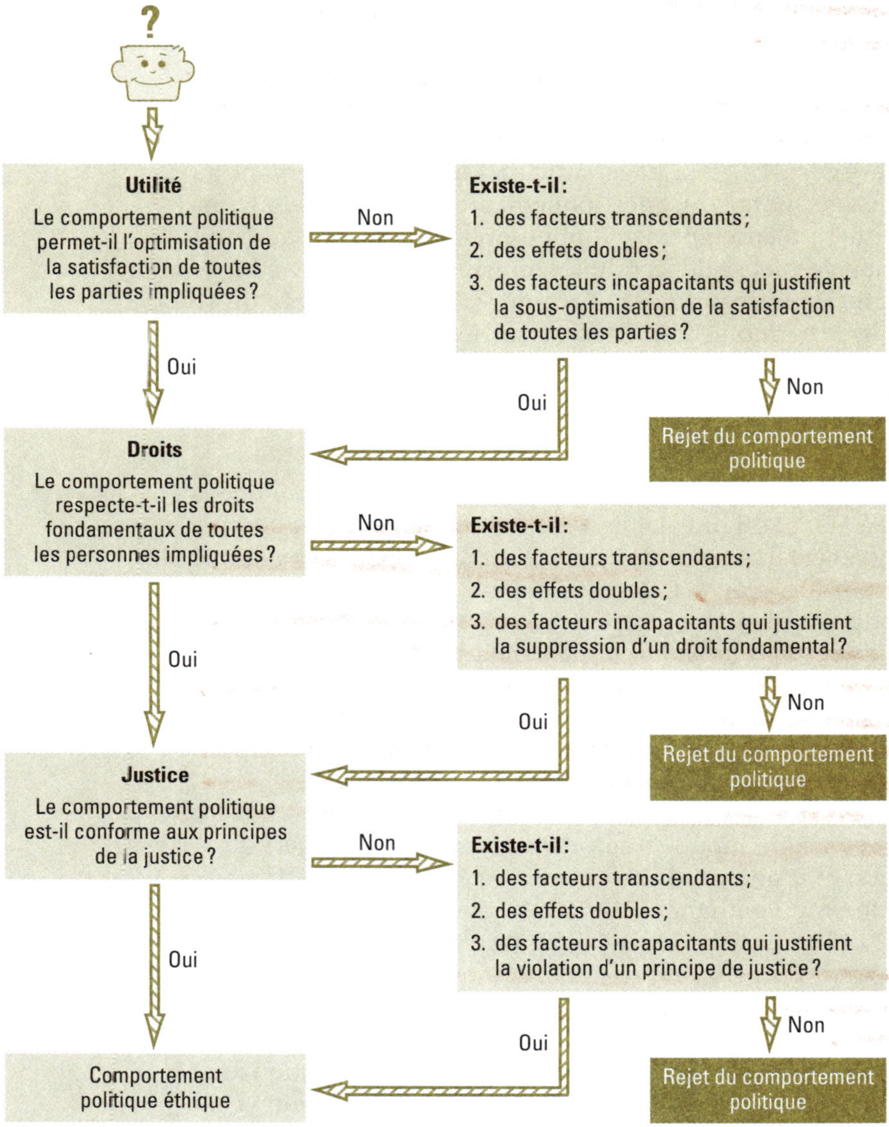

éléments suivants justifiant le recours à des moyens discutables, mais permettant l'atteinte d'une fin positive :

1) les facteurs transcendants ;
2) les effets doubles ;
3) les facteurs incapacitants.

Quelquefois, des facteurs transcendants, en l'occurrence des circonstances exceptionnelles, empêchent l'acteur de se comporter de façon utilitariste. Par exemple, lorsque certains petits épargnants ont été floués par une société de placements malhonnête, l'État, premier créancier en vertu de ses pouvoirs fiscaux, peut décider de renoncer exceptionnellement à son droit de préemption sur les actifs restants de ladite société afin de permettre aux victimes de malversation financière de recouvrer une partie de leur économies.

L'acteur doit également considérer l'existence de doubles effets émanant de son comportement politique. Négligeant la majorité de ses congénères (effet négatif: non-respect de l'utilitarisme), l'action d'un acteur peut favoriser une minorité, seule susceptible de préserver de rarissimes pratiques culturelles ancestrales menacées de sombrer dans l'oubli collectif le plus total (effet positif: sauvegarde patrimoniale). Il arrive que l'élitisme soit l'unique moyen d'assurer la pérennisation de l'héritage de l'humanité. De même, le plein épanouissement de cette dernière est intimement lié aux lumières d'un groupe restreint d'individus. En effet, le développement scientifique des connaissances et leurs subséquentes applications technologiques sont rarement le fruit de l'action concertée des masses populaires.

Enfin, l'acteur ne peut faire abstraction *a posteriori* de certains facteurs incapacitants (également nommés entraves) altérant la valeur éthique de son action. Il se peut que cette dernière affiche une faible teneur utilitariste à la suite de l'exploitation de données erronées ou incomplètes. Mal informé, un acteur de bonne foi peut, dans les circonstances, avoir adopté la position la plus éthiquement défendable.

4.4.2 Le deuxième questionnement éthique fondamental

Le deuxième questionnement éthique fondamental proposé par le modèle éthique comportemental concerne la notion de droit. L'acteur est invité à se questionner sur les incidences de ses comportements politiques sur le respect des droits fondamentaux de toutes les personnes visées par ceux-ci. Plus précisément, ce questionnement comprend une série de préoccupations réflexives relativement au respect du droit:

1) au libre arbitre avec consentement éclairé;
2) à la liberté d'expression;
3) à la liberté de conscience;
4) à une vie privée;
5) à un procès juste et équitable.

Comme c'était le cas pour le premier critère éthique de réflexion (l'utilité), le droit, lorsqu'il est violé, doit également subir l'épreuve des trois questions subsidiaires, c'est-à-dire que l'acteur doit se demander si la révocation d'un droit est justifiée par des facteurs transcendants, des effets doubles ou des facteurs incapacitants. Par exemple, la suspension de certaines libertés civiles peut exceptionnellement se justifier par l'exacerbation d'une situation critique (facteur transcendant), soit une catastrophe naturelle ou un attentat terroriste.

4.4.3 Le troisième questionnement éthique fondamental

Finalement, le troisième questionnement éthique fondamental inhérent à ce modèle concerne la notion de justice. L'acteur doit ici se demander si le traitement des personnes se fait de façon équitable. En d'autres termes, il doit s'interroger sur l'existence possible d'un arbitraire lors de l'application de la loi. Il importe de ne jamais perdre de vue que la promulgation d'une loi est le produit de l'expression d'une majorité. Conséquemment, il se révèle plausible que le droit d'être traité équitablement soit totalement escamoté pour une minorité d'individus lors de l'édiction d'une loi.

Lorsque l'acteur reconnaît que son comportement est à l'origine du traitement arbitraire de certaines personnes de son entourage, il est fortement invité à pousser plus loin ses réflexions relativement à la présence de facteurs transcendants, d'effets doubles ou de facteurs incapacitants. Par exemple, le traitement arbitraire réservé aux pédophiles lors de leur réinsertion sociale, c'est-à-dire l'impossibilité pour eux d'obtenir un emploi impliquant un contact direct avec des enfants (moniteur dans une colonie de vacances, éducateur dans une garderie, chauffeur d'un autobus scolaire, etc.) peut se justifier par le ratio des effets doubles, les effets positifs se révélant supérieurs aux effets négatifs du comportement politique. Par ailleurs, il arrive à l'occasion que ce soient les minorités qui profitent des effets positifs émanant d'un traitement arbitraire. C'est précisément le cas lors de l'implantation de programmes de discrimination positive visant à favoriser l'embauche de certaines catégories d'individus (femmes, autochtones, minorités visibles, etc.) sous-représentées dans un secteur d'activité donné.

Le modèle éthique proposé par Cavanagh, Moberg et Velasquez (1981) nous invite au questionnement sur la nature et la portée de nos comportements politiques. Si, dans la conception kantienne, le bien et le mal sont antérieurement déterminés par des prescriptions morales transcendant la volonté de l'être humain, le mieux et le pire ne peuvent se définir, dans la conception spinoziste[10], sans la mise en œuvre d'interrogations éthiques inhérentes à son existence même. Quoiqu'il s'agisse d'un exercice de conscience personnelle, le cheminement réflexif éthique, de par son potentiel déstabilisant (le doute pouvant difficilement être totalement dissipé), nécessite souvent le précieux concours d'autres penseurs ayant courageusement accepté de relever les exigeants défis du questionnement éthique. Aussi sied-il que la résolution de cas complexes soit confiée à un comité d'éthique constitué de sages, soit des personnes moralement raisonnables. Il n'est nullement avisé ni décent d'exiger d'une seule personne de fixer l'issue d'une problématique contenant et générant de multiples ramifications évaluatives et normatives associées au respect des valeurs cardinales de l'humanité.

Études de cas et questions

1. Histoires de plumes

Woodgrouse

Woodgrouse est une entreprise spécialisée dans l'abattage de dindes ; elle exploite six abattoirs au Canada, dont un à Feathertown, une petite municipalité située en Estrie. L'entreprise est le principal employeur de la région. Plus du quart de la population locale travaille pour le dépeceur de gros volatiles. Le rendement et la rentabilité de l'abattoir de Feathertown sont très élevés. Lors d'une séance de négociation de convention collective, le représentant syndical s'est quelque peu emporté et a traité de « gros dindon » monsieur Partridge, le directeur général de l'abattoir.

10. Philosophe juif d'origine portugaise, Baruch Spinoza (1632-1677) estime que l'éthique authentique réside dans la compréhension rationnelle de la nature. L'expérience du bonheur et de la liberté par l'actualisation du désir de bien agir n'est possible que dans la mesure où nous parvenons à nous affranchir des forces aliénantes de nos passions. Pour Spinoza, l'éthique ne peut se résumer à la bigote observation d'un immuable code de moralité universel et déconnecté des particularités circonstancielles enveloppant l'existence des êtres humains. Foncièrement animés d'un amour raisonnable tant pour eux-mêmes que pour les autres, ceux-ci se montreront éthiques s'ils recherchent l'actualisation de la vie et y participent dans une perspective de dignité, de liberté et de joie.

N'ayant pas du tout apprécié le sobriquet syndical, monsieur Partridge a décidé de régler ses comptes personnels avec le représentant syndical, qu'il déteste au plus haut point. S'appuyant sur les dispositions légales du droit du travail, il a décidé d'imposer un lock-out.

Au chant du coq
L'entreprise Au chant du coq est un abattoir de poulets. Les propriétaires se font un point d'honneur de produire des viandes de toute première qualité. Aussi les pratiques hygiéniques dans l'abattoir dépassent-elles les normes édictées par Agriculture Canada. Cette surqualité sanitaire augmente les coûts de production de 4 %.

Les cocottes dodues
La rôtisserie *Les cocottes dodues* a pignon sur rue depuis 1926. On y sert le fameux poulet rôti sur braises de bois franc. Les affaires sont bonnes, mais monsieur Malard, le propriétaire du restaurant, estime qu'un petit coup de pouce ne serait pas de trop. Il décide donc d'installer un logiciel pirate ayant la capacité d'effacer, comme par enchantement, 30 % des factures. Sa subtile évasion fiscale lui permet d'engranger 35 000 $ par mois. Monsieur Malard est aux oiseaux.

Coq en stock
Coq en stock est une ferme d'élevage de poulets située dans la région de Lanaudière. On y produit des poulets destinés exclusivement à l'exportation. Les normes de production se révèlent quelque peu spéciales. Effectivement, les poulets sont nourris avec du grain contenant des additifs nutritionnels, soit de la créatine, des stéroïdes et de la pseudoéphédrine, une substance stimulante présente dans bon nombre de médicaments ayant la propriété de soulager la congestion nasale. Le dernier ingrédient « vitaminique » vise à stimuler les poulets afin que ceux-ci mangent 24 heures par jour. Toutes les bestioles plumées sont exportées au Picaroca, un petit pays d'Amérique latine n'ayant aucune législation en matière de production animale. Puisque Coq en stock écoule toute sa marchandise à l'extérieur du pays, la ferme ne viole aucune loi, aucune norme ni aucun règlement national.

Super Roaster
Mathieu et Barnabé ont lancé un restaurant dont les spécialités sont le poulet rôti et les côtes levées. Les affaires de *Super Roaster* vont très bien et dépassent même l'attente initiale des deux entrepreneurs. Par ailleurs, ceux-ci tentent de venir en aide à la communauté en embauchant des jeunes désœuvrés et en donnant les portions restantes à un organisme de charité.

La poulette grise

La poulette grise est une petite boucherie spécialisée dans la commercialisation de fines viandes de volaille. On y vend des poulets de Cornouailles, des coqs de bruyère, des pintades, des bécasses, des canards et des perdreaux. Un samedi, au beau milieu de l'après-midi, un comptoir réfrigéré plein de victuailles tombe en panne. Le magasin est rempli de clients, car il s'agit du week-end précédant la fête de l'Action de grâces. Monsieur Gallinacé, le gérant de la boucherie, téléphone à six employés en congé pour leur demander de l'assistance. Il faut à la fois servir les clients et transporter la marchandise dans des bacs remplis de glace afin d'éviter les risques de contamination par la salmonelle. Monsieur Gallinacé estime que la présence de 12 employés est requise. Or, le samedi soir, la loi ne permet la présence que de quatre employés.

La poule aux œufs d'or

Madame Pivert est la propriétaire d'un petit restaurant français, *La poule aux œufs d'or*, spécialisé dans la volaille rôtie. Elle est une militante de gauche enragée et elle n'apprécie nullement les orientations politiques belliqueuses de son gouvernement. En effet, celui-ci a décidé de joindre l'alliance occidentale afin de mater militairement un pays lointain potentiellement dangereux. Lors de la production de sa déclaration fiscale, madame Pivert décide de ne pas verser le montant dû au ministère du Revenu, mais plutôt de donner un montant équivalent à une œuvre de charité qui vient en aide aux pays en voie de développement.

Question

En vous référant au diagramme suivant, classez les entreprises dans les aires appropriées.

DIAGRAMME DES CHOIX ÉTHIQUES

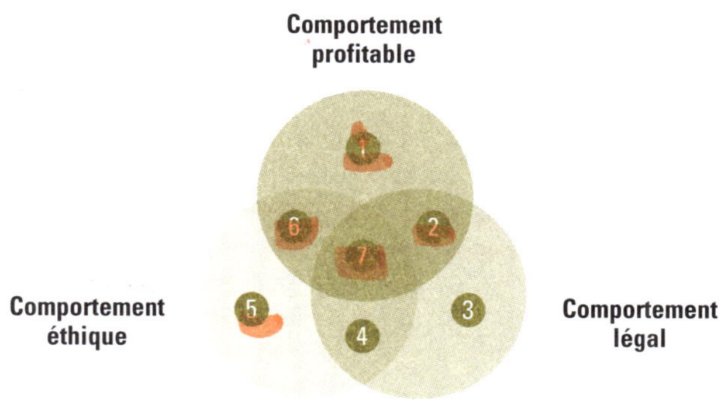

Adaptation d'un exercice de F.A. Starke et R.W. Sexty (1998), *Contemporary management in Canada*, Upper Saddle River, NJ, Prentice-Hall, p. 99-100.

2. Luna Fanzone

Giuseppe Fanzone quitta Bergame, sa ville natale, au lendemain de la Deuxième Guerre mondiale. Les yeux mouillés et le cœur rembruni de tristesse, il embrassa tendrement sa mère et son vieux père, Giovanni Fanzone, le boulanger de la rue Locatelli. Prenant une profonde inspiration, il mit sa vieille casquette sur sa tête, saisit prestement son baluchon et tourna le dos à son pays dévasté par la stupidité des hommes. Giuseppe avait décidé de tenter sa chance en Amérique : là où tout était encore possible, sur une terre où tous les rêves étaient permis.

Après une longue et épuisante traversée de l'océan Atlantique, Giuseppe Fanzone prit la direction de la Ville des vents, Chicago. Il se loua une petite chambre dans le quartier sud de la ville et dénicha un emploi de journalier dans un abattoir bovin. Le travail de Giuseppe était physiquement très exigeant. Il devait manipuler des quartiers de bœuf qui faisaient facilement osciller la balance à plus de 100 kilos. Il y avait aussi le froid qui lui glaçait les os et qui le faisait constamment toussoter. Toute la journée, Giuseppe travaillait dans un environnement où la température ne dépassait pas les 4 °C. Après sa dure journée de travail, Giuseppe, fourbu, rentrait dans son humble réduit. Un sandwich de saucisson de Bologne à la main, il passait sa soirée à lire le *Chicago Tribune*. Sur les coups de 22 h, Giuseppe se glissait dans son lit en pensant mélancoliquement à sa famille qu'il avait laissée pour une vie qu'il espérait meilleure.

Puis, un dimanche ensoleillé du mois de mai, Giuseppe fit la rencontre de sa vie. La scène se passa sur le parvis de l'église St. Michael. Les yeux de Giuseppe croisèrent ceux de Dorothy Gardle, une jeune Américaine d'origine irlandaise. Une sorte de fluide magnétique envahit les deux jeunes pratiquants. Dès lors, leurs destins se nouèrent pour ne former qu'une seule voie. Après 10 mois de fréquentation, Giuseppe et Dorothy convolèrent en justes noces. Une année plus tard, la cigogne fit une livraison. Il s'agissait d'un gros bébé joufflu, une fille. Sa figure était ronde comme la lune, et c'est pour cela qu'on lui donna le nom de Luna.

Le père de Dorothy appréciait beaucoup son gendre. Il aimait sa détermination et son sens élevé du devoir familial. Monsieur Gardle avait quelques économies. Il accepta la demande de sa fille et prêta 3000$ à Giuseppe pour que celui-ci se lance en affaires. C'est ainsi qu'en septembre 1949, Giuseppe Fanzone devint propriétaire d'une pizzeria. L'établissement s'appelait *Luna Pizzeria* et était situé sur la rue MacWilliams, dans un quartier populaire abritant le fameux Wrigley Field, la demeure des Cubs, une équipe de la Ligue nationale de baseball. Après une première année plutôt difficile, les affaires se mirent à fonctionner rondement. La pizza toute garnie de Giuseppe fondait littéralement dans la bouche.

Giuseppe avait amélioré la texture de sa pâte, celle-ci était désormais plus croustillante. De même, il avait rehaussé le goût piquant de sa sauce. Enfin, il avait augmenté la quantité de poivron vert, de champignons, de mortadelle et de mozzarella qui garnissaient chacune des pizzas glissées au four. Les gens faisaient la file sur le trottoir. À la fin de l'année 1953, Giuseppe avait remis à monsieur Gardle la totalité du précieux prêt qui lui avait permis de quitter l'univers frigorifique des abattoirs de South Chicago.

En août 1954, les Cubs étaient dans la course pour le championnat de leur division. À chaque match, le Wrigley Field était plein à craquer. Après les parties, toujours disputées en après-midi chez les Cubs, les fans arrêtaient chez Giuseppe pour le repas du soir. La petite pizzeria pouvait accueillir une cinquantaine de personnes et il était rare qu'une table soit libre plus de 15 minutes. Il y avait également un comptoir pour les commandes à emporter. L'achalandage des lieux obligea Giuseppe à embaucher un autre cuistot et trois nouvelles serveuses. Le nombre d'employés passa alors à 12. Même si les journées de travail étaient longues et exténuantes, Giuseppe et Dorothy vivaient un parfait bonheur. Ils avaient un angelot tout potelé à la maison et la petite entreprise familiale était prospère. Le jeune couple rêvait à la venue d'un autre enfant et Giuseppe faisait des projets pour que sa famille vienne s'établir à Chicago.

Un jour frisquet et surtout très venteux de novembre 1954, Giuseppe, comme à l'accoutumée, quitta son petit appartement vers 6 h 30. D'un geste rituel, il embrassa délicatement sa tendre femme et caressa légèrement le front de sa petite Luna. Giuseppe se rendait toujours au travail à pied. Il lui manquait 650$ pour acheter sa première voiture : une Oldsmobile bleu ciel. En traversant la rue Miles, Giuseppe fut saisi de vertiges et sentit une vive douleur traverser sa poitrine de part en part. Son bras gauche devint tout engourdi et sa respiration, des plus difficiles. Soudainement, sa vision s'embrouilla et, titubant, Giuseppe s'écroula au beau milieu de la chaussée, mortellement foudroyé par un infarctus du myocarde. Le 29 novembre 1954 s'évanouit brutalement le rêve américain de Giuseppe Fanzone, le fils du vieux boulanger de Bergame.

Trente-deux ans plus tard…

— Hé, Tonio ! Une pizza moyenne pepperoni extra champignons, une portion d'oignons frits et une boisson gazeuse grand format.

— Ouais, ouais, Luna ! C'est dans le four.

Luna Fanzone et sa mère gèrent aujourd'hui d'une main de maître leur petite pizzeria de la rue MacWilliams. Il n'y a strictement rien de nouveau. On y trouve toujours 43 petites chaises en érable blond et huit bancs en acier inoxydable militairement alignés devant le comptoir. La même façade peinte vert pomme est toujours surmontée par une enseigne lumineuse au néon orangé représentant une pleine lune souriante. Rien n'a changé, ou presque...

L'usine de textile au coin de la rue a dû se résigner à fermer ses portes. Plus de 800 emplois ont disparu avec la fermeture de la Blackberry Clothes. En face de la petite pizzeria, le boulet métallique des démolisseurs a rasé quatre pâtés de maisons. Un énorme centre commercial de huit étages se dresse maintenant devant le petit restaurant lombard. Plus de 300 boutiques et restaurants accueillent, chaque jour de la semaine, les consommateurs avides de soldes et les badauds momifiés par le spleen urbain. À l'intérieur de ce colossal monument vitré, une ribambelle de grandes chaînes de restauration rapide se disputent le vide gastrique des passants. *McDonald's, Burger King, Harvey's, Kentucky Fried Chicken, Subway, Great American Steak & Buffet Company, Dunkin' Donuts* et *Starbucks Coffee* s'activent fébrilement dans leur cuisine respective, sept jours par semaine, afin de rassasier la cyclique marée humaine envahissant dès l'aurore les lieux du culte de la consommation. Mais ce qui préoccupe le plus les Fanzone est l'arrivée des pizzerias format géant, soit *Pizza Hut* et *Boston Pizza.*

Ces mastodontes de la pizza exercent un saisissant effet d'attraction sur les amants de la « tarte italienne ». Leurs portions sont gigantesques, leur service est ultrarapide et, surtout, leurs prix sont terriblement bas. Leur fameux « deux pour un » (deux pointes de pizza pour le prix d'une) du midi s'est révélé dévastateur pour la vitalité de la petite pizzeria. Luna Fanzone est songeuse. La caisse enregistreuse du restaurant familial ne tinte plus comme avant. Au cours des 5 dernières années, le chiffre d'affaires a chuté de 20 %. Le ralentissement de l'achalandage est tel que Luna a dû remercier deux cuistots et cinq serveuses. De plus, les heures d'ouverture ont été réduites. Le resto est désormais fermé en soirée les dimanches, lundis, mardis et mercredis. Il faut croire que la transformation radicale de l'environnement commercial a substantiellement modifié les habitudes des résidants du quartier. Il semble également que l'augmentation des agissements crapuleux des voyous qui hantent les rues du quartier après le coucher du soleil ait eu raison des partisans des Cubs. Ceux-ci hésitent de plus en plus à s'aventurer hors du périmètre du stade.

Il y a environ un mois, monsieur Bricks, un important promoteur immobilier, très actif dans le Midwest du pays, a fait une offre d'achat plutôt radine à Luna et sa mère. Le richissime homme d'affaires veut jeter par terre une trentaine de vieilles bâtisses construites au lendemain du terrible incendie de 1871. Le promoteur projette de construire 3 immenses tours de 45 étages chacune comprenant condominiums, bureaux et gymnases : un projet estimé à plus de 200 millions de dollars. En fait, presque tous les voisins de la petite pizzeria ont accepté la proposition de monsieur Bricks.

Il faut dire que depuis les importants travaux de revitalisation du quartier, les taxes municipales ont connu des hausses astronomiques. Il faut désormais beaucoup de sous pour habiter rue MacWilliams. Madame Fanzone et Luna sont déchirées à l'idée de vendre leur petit restaurant. *Luna Pizzeria* est beaucoup plus qu'un endroit commercial où des chefs, coiffés d'un bonnet blanc, lancent, en les faisant virevolter au-dessus de leur tête, des disques de pâte tout enfarinés. *Luna Pizzeria* représente avant tout un rêve, celui de Giuseppe. Sa photo, exposée dans un joli cadre doré, est toujours suspendue au mur, derrière le petit comptoir en stratifié rouge.

Assise toute seule à une petite table ronde au fond du restaurant, Luna, les yeux hagards, sirote un café fumant. Elle se demande bien que faire devant l'inexorable marche du progrès…

Question

En vous référant à la figure 4.2 (Le rapport entre la morale et l'éthique), à la page 149, expliquez l'ambivalence de Luna Fanzone. Justifiez votre réponse par des extraits du cas.

3. Le 41e régiment de cavalerie

— Mon capitaine ! Six cavaliers se dirigent vers nous à bride abattue.

— Bleus ou gris ?

— Attendez… Je crois que… Oui, leurs tuniques sont bleues !

Sur ces paroles, tous les hommes du 41e régiment de cavalerie poussèrent un grand cri de joie. L'exaltation des soldats nordistes fut toutefois de courte durée. En effet, des coups de feu saccadés retentirent en direction des cavaliers.

— Mon capitaine, une patrouille sudiste les a pris en chasse !

— Feu à volonté pour les couvrir !

Les hommes du 41e régiment de cavalerie saisirent leurs puissants fusils de calibre .58, ayant une portée de plus d'un demi-mille[11], et arrosèrent généreusement les poursuivants gris. Le 41e régiment de cavalerie de l'Illinois occupait depuis déjà huit longs mois les hauteurs d'une petite colline surplombant le ruisseau Antietam, situé tout juste à l'est de la ville de Sharpsburg, au Maryland[12]. À maintes reprises, les hommes du 41e régiment avaient dû repousser avec l'énergie du désespoir les assauts acharnés et soutenus des soldats confédérés de la 5e division, commandée

11. Un mille est une ancienne mesure de longueur qui vaut 1,6 kilomètre.

12. Une carte géographique des opérations militaires est présentée à la fin de cette étude de cas, à la page 171.

par le colonel Edwin Carstairs. Il faut dire que le colonel Carstairs était un officier rude et opiniâtre. D'aucuns disaient de lui qu'il était aussi acariâtre que ce vieil ours de Braxton Bragg. Le colonel Carstairs voulait à tout prix exterminer ce régiment isolé de l'Union qui pouvait, de par sa position stratégique, canarder quiconque longeait le ruisseau Antietam pour se rendre soit à Harpers Ferry, au sud, soit à Gettysburg, au nord. Son désir d'en finir une fois pour toutes avec ce groupe d'irréductibles Yankees était à ce point élevé qu'il avait offert une somme de 1000 $ à quiconque lui rapporterait la tête du capitaine Myers, le commandant du 41e régiment.

Seulement trois des six cavaliers nordistes arrivèrent vivants au sommet de la colline. L'homme à la tête du peloton descendit péniblement de sa monture. Une coulée de sang se profilait sur le côté de sa figure. Il avait eu l'oreille droite littéralement arrachée par une balle. Roux, moustachu et de petite stature, l'homme s'avança vers le capitaine Dwight Myers et lui offrit un salut militaire digne et impeccable.

— Capitaine Anthony Barnes du 17e régiment d'artillerie du Massachusetts. J'ai ordre de remettre au capitaine Dwight Myers une missive du commandant en chef de l'Armée du Potomac.

— Je suis le capitaine Dwight Myers. Mais où sont vos canons et le ravitaillement ?

Sur ces paroles, Myers lui tendit prestement une gourde remplie d'eau de pluie. Le capitaine Barnes but à grandes gorgées puis versa le reste du bidon sur son oreille déchiquetée. Son organe auditif n'était plus qu'un petit morceau de cartilage violacé ressemblant à un escargot. Grimaçant et les yeux mi-clos, le capitaine Barnes poursuivit sa conversation avec le capitaine Myers.

— J'ai quitté Providence, Rhode Island, il y a de cela environ trois semaines. J'étais à la tête d'un détachement de 15 hommes. Lorsque nous avons franchi la frontière du Maryland, nous avons été attaqués par une horde de soldats sudistes. Je crois que ce sont les hommes du major Barton.

— Un détachement de 15 hommes ! Mais ce n'est pas sérieux ! Nous avons besoin de ravitaillement, de médicaments et d'effectifs. Mes hommes sont épuisés et nous n'avons presque plus de munitions.

— Puis-je vous parler en privé ?

— Bien sûr, suivez-moi.

Les deux hommes pénétrèrent dans la tente du capitaine Myers.

— Capitaine Myers, j'ai reçu l'ordre de vous instruire d'une mission. Ma requête auprès de vous est sanctionnée par l'état-major de notre armée. Vous trouverez dans cette enveloppe dûment cachetée par le sceau officiel du général McClellan le cautionnement de mon intervention.

Le capitaine Myers ouvrit ladite enveloppe marquée d'un sceau de cire rouge et parcourut le succinct document soigneusement calligraphié à l'encre de Chine sur un papier vélin. Le message se lisait comme suit :

Washington, le 21 septembre de l'an de grâce 1862

Le capitaine Anthony Harold Barnes, commandant du 17e régiment d'artillerie du Massachusetts, est investi d'une mission secrète nécessitant la pleine et entière collaboration du 41e régiment de cavalerie de l'Illinois. En conséquence, le capitaine Dwight Timothy Myers – ou quiconque lui ayant succédé – se voit intimer formellement l'ordre d'obéir à la lettre aux directives du capitaine Barnes, à défaut de quoi le commandement du 41e régiment de cavalerie sera sur-le-champ confié au capitaine Anthony Barnes.

Vive l'Union et que Dieu vous vienne en aide.

Général George B. McClellan
Commandant en chef de l'Armée du Potomac

Les yeux songeurs du capitaine Myers quittèrent le parchemin froissé et croisèrent le regard éteint du capitaine Barnes.

— Qu'est-ce que ça veut dire ?

— Ça veut dire beaucoup de choses, capitaine Myers. Cantonnés aux abords de Hagerstown, le colonel Shane Williams et ses hommes, environ une centaine, se préparent à descendre le ruisseau Antietam à bord de 22 barges contenant 35 pièces d'artillerie lourde et des barils de poudre. Il s'agit d'un tout nouveau modèle de canon ayant un diamètre de 21 pouces[13].

— Vingt-et-un pouces de diamètre ! Ma foi, vous avez fabriqué des monstres.

— Effectivement, ce sont des armes terrifiantes, coulées en une seule pièce de fonte dans nos usines de Cleveland. Arrivés à Harpers Ferry, le colonel et ses hommes emprunteront, à la faveur de la nuit, le fleuve Potomac pour se rendre à Washington où les attendent les hommes du général McClellan. Ces pièces d'artillerie doivent à tout prix être livrées au général McClellan avant vendredi de cette semaine.

— Mais c'est dans deux jours à peine…

— En effet, nous devons faire vite. Nous avons appris que le général Lee, à la tête d'une armée de 30 000 hommes, s'apprête à marcher sur Washington.

13. Un pouce est une ancienne mesure de longueur qui vaut 2,54 centimètres.

Selon les rapports de nos éclaireurs, ses troupes se terrent dans la forêt de Manassas Junction, à environ une journée de marche de Washington. Lee se mettrait en route vendredi dans la journée pour frapper Washington samedi aux aurores. Le général McClellan se propose de l'arrêter à Alexandria. La seule façon de stopper la marche triomphale des 30 000 hommes du général Lee réside dans le déploiement, au sud de Washington, de nos 35 pièces d'artillerie. Il faut absolument que la cargaison du colonel Williams parvienne au général McClellan au plus tard vendredi midi.

— Pour ce faire, le colonel Williams doit descendre le ruisseau Antietam demain matin. Il devra obligatoirement passer en plein jour devant la ville de Sharpsburg, la forteresse de Carstairs. C'est de la pure folie. Carstairs commande environ un millier d'hommes lourdement armés. Lorsque les sudistes verront les embarcations descendre le ruisseau, la chasse aux lapins sera ouverte.

— Il ne faut surtout pas que nos pièces d'artillerie tombent aux mains de l'ennemi. Je n'ai pas besoin de vous préciser les dégâts qu'un stratège comme le général Lee pourrait faire avec de telles armes.

— Capitaine Barnes, que voulez-vous que je fasse ? En février dernier, j'ai quitté Springfield, Illinois, à la tête d'un régiment de 425 hommes. Il ne m'en reste plus que 186. Vers la fin du mois d'avril, nous sommes tombés dans une embuscade au sud de Chambersburg. J'y ai perdu une centaine de mes hommes. J'ai dû battre en retraite vers le sud. Les hommes de Carstairs nous ont pourchassés jusqu'ici. Nous nous sommes réfugiés au sommet de cette colline et, depuis ce temps, nous devons repousser, jour après jour, les assauts hargneux des hommes de Carstairs. Plusieurs de mes hommes sont morts de dysenterie. D'autres ont été emportés par la fièvre typhoïde. Je n'ai pas les effectifs pour couvrir les opérations du colonel Williams. Nous avons besoin de renforts et de munitions.

— Capitaine Myers, nous devons procéder demain matin avant le lever du soleil.

— Que devons-nous faire, Capitaine Barnes ?

— Vous devez donner l'assaut à la ville de Sharpsburg.

— Vous êtes complètement givré ! Nous ne faisons pas le poids devant le millier d'hommes de Carstairs. Jamais la ville ne tombera.

— Je ne vous demande pas de prendre la ville, mais d'attirer hors de ses murs le plus de soldats sudistes possible. Pendant que Carstairs et ses hommes se mettront à vos trousses, le colonel Williams tentera de descendre le ruisseau pour passer par le fleuve Potomac et filer tout droit vers Washington.

— Vous me demandez de faire le renard pourchassé par une meute de chiens.

— Exactement. Je vous demande de faire diversion et de galoper en direction sud-ouest, vers la ville de Romney.

— Et après, que se passera-t-il ?

Le capitaine Barnes leva lentement le menton, la bouche légèrement ouverte, et fixa impassiblement le capitaine Myers. Un long silence d'une froideur cadavérique enveloppa les deux officiers de l'Union. Le capitaine Myers ne put se résoudre à accepter aveuglément la mission sacrificielle qui lui était confiée.

— Capitaine Barnes, vous n'êtes pas sans savoir que l'armée du général Sherman est stationnée à Trenton, New Jersey. Nous pourrions envoyer un détachement d'une vingtaine d'hommes afin d'obtenir des renforts. L'armée de Sherman compte environ 18 000 hommes. Avec 1000 de ces hommes, je pourrais pulvériser cet enfant de pute de Carstairs.

— Vous n'y pensez pas ! Trenton est à plus de 200 milles d'ici. Williams a besoin de notre appui demain matin.

— Nous pourrions tendre une embuscade à Carstairs et envoyer une colonne d'une trentaine de cavaliers comme appât. Le reste de nos troupes se trouverait, en formation croisée, dans les boisés de la vallée de Hilmann. Il ne nous resterait plus qu'à les abattre.

— Non ! Carstairs n'enverrait qu'une portion de sa cavalerie. Il faut absolument extirper de la ville le plus grand nombre possible de soldats sudistes. Il faut frapper massivement. Une attaque avec tous vos effectifs fera sûrement réagir Carstairs. Nous augmentons de beaucoup nos chances de le voir lancer le gros de ses troupes sur nous.

— Je vois. Les dés sont jetés.

— L'Union a besoin de vous, capitaine Myers.

Le capitaine Myers enleva lentement son chapeau et se dirigea vers sa malle en cèdre rouge. Il en retira une bouteille de whisky Jack Daniel's 1848 : une bonne année. Après avoir fait sauter le bouchon de liège, il la présenta à son homologue. Le capitaine Barnes engloutit avidement trois grosses gorgées du liquide ocre puis fit couler sur son oreille ensanglantée un mince filet du célèbre bourbon du Tennessee. La blessure commençait à s'infecter sérieusement. Plusieurs pustules purulentes et verdâtres encerclaient la plaie. Le petit officier rouquin rendit la bouteille à son hôte, le salua solennellement et se retira. Le capitaine Myers fit produire une bonne dizaine de glouglous sonores à la bouteille. L'officier de l'Illinois avait, depuis plusieurs années déjà, sombré dans l'éthylisme. Sa longue et pénible descente aux enfers avait débuté à la suite de la mort accidentelle de sa petite fille, Alicia. Âgée de huit ans, la gamine aux cheveux blonds et aux yeux verts avait été renversée par un chariot transportant des billes de bois. L'enfant avait rendu l'âme sur le coup. Étouffée par la douleur, la femme du capitaine Myers fut frappée de catatonie[14]. Elle dut être internée dans un asile à Chicago. C'est alors qu'il fit connaissance avec les affres de l'alcoolisme.

Peu de temps après le départ du capitaine Barnes, le capitaine Myers sortit de sa tente et ordonna que l'on abatte six gros chevaux de somme. Puis, il demanda au cuisinier de trouver des baies sauvages et des champignons et de préparer des grillades pour tous les hommes. L'officier yankee se dirigea par la suite vers sa monture, une jument Quarter Horse alezane de six ans nommée Misty. La tête de la douce jument appuyée sur son épaule, le capitaine Myers flatta tendrement le poitrail de l'animal. Plus d'une fois, la fougue de la robuste et généreuse jument avait sauvé la vie de son cavalier. Atrocement attristé, le capitaine Myers sanglota le temps d'un adieu. Puis, il repartit vers sa tente où une autre bouteille l'attendait. Il saisit résolument la consolatrice de ses tourments et contempla les scintillants éclats de sa robe ambrée.

Le regard soutenu et contemplatif consacré à son impassible compagne d'infortune lui fit subrepticement accéder au monde fabuleux de la nostalgie. La mélancolique réminiscence était celle d'une scène pastorale survenue à la fin du mois d'août 1861. Un groupe d'une dizaine d'officiers accompagnés de leurs femmes avait été invité à dîner chez le général William Edward Bohring, un héros de la guerre américano-mexicaine. Le haut gradé septuagénaire recevait régulièrement des militaires et des dignitaires politiques à sa résidence de Peoria, une champêtre petite ville du sud-ouest de l'Illinois. Il s'agissait d'une somptueuse demeure de style Tudor en briques d'argile rouge vieillot, munie de deux énormes cheminées s'évasant vers le ciel et d'un immense porche donnant sur le jardin. Il faisait agréablement doux et le vent faisait valser les vastes champs d'orge qui ceinturaient la noble maison. Rassemblés dans la cour arrière délimitée par une haie de genévriers, les convives appréciaient le goût léger et subtilement fruité d'un punch aux cerises noires et aux pêches. Le vieux général s'approcha du capitaine Myers, assis à l'ombre d'un majestueux micocoulier.

— J'ai bien connu votre père, capitaine Myers. Nous avons fait ensemble le siège de Chapultepec. C'était un brillant officier et, aussi, un gentleman.

— Je sais, il m'a beaucoup parlé de vous. Il vous avait en très haute estime.

— Son décès m'a grandement peiné.

---

14. Symptôme caractéristique de la schizophrénie consistant en un état d'inertie motrice et psychique entrecoupé de fugaces périodes d'excitation.

— Vous savez, lorsque Dieu nous rappelle…

Déposant sa coupe de punch sur une petite table en osier, le général Bohring sortit d'un étui suspendu à sa taille généreuse un énorme revolver : le fameux colt Walker calibre .44, le plus puissant revolver jamais produit par Samuel Colt. Avec son poids de 4,5 livres[15] et sa capacité de recevoir une charge de 0,12 onces[16] de poudre noire, cet impressionnant revolver contribua grandement aux succès de l'armée des États-Unis lors de la guerre américano-mexicaine.

— Tout le monde dit que vous êtes un tireur exceptionnel. Certains vont même jusqu'à prétendre que vous seriez le meilleur tireur au nord du Rio Grande ! Voulez-vous essayer mon Walker ?

— Je préfère mon colt Navy 1851. Avec son calibre .36, le recul est moins prononcé. Quelquefois, la précision se révèle plus salvatrice que la force.

L'arrivée soudaine d'Ann Bohring perturba les réflexions balistiques des deux officiers.

— Père, puis-je essayer ? Je vous en prie !

— Tu es trop menue pour ce monstre, ma chérie.

— Oh, dites oui !

— Si vous me le permettez, mon général, je pourrais l'assister.

Le vieil homme opina du bonnet. Le capitaine Myers se glissa derrière la tireuse inexpérimentée et plaça délicatement sa main sous la tremblotante menotte de la fille unique du général. Âgée de 21 ans, Ann Bohring était une femme élancée arborant une figure angélique. Son petit nez retroussé garni de mignonnes taches de rousseur était serti de coquins yeux verts et d'une adorable bouche vermeille en forme de cœur. Ingénument frisottés, ses cheveux aux chatoyants reflets cuivrés dégageaient un subtil parfum de camomille et de verveine. Connaissant la brutalité du Walker, le capitaine Myers plaqua sa poitrine contre le dos de mademoiselle Bohring afin de lui éviter une possible dislocation de l'épaule droite. Il se forma rapidement un demi-cercle de spectateurs autour du couple improvisé d'amants de la gâchette. Le capitaine Myers orienta la main armée d'Ann Bohring vers un muret de pierres sèches situé à une bonne dizaine de mètres et sur lequel six gros pots de grès avaient été préalablement déposés à la demande du général.

— Mademoiselle Bohring, nous allons viser le pot à l'extrême gauche. Prenez une grande respiration et retenez votre souffle.

15. Une livre est une ancienne mesure de masse qui vaut 454 grammes.

16. Une once est une ancienne mesure de masse qui vaut 28,35 grammes.

Le pouce droit du capitaine Myers dégagea de son socle l'opiniâtre chien du colt et l'index d'Ann Bohring actionna la détente. Déchirant la bucolique quiétude des lieux, un retentissant bruit de tonnerre accompagna l'apparition d'une saisissante flamme orangée vomie par le canon furibond. L'innocente cible resta intacte. Puis, une deuxième détonation se fit entendre. Toujours rien. Les gros contenants grège affichaient une déconcertante impavidité devant l'imminent danger. Au quatrième coup de feu, un pot éclata finalement en mille morceaux. Les applaudissements fusèrent de toute part. Gloussant de satisfaction, Ann se retourna brusquement et embrassa sur la joue son dévoué maître d'armes. Telle une gamine transportée par la magie de Noël, Ann s'exaltait.

Reculant quelque peu, le capitaine Myers demanda au majordome de lancer tour à tour dans les airs les cinq pots restants. Empoignant son colt Navy 1851 en acier bleuté, monté sur une base en laiton et élégamment habillé d'une crosse nacrée, le capitaine Myers fit parler son arme et, par le fait même, confirma la légende faisant de lui la meilleure gâchette de toute la vallée du Mississippi. Cinq balles consécutives transformèrent tous les pots en un immense puzzle vitrifié. Enfin, le capitaine Myers braqua son arme sur la roseraie tout au fond du jardin et une rose intacte fut prélevée par le sixième et dernier projectile du calibre .36. Les invités stupéfaits par une telle frappe chirurgicale ovationnèrent chaleureusement l'artiste du colt. La rose singulièrement cueillie fut apportée au capitaine Myers qui, lentement, l'inséra dans la chevelure envoûtante d'Ann Bohring. Les yeux des deux partenaires de tir se croisèrent longuement.

Après un copieux dîner, les invités sortirent prendre le café sur le porche. Que la soirée était douce et belle ! Les criquets avaient entamé avec un enthousiasme débordant une mélodieuse ode soulignant la générosité des moissons. Les lucioles frénétiques voletaient dans les champs s'étalant à perte de vue. Un quatuor à cordes se mit à jouer de langoureuses ballades irlandaises. Le capitaine Myers aperçut le visage resplendissant d'Ann. Elle était assise seule dans une balançoire et contemplait le firmament. L'officier fit demi-tour et alla chercher au salon deux coupes du merveilleux punch. De retour au jardin, le capitaine Myers fut complètement médusé par la scène qui se déroulait sous ses yeux. Le lieutenant Michael Phillips, une jeune recrue de 23 ans, câlinait tendrement le cou d'Ann, qui avait déposé sa tête sur l'épaule du bel officier. Sans mot dire, le capitaine Myers tourna les talons et vida d'un trait les deux coupes devenues subitement inopportunes. Assis au bout de la galerie, le magicien du barillet à six coups sortit de la poche revolver de sa tunique un flacon de whisky et en prit trois grosses gorgées. Comment avait-il pu croire, ne serait-ce qu'un instant, qu'une merveilleuse jeune fille de 30 ans sa cadette avait pu s'amouracher de lui ? À ses pieds, un énorme crapaud tout verruqueux chantait son amour à la lune, qui était ce soir-là particulièrement pleine et rousse. À l'instar de l'esseulé batracien, le capitaine Myers fixait l'astre de la nuit majestueusement suspendu à la voûte étoilée. L'officier était terriblement triste. Son incroyable et inespéré songe d'un après-midi d'été agreste s'était tragiquement métamorphosé en une douloureuse blessure aussi cruelle qu'un sabre planté en plein cœur. Et puis il y avait toujours les inévitables roulements des tambours de la guerre.

Le matin du 13 octobre 1862, à 5 heures précises, le 41e régiment de cavalerie, assisté des trois soldats du détachement de la Nouvelle-Angleterre, donna l'assaut aux hommes du colonel Carstairs. Surpris et, surtout, désemparé par la frappe éclair des nordistes, le colonel Carstairs réagit instinctivement en ordonnant à tous ses hommes de se mettre à la poursuite des assaillants. Aveuglé par son désir martial d'exterminer la vermine venue du nord, l'officier sudiste laissa derrière lui à peine une vingtaine d'hommes.

La chevauchée frénétique se déroula sur une distance de 12 milles. Arrivés à Sadness Clearing, une clairière entourée d'arbres gigantesques, les chevaux, recouverts d'une épaisse écume blanche, ralentirent considérablement leur allure. Le capitaine Myers décida alors que ce serait dans cet endroit paisible que les choses se passeraient. Le paysage était grandiose. De majestueux chênes blancs, garnis d'un flamboyant feuillage doré, côtoyaient des ormes géants à la cime tout aussi colorée.

Le bruit sourd produit par les sabots des chevaux des poursuivants ne se fit pas attendre longtemps. Alignées face à face et séparées par une distance d'à peine 400 pieds[17], les deux armées, immobiles et silencieuses, se contemplèrent. Mis à part le bruissement du vent dans les feuilles et le souffle des chevaux, aucun bruit ne vint perturber le cérémonial guerrier. Les yeux du capitaine Myers toisèrent très lentement, de la tête aux pieds, le colonel Carstairs. Ne voulant pas laisser à l'officier en gris le plaisir de décréter les hostilités ouvertes, le capitaine Myers retira prestement son sabre de son étui. Le son métallique, glacial, voire inhumain, de la lame subitement libérée de son manteau de cuir fit piaffer de nervosité les montures du centre de l'alignement nordiste. Prenant avec peine une profonde inspiration, le capitaine Myers poussa un douloureux et tonitruant « Chargez ! » Aussitôt, les montures du 41e régiment de cavalerie s'emballèrent. Lorsqu'elles eurent franchi la moitié de la distance, le feu de la mitraille ennemie éclata avec une violence saisissante. Dès la première salve, une cinquantaine d'hommes tombèrent. Le capitaine Barnes fut

17. Un pied est une ancienne mesure de longueur qui vaut 30,5 centimètres.

mortellement atteint par trois décharges le touchant successivement au genou, à l'abdomen et en plein cœur. Quant au capitaine Myers, il fut projeté violemment au sol lorsque son cheval, criblé de balles, s'affaissa lourdement. Saisissant d'un geste machinal son fidèle colt Navy 1851, le capitaine Myers, un genou au sol, refroidit pour l'éternité six tuniques grises. Et puis, soudainement, un navrant clic indiqua l'impotence inopinée et malheureusement irréversible du revolver yankee. Sorti de nulle part, un jeune fantassin sudiste d'à peine 15 ans, portant un uniforme beaucoup trop grand pour lui, se présenta devant le capitaine Myers et lui enfonça sa baïonnette juste au bas du sternum. Le capitaine Myers fixa les yeux émeraude du gamin flageolant, des yeux identiques à ceux de sa petite Alicia. À ce moment précis, le capitaine Myers sut qu'il pouvait partir.

Le mercredi 15 octobre 1862, le colonel Shane Williams arriva à Washington avec sa précieuse cargaison. Les nouvelles pièces d'artillerie jouèrent un rôle décisif dans l'endiguement de la marche du général Lee sur Washington.

La capitulation sans condition du général Robert Edward Lee fut signée le 9 avril 1865 à Appomattox, Virginie, en présence du général Ulysses Simpson Grant.

La guerre de Sécession fit 617 000 morts.

Question

En vous référant à la figure 4.4 (Le modèle éthique des comportements politiques), à la page 152, évaluez la nature éthique de la mission du capitaine Barnes. Justifiez votre réponse à l'aide d'extraits du cas.

CARTE DES OPÉRATIONS MILITAIRES, SHARPSBURG, MARYLAND (1862)

CHAPITRE **5**

Les dangers inhérents au pouvoir politique

« S'il fallait choisir, je détesterais moins la tyrannie d'un seul que celle de plusieurs. Un despote a toujours quelques bons moments ; une assemblée de despotes n'en a jamais. »

Voltaire

« Rien n'est aussi avide de domination que la faiblesse qui se sait soutenue par la force. »

Napoléon

« C'est le malheur du temps que les fous guident les aveugles. »

William Shakespeare

5.1 Quelques notes préliminaires

D'entrée de jeu, il sied d'apporter deux précisions relativement au traitement analytique des personnalités pathologiques et des cultures pathogènes. Tout d'abord, la description de la dynamique psychique des personnalités pathologiques est fortement influencée par la prévalence de celles-ci au sein de l'ensemble de la population. Pareil choix est motivé par le souci de présenter une description typée des personnalités analysées. Par exemple, bien qu'elle touche également des sujets de sexe masculin, la personnalité histrionique est examinée au moyen d'un prisme analytique féminin. Le contraire s'applique au cas de la personnalité antisociale. Ensuite, l'utilisation des habiletés politiques par un agent devant évoluer avec une personnalité pathologique ou dans une culture pathogène est restreinte aux stratégies politiques de proposition et de protection. Effectivement, le climat relationnel inhérent à de telles problématiques dysfonctionnelles ne pouvant être que négatif, les stratégies de probation et de promotion se révèlent totalement incongrues. Ainsi, dans le présent chapitre, le lecteur prendra bonne note que, lorsque leur nature n'est pas précisée, les habiletés politiques renvoient systématiquement à la formulation d'une proposition ou à l'établissement de protection.

5.2 La définition de l'anormalité idiosyncrasique

La normalité en matière d'idiosyncrasie, c'est-à-dire la capacité d'adaptation de la personnalité, est essentiellement une donnée s'inscrivant dans une logique comparative spatio-temporelle. Elle est en fait une mesure statistique prenant son sens dans le rapport qu'entretient l'individu avec son groupe d'appartenance (milieu culturel) à un moment précis. Est considéré comme normal l'individu qui ne s'écarte pas trop de ce qui est attendu, à une certaine période, par les membres de son groupe d'appartenance. La normalité est conséquemment l'expression temporaire de la majorité des membres d'une culture[1].

---

1. Quoique ne se rapportant nullement à la problématique de la personnalité, l'exemple suivant illustre bien le caractère subjectif imprimé à la normalité par l'expression d'une majorité. En 1974, les membres de l'Association des psychiatres américains décidèrent, dans une proportion de 58,2 %, d'entériner la décision de leur conseil d'administration, prise une année auparavant, de retirer l'homosexualité de la liste des maladies mentales. C'est ainsi que, à la suite de la tenue d'un simple vote, l'homosexualité passa du statut de perversion sexuelle à celui d'orientation sexuelle. Voir à ce sujet Anatrella (1995).

5.2.1 Les quatre registres diagnostiques de la normalité

Relativement à la personnalité des individus, les attentes des membres d'une culture concernent quatre registres d'indicateurs de normalité. Il s'agit des registres diagnostiques de la cognition, de l'affectivité, de l'anxiété et du fonctionnement interpersonnel. Dans le contexte de l'établissement d'un diagnostic de normalité, la cognition consiste en les croyances fondamentales de l'individu, soit sa perception de soi, des autres et des événements. Les individus éprouvant des difficultés à ce registre affichent un contact déficient avec le réel. Leur façon insolite d'interpréter les événements leur confère une étrangeté perceptivo-cognitive marquée.

L'affectivité concerne la diversité, l'intensité, la stabilité et l'adéquation des réponses émotionnelles de l'individu. Les individus affichant une carence à ce deuxième registre diagnostique ont des problèmes d'impulsivité se traduisant par une perte du contrôle de soi et, plus précisément, par des pulsions agressives ou sexuelles. Leur instabilité pulsionnelle confère à ces individus une déroutante imprévisibilité.

L'anxiété, le troisième registre diagnostique, consiste en une crainte déraisonnable de ne pas être à la hauteur. Les individus ayant des lacunes à ce registre doutent énormément d'eux-mêmes. Le doute hyperbolique de leurs capacités est leur principale caractéristique.

Enfin, le fonctionnement interpersonnel comporte plusieurs composantes nuisant à la qualité de l'adaptation sociale de l'individu et de son intégration communautaire. Au nombre de cinq, ces composantes sont les suivantes :

1) l'excessivité comportementale ;

2) l'inadéquation des solutions ;

3) la récursivité des conduites ;

4) l'ego-syntonie ;

5) la souffrance pour soi ou pour autrui.

Il convient de noter que les carences touchant ce quatrième registre diagnostique sont communes à tous les individus ayant une personnalité pathologique. Effectivement, peu importe que nous soyons en présence de dysfonctions de nature cognitive, affective ou anxiogène, les personnalités pathologiques présentent toutes, à divers degrés, un sérieux problème de fonctionnement interpersonnel. Ce dernier provient du fait que ces personnalités sont incapables de pondérer leurs comportements. Elles sont excessives en tout.

Cette absence de nuance comportementale constitue un irritant pour leur entourage. De plus, leurs actions se révèlent incongrues eu égard aux impératifs de la situation. Plutôt que d'apporter des solutions aux problèmes éprouvés, les actions des personnalités pathologiques les complexifient. Peu importe le passage du temps, les personnalités pathologiques ne parviennent pas à amender leurs travers. Elles répètent constamment les mêmes schémas dysfonctionnels.

Les personnalités pathologiques sont par ailleurs invariablement ego-syntoniques. L'ego-syntonie désigne la disposition du moi en état d'équilibre. Lorsque le moi connaît une période heureuse, c'est-à-dire l'absence de problèmes majeurs ou la présence de succès, il présente une disposition à l'insouciance. Il n'y a pas de sérieuses remises en question de soi en situation d'équilibre. Par contre, lorsque le moi se trouve en état de déséquilibre, soit dans une période creuse traversée par des conflits ou des échecs, il affiche une disposition à l'introspection. Le moi devient alors ego-dystonique. Il se questionne sur les causes de ses malheurs. Une personnalité normale présentera un moi relativement flexible pouvant, selon les circonstances, osciller de l'ego-syntonie à l'ego-dystonie. Les personnalités pathologiques sont en permanence en mode ego-syntonique. Peu importe ce qui leur arrive, elles ne s'interrogent jamais sur la pertinence de leurs attitudes ou de leurs comportements. L'ego-syntonie permanente confine ces personnalités à la méconnaissance ou à l'acceptation du caractère incongru de leurs réponses aux sollicitations de l'environnement. Cette attribution automatique des causes de leurs difficultés aux autres mine considérablement leur fonctionnement interpersonnel. Enfin, les personnalités pathologiques souffrent, à des degrés divers et, dans la plupart des cas, tacitement, de leur inadaptation sociale (souffrance endogène) et font surtout souffrir les gens de leur entourage (souffrance exogène).

En fonction de la cotation obtenue par l'individu dans deux de ces quatre registres, sa communauté d'accueil le classera sur un continuum allant de la normalité à l'anormalité. La répartition des individus s'inscrivant sur ce continuum de la normalité est présentée à la figure 5.1. Évidemment, le plus grand nombre des individus se situe dans la zone de normalité comprise entre un écart type et moins un écart type. Ces individus constituent ou, plutôt, incarnent la norme à respecter afin de pouvoir joindre les rangs de la normalité. De tout temps, les sociétés ont eu leurs originaux, considérés pour la plupart comme des artistes (écrivains, poètes, dramaturges, acteurs, musiciens, chanteurs, peintres, etc.) dont l'excentricité « maîtrisée » distrayait la majeure partie de la population. Quant aux marginaux (clochards, autochtones, romanichels, etc.), dont le mode d'existence s'écarte considérablement de la norme sociétale, leur présence est à peine tolérée. Enfin, il y a ceux, notamment les malades mentaux et, dans une moindre mesure, les personnalités pathologiques, qui se sont tellement éloignés du centre de la normalité que leur existence même se justifie par et dans l'anormalité.

FIGURE 5.1 LA COURBE DE LA NORMALITÉ IDIOSYNCRASIQUE

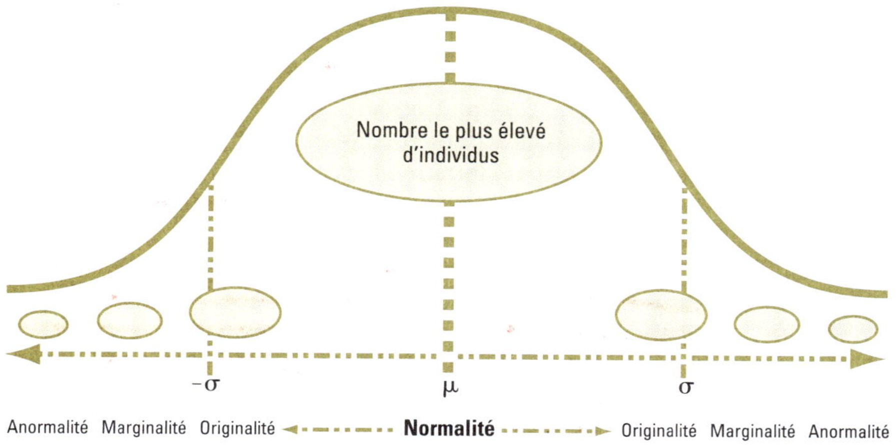

5.2.2 Les trois groupes de personnalités pathologiques

En ce qui concerne les personnalités pathologiques [2], qui se situent aux extrémités du continuum de la normalité idiosyncrasique, leur prévalence dans les sociétés occidentales serait, selon une estimation prudente, de l'ordre de 12 % [3].

2. Également désignées par les expressions « personnalités difficiles », « personnalités dysfonctionnelles » ou « personnes victimes de troubles de la personnalité ».

3. Il existe une variation non négligeable entre les différentes données épidémiologiques recueillies par la communauté scientifique. En effet, les plus récentes données obtenues auprès d'échantillons aléatoires provenant de certains pays occidentaux varient de 9 % (Samuels, Eaton, Bienvenu, Brown, Costa et Nestadt, 2002) à 18,6 % (Moran, Coffey, Mann, Carlin et Patton, 2006). Les autres indices qui proviennent d'études de prévalence faisant appel à un protocole de recherche rigoureux et s'inscrivant dans cet intervalle statistique sont de 9,1 % (Lenzenweger, Lane, Loranger et Kessler, 2007), de 11 % (Lenzenweger, Loranger, Korfine et Neff, 1997), de 13,5 % (Zimmerman et Coryell, 1990) et de 15,7 % (Crawford, Cohen, Jasen, First et Gordon, 2005).

Le *Manuel diagnostique et statistique des troubles mentaux (4e édition)*, dont l'abréviation est DSM-IV, a identifié nettement 10 types de personnalités pathologiques et les a regroupées dans trois groupes distincts. Alors que dans le groupe A (groupe des personnalités bizarres) sont classées les personnalités paranoïaque, schizoïde et schizotypique, le groupe B (groupe des personnalités instables) accueille les personnalités antisociale, *borderline*, histrionique et narcissique. Pour sa part, le groupe C (groupe des personnalités anxieuses) compte dans ses rangs les personnalités dépendante, évitante et obsessive-compulsive. Enfin, le groupe fourre-tout D[4] (groupe des personnalités pathologiques non spécifiées en attente d'homologation classificatoire) regroupe des personnalités au pourtour psychique encore mal défini. Il s'agit entre autres des personnalités à conduite d'échec, dépressive, passive-agressive et sadique.

Relativement aux quatre registres diagnostiques précédemment exposés, les personnalités pathologiques appartenant aux trois groupes clairement identifiés se répartissent au sein de ces registres de la façon suivante : le groupe A (personnalités bizarres) présente principalement de sérieuses dysfonctions au registre de la cognition (registre dysfonctionnel I), le groupe B (personnalités instables), au registre de l'affectivité (registre dysfonctionnel II) et le groupe C (personnalités anxieuses), au registre de l'anxiété (registre dysfonctionnel III). Qui plus est, les trois groupes affichent de notables problèmes au registre du fonctionnement interpersonnel (registre dysfonctionnel IV). La répartition des trois groupes de personnalités pathologiques homologués par le DSM-IV dans les quatre registres diagnostiques est présentée au tableau 5.1.

5.3 Les abus de pouvoir politique[5]

Certaines personnalités pathologiques affichent une nette propension à l'utilisation abusive de leur pouvoir politique. Camouflant leurs agissements sous la quasi-imperceptibilité de la dimension personnelle du pouvoir, ces personnalités

4. Cette appellation catégorielle appartient à l'auteur.

5. Les développements analytiques ayant trait à la psycho-dynamique des personnalités pathologiques présentées dans cette section proviennent entre autres d'une synthèse des ouvrages suivants : Debray, Granger et Azaïs (2001) ; Durand et Barlow (2002) ; Lelord et André (2000) ; Robinson (1999); Samuel et Widiger (2006).

TABLEAU 5.1 | LA RÉPARTITION DES GROUPES DE PERSONNALITÉS PATHOLOGIQUES DANS LES REGISTRES DIAGNOSTIQUES

Registres diagnostiques	
Registre I **Cognition** (contact déficient avec le réel)	Groupe A (personnalités bizarres) • Personnalité paranoïaque • Personnalité schizoïde • Personnalité schizotypique
Registre II **Affectivité** (contrôle déficient de l'impulsivité)	Groupe B (personnalités instables) • Personnalité antisociale • Personnalité *borderline* • Personnalité histrionique • Personnalité narcissique
Registre III **Anxiété** (crainte déraisonnable d'un danger virtuel)	Groupe C (personnalités anxieuses) • Personnalité dépendante • Personnalité évitante • Personnalité obsessive-compulsive
Registre IV **Fonctionnement interpersonnel déficient** (inadaptation sociale)	Groupe A (personnalités bizarres) Groupe B (personnalités instables) Groupe C (personnalité anxieuses) Σ [personnalités pathologiques]

n'hésiteront pas à exploiter, pour arriver à des fins inavouables, les 4 R du pouvoir politique, soit leur résiduel, leurs relations, leurs représentations et leur rayonnement. La motivation sous-jacente à une telle exploitation est tétrapolaire. Effectivement, tel qu'elles sont schématisées à la figure 5.2, à la page suivante, les tentatives de manipulation seront animées par la recherche excessive de l'un des éléments suivants :

1) le prestige (les personnalités histrionique et narcissique);
2) le plaisir (les personnalités sadique et passive-agressive);
3) la protection (les personnalités paranoïaque et antisociale);
4) la performance (les personnalités *borderline* et de type A).

Bien que n'appartenant à aucune catégorie pathologique officialisée par le DSM-IV, les personnalités sadique, passive-agressive et de type A sont essentiellement reconnues par plusieurs chercheurs scientifiques comme des structures psychiques s'élaborant dès l'enfance de l'individu et présentant une stabilité structurale relativement stable avec le passage du temps. En fonction des différents types de personnalités abusant de leur pouvoir qui gravitent dans son environnement, l'agent sera exposé à différents genres de dangers menaçant son intégrité psychologique ou physique. Examinons les composantes et la dynamique des dangers que représentent les différents types d'abus de pouvoir politique.

FIGURE 5.2 | LES QUATRE PÔLES DES ABUS DE POUVOIR POLITIQUE

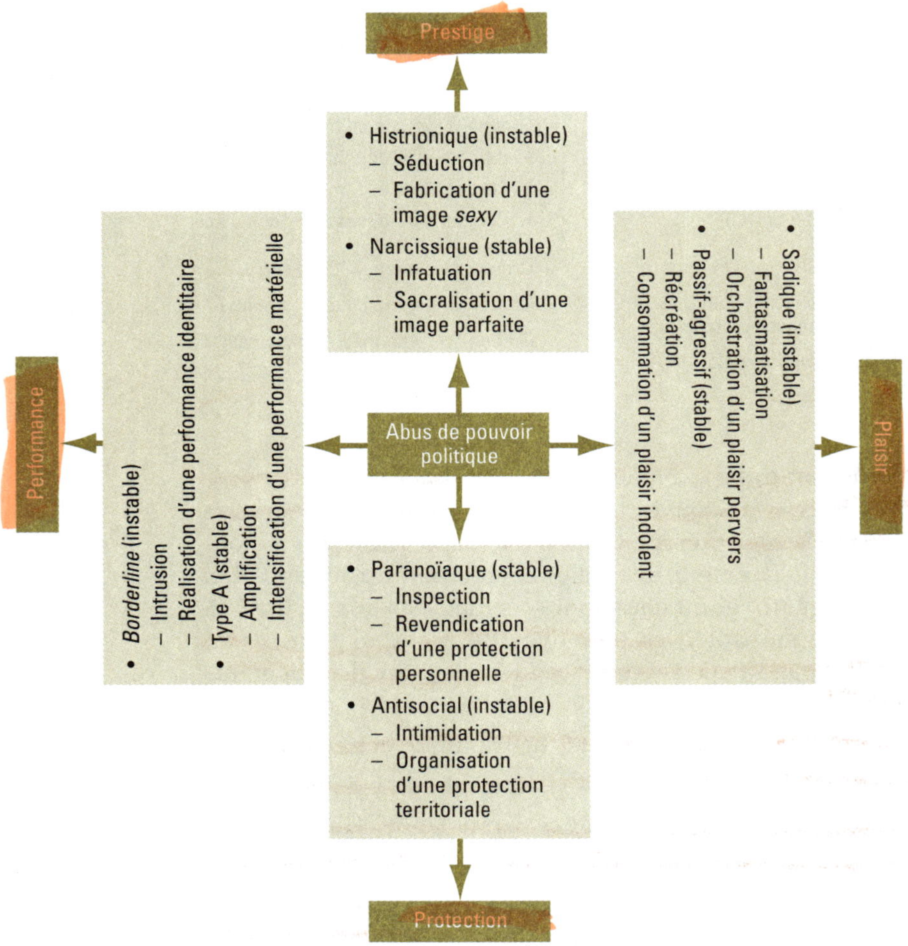

Remarque : Dans cette figure, les personnalités pathologiques sont présentées selon une gradation qui va du centre aux pôles : les personnalités stables sont donc plus près du centre du diagramme, alors que les personnalités instables sont plus proches de leur pôle respectif.

5.3.1 La recherche exaltée du prestige

Deux personnalités pathologiques, les personnalités histrionique et narcissique, affichent un engouement maladif pour le prestige. Certes pour des raisons différentes, elles n'hésiteront pas à abuser des gens pour tenter d'assouvir leur insatiable besoin de prestige.

5.3.1.1 La personnalité histrionique

Tirant son appellation du mot « histrion[6] », signifiant « mauvais acteur cherchant à se faire valoir par l'adoption d'un style affecté ou de procédés grossiers », la personnalité histrionique[7] est constamment à la recherche d'un prestige circonstanciel. Elle est inlassablement à l'affût de moments de gloire se résumant à l'obtention de l'attention et de l'affection des gens de son entourage. La seule idée de ne plus être leur centre d'intérêt la plonge littéralement dans un état d'angoisse. Convaincue de ne pouvoir composer seule avec les vicissitudes de la vie, la personnalité histrionique est activement à la recherche de l'aide d'autrui. Évidemment, cette dépendante active concentre sa quête d'assistance sur des personnes affichant un indéniable potentiel d'utilité. Aussi apprécie-t-elle particulièrement les gens puissants de par leur richesse, leur statut, leur réputation ou leur savoir. Assoiffée de mondanités, la personnalité histrionique profite des rassemblements inespérés de gens très bien pour se mettre en scène afin de faire étalage de ses moyens de séduction, qui sont pour l'essentiel de nature sexuelle. La dynamique psychocomportementale de la personnalité histrionique est schématisée à la figure 5.3, à la page suivante.

Sexy, provocante et exubérante, la personnalité histrionique s'évertue bruyamment à être l'attraction principale de la soirée. Reposant essentiellement sur l'afféterie, la minauderie et la préciosité, l'exploitation de son *sex-appeal* manque nettement de subtilité. Incapable de nuancer son jeu de séduction, la personnalité histrionique se donne en spectacle plutôt que de donner un spectacle. Ses tentatives d'attirer l'attention ne se limitent pas à la mise en valeur du charme capiteux de son corps. La personnalité histrionique recourt également aux

---

6. Vient du latin *histrio,* désignant un acteur exécutant des pantomimes au son du mirliton.

7. Nommée jusqu'en 1980 « personnalité hystérique » dans les ouvrages de psychiatrie et de psychologie pathologique. L'adjectif « hystérique » vient du grec *husteros,* signifiant « utérus ». La communauté scientifique médicale a longtemps cru que les dramatisations bruyantes et excessives inhérentes à ce trouble de la personnalité étaient le propre des femmes.

FIGURE 5.3 LA DYNAMIQUE PSYCHOCOMPORTEMENTALE DE LA PERSONNALITÉ HISTRIONIQUE

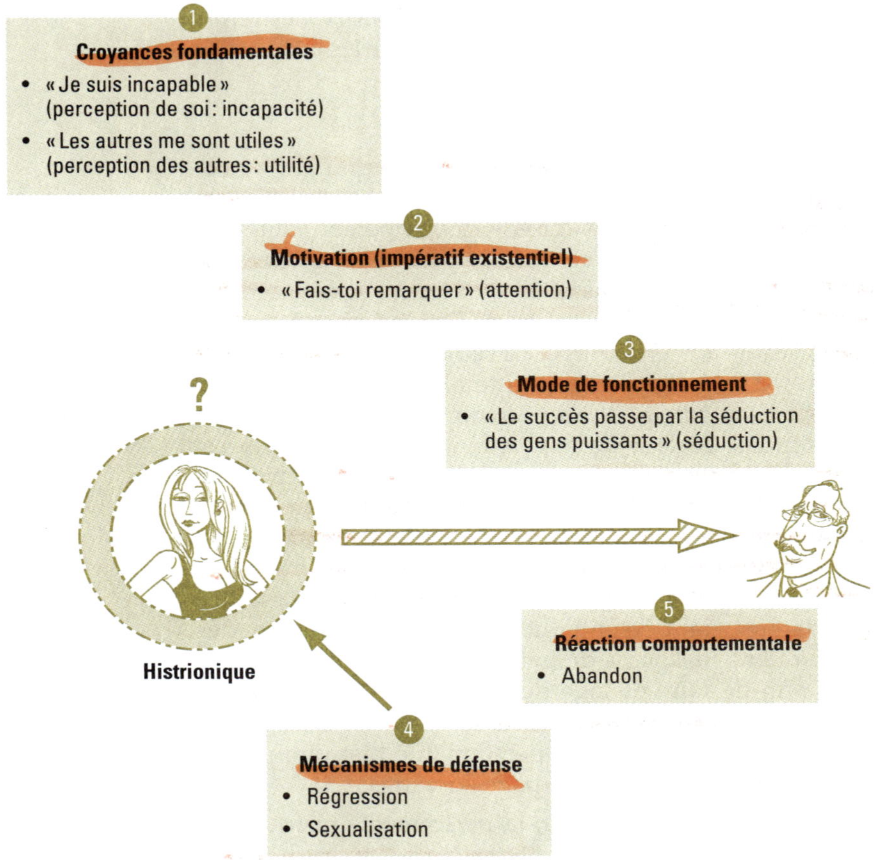

scènes dramatiques chargées d'accès de colère, de pleurs, de récriminations et de menaces. Tout est bon pour obtenir l'obligeance si nécessaire à son épanouissement, consistant en l'éblouissement des autres par ses charmes et son talent.

Par ailleurs, ses crises de larmes sont toujours de courte durée. Ayant constamment besoin que l'on s'occupe d'elle, la personnalité histrionique supporte très mal le délaissement. Habitée par une grave anxiété de séparation et jouissant d'un large spectre d'affects, elle renoue magistralement avec son « public » en interprétant une pathétique scène de réconciliation où fusent les rires, les embrassades, les câlins et les grands serments. Les affects de la personnalité histrionique sont à la fois excessifs, labiles[8] et superficiels. Séduire pour gravir les échelons de la reconnaissance sociale constitue le mode de fonctionnement de la personnalité histrionique. Essentiellement instrumentale, la séduction fait appel à toute une panoplie de tactiques de manipulation reposant entre autres sur la tenue vestimentaire sexy, la dérobade érotique (jeu de l'allumeuse consistant seulement à aguicher), le regard langoureux, le déhanchement lascif, le mimétisme, les larmes de crocodile, les excès de familiarité, le mensonge compulsif et l'autohagiographie (autobiographie excessivement élogieuse).

Relativement à la notion de pouvoir politique, la personnalité histrionique abuse de son rayonnement (image) afin de manipuler les acteurs susceptibles de lui être utiles. Afin de maintenir son précaire équilibre psychique, la personnalité histrionique recourt principalement à deux mécanismes de défense archaïques: la régression et la sexualisation. La régression se résume à un retour à des modes antérieurs de pensées et de conduites s'étant révélés efficaces dans l'enfance relativement à l'atténuation de l'anxiété. Ayant démontré leur efficacité lors de la prime enfance, la mièvrerie, les gamineries, les jérémiades et les crises de larmes sont réutilisées par la personnalité histrionique. Quant à elle, la sexualisation, consistant en la généralisation de la connotation sexuelle à l'ensemble des composantes (objets, personnes ou événements) de l'environnement du sujet, vient en quelque sorte justifier l'adéquation du mode existentiel (séduction sexuelle) de la personnalité histrionique.

Le principal danger guettant les gens qui se situent dans le rayon d'action de la personnalité histrionique est l'abandon. Il importe de ne jamais oublier la facticité et la superficialité des épanchements affectifs de celle-ci. La personnalité histrionique est principalement intéressée par ce que vous avez et non par ce que vous êtes. Telle une abeille, elle ne saurait se limiter à une seule source d'alimentation. Une fois vos ressources épuisées, elle poursuivra imperturbablement son butinage ailleurs. La période de félicité avec une personnalité histrionique est généralement très courte. Aussi importe-t-il pour l'acteur de refuser d'incarner le rôle du mentor. L'espérance de vie de sa relation avec ce type de personnalité s'apparentera à celle d'un rasoir jetable après usage.

En aucun temps, l'acteur ne doit manifester de l'intérêt pour le *sex-appeal* déployé ou se transformer en consolateur lors des effondrements émotionnels. Qu'il soit en position

8. Qui sont sujets à de fréquentes et successives modifications.

de proposition ou de protection, ses jeux politiques doivent surtout viser la ventilation des émotions de la personnalité histrionique. En lui permettant occasionnellement la production balisée dans le temps et dans l'espace de certaines scènes, l'acteur empêche l'accumulation d'affects non gérés constituant le magma sous-jacent d'une éventuelle explosion volcanique émotionnelle. De plus, l'acteur prendra soin de ne renforcer que les comportements professionnellement normaux.

5.3.1.2 La personnalité narcissique

Beaucoup plus stable que sa cousine histrionique sur le plan des affects[9], la personnalité narcissique[10] affiche, en apparence seulement[11], une déroutante assurance relativement à sa propre valeur. S'estimant exceptionnelle, la personnalité narcissique, contrairement à la personnalité histrionique, n'est pas à la recherche des échelons menant à la gloire: elle se trouve déjà à son sommet. La personnalité narcissique est plutôt à la recherche de la consécration de sa gloire. Il importe que les autres, lui étant tous inférieurs, reconnaissent la magnificence de son être. Elle n'est pas animée par la fabrication d'une image séduisante, mais par la sacralisation d'une image parfaite. Ayant atteint le zénith de la plénitude, la personnalité narcissique estime qu'en définitive les autres ne lui sont que de très peu d'utilité. Ils se doivent par contre de la servir en vertu de son unicité incomparable. Leur servitude consiste pour l'essentiel à admirer son infinie perfection. Tel un roi, pour ne pas dire un dieu, la personnalité narcissique règne en monarque absolu. Son univers se résume à sa cour, où s'agglutinent autour d'elle les plus grands de ce monde dont la valeur respective, voire cumulative, ne

---

9. Il s'agit évidemment d'une stabilité émotionnelle toute relative, la personnalité narcissique appartenant au groupe B (personnalités instables). À maints égards, la personnalité narcissique se révèle la plus stable des personnalités instables.

10. Ce trouble de la personnalité possède des origines mythiques qui remontent à la nuit des temps. Après avoir été brutalement éconduite par Narcisse, la nymphe Écho, follement amoureuse de lui, mourut de son inconsolable chagrin. Némésis, déesse grecque de la vengeance, condamna alors ce grand égocentrique replié sur lui à s'éprendre éperdument de lui-même. S'étant penché au-dessus d'une source pour s'abreuver, Narcisse fut saisi par l'image de son incomparable beauté reflétée à la surface de l'eau. Incapable de délaisser du regard une telle splendeur, Narcisse périt d'inanition.

11. Le lecteur ne doit pas perdre de vue que le moi apparent des différents types de personnalités pathologiques se manifeste en compensation, c'est-à-dire sous l'effet de défenses visant à cacher l'état pitoyable du moi véritable.

saurait toutefois égaler la sienne. La dynamique psychocomportementale de la personnalité narcissique est présentée à la figure 5.4.

Les principales caractéristiques de la personnalité narcissique sont assurément son infatuation, son inextinguible besoin d'admiration, son intraitable intolérance à la critique, sa conviction d'avoir naturellement droit à des privilèges, son indifférence totale aux autres et sa tendance compulsive à les manipuler. Terriblement susceptible, la personnalité narcissique est aux aguets des moindres manquements à son égard pouvant esquinter le vernis de sa magnificence. En cas

FIGURE 5.4 LA DYNAMIQUE PSYCHOCOMPORTEMENTALE DE LA PERSONNALITÉ NARCISSIQUE

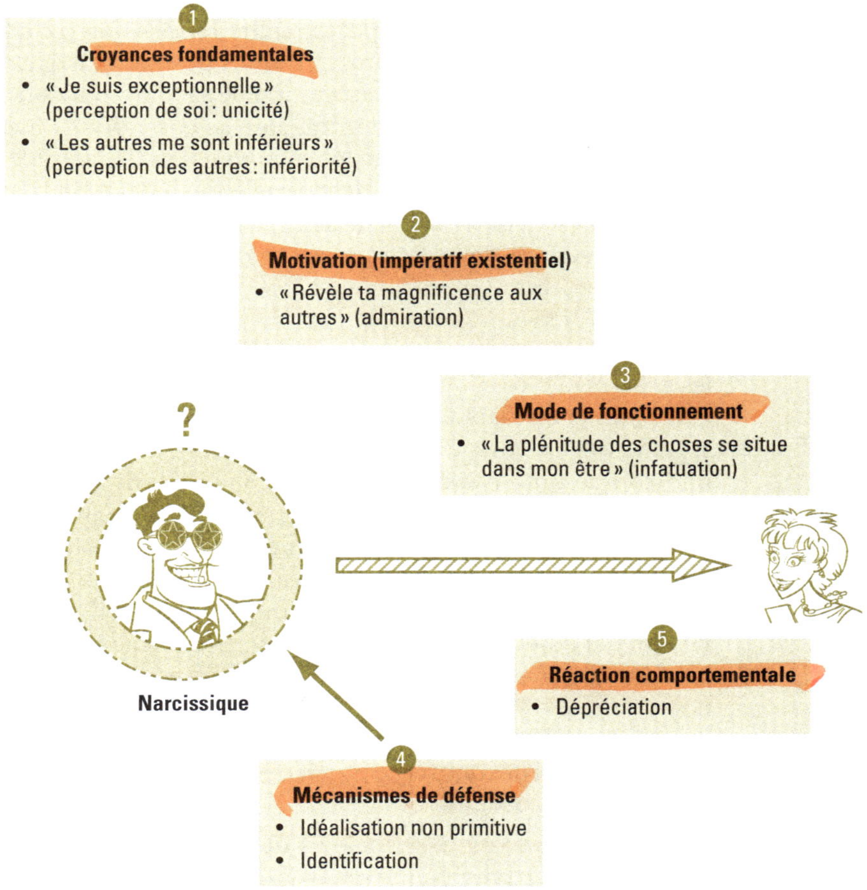

de blessures infligées par autrui à son amour-propre, elle enclenchera automatiquement des opérations de représailles. Excessivement rancunière, elle concoctera avec une rage froide les plans de sa vengeance. Suffisante, gourmée et remplie de morgue, la personnalité narcissique ne s'entretient pas avec vous, mais vous entretient plutôt de ses impressionnantes réalisations. À la fois jalouse de ses propres biens et envieuse de ceux des autres, elle ne peut supporter l'idée d'être supplantée par qui que ce soit au chapitre du succès. Le fait de ne pas occuper la première marche du podium assombrit considérablement son humeur. Toutefois, contenance royale oblige, elle dissimulera avec peine son affliction sous une aménité de façade. L'apparente placidité ne vise en fait qu'à camoufler la terrible angoisse de ne plus être adulée, de devenir un roi sans sujets pour le servir et pour le vénérer.

Mégalomane et sujette à des rêveries grandioses sur le rayonnement de sa splendeur, la personnalité narcissique connaît l'art de la manipulation d'autrui qui lui permet d'arriver à ses fins, en l'occurrence la consécration de sa toute-puissance. Avide de rencontres avec de notables acteurs, dont l'inestimable accueil dans leur cercle restreint est indispensable à la confirmation de sa magnificence, elle délaissera, dans ses échanges avec ceux-ci, ses habituelles forfanteries au profit de la complaisance, de la flagornerie et de l'obséquiosité. Par contre, dépourvue d'empathie et insensible aux sentiments et aux souffrances d'autrui, la personnalité narcissique n'hésitera pas, si le besoin se fait sentir, à écraser sur son passage les acteurs faibles et démunis. Il importe que ceux-ci gardent leur place et connaissent leur rôle. Leur présence en tant que spectateurs attentifs de ses grandioses prestations constitue une composante essentielle de la dynamique de sa suprématie. Il sied de préciser que la personnalité narcissique abhorre les courtisans (pour la plupart histrioniques ou narcissiques), ces fourbes qui jouent les faibles et qui tentent de l'abuser par de basses flatteries pour lui soutirer quelque faveur. Par ailleurs, représentant une incontournable entrave à sa longue marche triomphale, le vieillissement constitue une réalité terriblement anxiogène. La personnalité narcissique est confrontée à un sérieux problème : le dépérissement d'un dieu. L'hypocondrie apparaît dès lors dans le sillage du flétrissement existentiel.

Les deux principaux mécanismes de défense exploités par la personnalité narcissique pour maintenir l'hypertrophie de son moi grandiose sont l'idéalisation non primitive et l'identification. L'idéalisation non primitive consiste en l'idéalisation modérée des personnes constituant son aréopage rapproché. Puisqu'il n'y a en définitive qu'un seul dieu, la personnalité narcissique ne peut attribuer à ces personnes des qualités surhumaines. Le simple fait de côtoyer les plus grands de ce monde la rassure quant à sa véritable valeur. Enfin, l'identification à des personnages célèbres lui permet de s'approprier leurs insignes qualités.

Bien qu'exploitant prioritairement son rayonnement (image), la personnalité narcissique n'affiche aucun scrupule à activer ses représentations, ses relations et son résiduel afin de manipuler les gens de son entourage. Ceux-ci doivent savoir que la personnalité narcissique ne connaît pas la logique du donnant, donnant. Aussi importe-t-il pour eux de n'attendre strictement rien de sa part. Ils doivent surtout savoir que la personnalité narcissique s'élève par l'abaissement d'autrui. Conséquemment, le principal danger planant sur eux est leur imminente dépréciation. Plus ils constitueront aux yeux de la personnalité narcissique une menace à sa primauté, plus ils seront dévalorisés. Afin d'éviter que leur dénigrement ne se transforme soit en féroce contestation, soit en élimination, les acteurs évoluant dans son environnement doivent veiller à ce que leurs jeux politiques de protection ou de proposition prennent appui sur l'édulcoration de leurs réalisations et de leurs possessions. L'adoption d'un profil bas, non menaçant, vise à ne pas réveiller la bête envieuse qui sommeille en la personnalité narcissique. Il est préférable d'éviter l'activation inutile de catalyseurs générant sa décompensation (dysfonction des défenses). Les affrontements directs avec une personnalité narcissique comportent toujours une part appréciable de risques (accès de colère et représailles disproportionnées).

5.3.2 La disposition exacerbée pour le plaisir

Quoique affichant une dynamique psychique radicalement différente au chapitre de la psychopathie (impulsivité et violence comportementale) notamment, les personnalités sadique et passive-agressive ont en commun une inclination outrancière pour le plaisir. Leurs tentatives de manipulation sont fortement motivées par l'expérience potentielle du plaisir.

5.3.2.1 La personnalité sadique

Apparaissant dans l'annexe « Critères et axes proposés pour des études supplémentaires » du DSM-III-R de 1987, la personnalité sadique, faute de preuves empiriques étayant la validité de sa structure idiosyncrasique, ne fut pas reprise par le DSM-IV de 1994. Nonobstant son exclusion des catégories homologuées de personnalités pathologiques, la personnalité sadique se révèle indubitablement la plus manipulatrice et la plus dangereuse d'entre elles. Il sied d'examiner les caractéristiques psychologiques et comportementales de cette sinistre personnalité. Tout d'abord, on peut constater l'existence d'un schéma durable d'adoption de comportements cruels, avilissants et agressifs envers les humains ou les animaux. S'étant développé et cristallisé avant le début de l'âge adulte, ce schéma implique l'utilisation des éléments suivants :

1) la cruauté physique et la violence afin de dominer une relation interpersonnelle ;
2) l'humiliation et l'avilissement d'une personne en présence de ses pairs ;
3) une dureté implacable dans le traitement des personnes ;
4) le mensonge visant l'intensification de la souffrance infligée aux personnes ;
5) l'intimidation et la provocation de la terreur afin d'accroître leurs malheurs ;
6) la restriction de leur autonomie afin de dégrader leur humanité.

Facilement irritable, colérique, impitoyable, intolérante, manipulatrice à l'excès, absolument incapable d'empathie et totalement affranchie du poids des remords, la personnalité sadique tire un vif plaisir soit à observer la souffrance mentale ou physique d'autrui, soit à participer activement à sa production. Ce type de personnalité est fasciné par la violence, les armes, les arts martiaux, les traumatismes de toutes sortes ou la torture. Ayant une portée générale, sa cruauté n'est pas nécessairement motivée par l'obtention d'une excitation sexuelle comme c'est précisément le cas pour les paraphilies[12]. La dynamique psychocomportementale de la personnalité sadique est présentée à la figure 5.5.

L'exploitation de la duplicité par la personnalité sadique vise essentiellement à piéger ses insouciantes victimes sacrifiées sur l'autel du plaisir causé par l'orchestration de la souffrance.

---

12. Déviations sexuelles dont les plus connues sont la pédophilie, la nécrophilie, la zoophilie, le sadisme, le masochisme, le fétichisme, le voyeurisme, l'exhibitionnisme, le frotteurisme, le triolisme et le travestisme.

FIGURE 5.5 | LA DYNAMIQUE PSYCHOCOMPORTEMENTALE DE LA PERSONNALITÉ SADIQUE

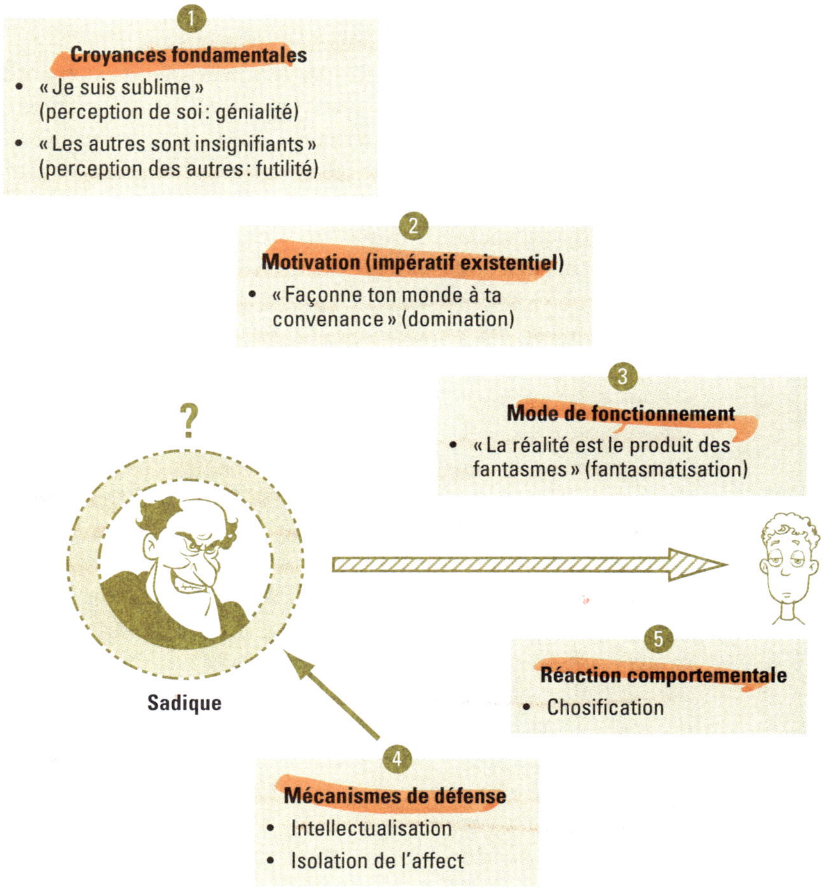

L'obtention de la jouissance par la souffrance d'autrui est la seule motivation de ses comportements anormaux. Cette personnalité agresse strictement pour le plaisir de faire du mal. Aucune autre fin instrumentale (vengeance, jalousie, cupidité, initiation à un gang, établissement d'une chasse gardée ou soulagement de pulsions sexuelles) n'est poursuivie. Dans une perspective médicolégale, les gestes criminels de la personnalité sadique sont considérés comme totalement gratuits. Elle n'est pas intéressée par le contenu de votre bourse, mais plutôt par le spectacle de votre chagrin engendré par le larcin.

Ayant une très haute opinion d'elle-même, la personne sadique considère par ailleurs les autres non pas comme ses semblables, mais comme des erreurs de la nature dont l'existence n'a de sens que dans la mesure où elle participe à l'actualisation de ses fantasmes les plus pervers. Elle considère donc le monde comme un laboratoire lui permettant d'expérimenter sur de braves et nécessaires cobayes les formes les plus subtiles de création de la souffrance. Conséquemment, elle recherche avidement les postes d'autorité, et ce, notamment dans certains secteurs d'activité jouissant d'une caution sociale pour l'exercice du contrôle. Force est d'admettre que les services correctionnels, la sécurité publique, l'armée et l'appareil judiciaire lui confèrent légalement, au vu et au su de tous, l'accès à un tel laboratoire. La personnalité sadique affiche conséquemment un potentiel de dangerosité excessivement élevé (Kaminer et Stein, 2001).

L'évitement de la décompensation psychique est rendu possible principalement grâce à deux mécanismes de défense : l'intellectualisation et l'isolation de l'affect. L'intellectualisation consiste à se défendre contre des pensées angoissantes en formulant des justifications à la fois abstraites et générales. Plutôt que d'éprouver émotionnellement ce qui lui arrive, la personnalité sadique se concentre sur la conceptualisation froide de la réalité qui s'offre à elle. La victime devient alors une vulgaire donnée statistique comparable à d'autres et dont l'existence participe à la construction de modèles théoriques ou de systèmes idéologiques. L'isolement de l'affect se résume à la séparation des pensées angoissantes de leurs affects respectifs. Cette séparation peut se faire au moyen de l'intercalation d'intervalles spatiaux ou temporels. Ou bien les pensées angoissantes sont soumises à une séquence chaotique (intervalle spatial) empêchant la formation de liaisons porteuses de sens, ou bien les actions perverses sont ponctuées d'intermèdes (intervalle temporel) ayant pour fonction de compartimenter l'anormalité. Pour se défendre contre d'éventuelles interpellations du surmoi, la personnalité sadique peut saupoudrer ici et là dans sa psyché les reviviscences[13] de sa monstruosité ou la contenir temporellement dans l'exercice de ses fonctions.

Le principal danger pour quiconque devant vivre dans le voisinage de la personnalité sadique est la chosification, soit la transformation en objet de mortification pour le plus

13. En psychologie, souvenirs relativement vagues.

grand plaisir de son bourreau. Pour y parvenir, la personnalité sadique utilisera indistinctement tous les moyens mis à sa disposition, dont les 4 R (résiduel, relations, représentations et rayonnement) du pouvoir politique. Qu'il soit en position de proposition ou de protection, l'acteur doit exploiter ses jeux politiques dans une perspective d'expulsion de cette personnalité pathologique. Sa malignité, savamment maquillée d'une part et pleinement assumée d'autre part, en fait un être des plus redoutables.

5.3.2.2 La personnalité passive-agressive

Éternel adolescent, la personnalité passive-agressive recherche la *dolce vita*. La vie sans effort, où seule l'indolence prévaut, constitue le nec plus ultra existentiel de ce type de personnalité. En fait, pareille quête de la langueur provient du fait que la personnalité passive-agressive se sent terriblement sous-estimée par les gens de son entourage. Conséquemment, ceux-ci la confinent à l'exécution de tâches indignes de son potentiel. La personnalité passive-agressive estime qu'elle mérite beaucoup mieux que ce que les autres – ne valant en outre pas mieux qu'elle – lui donnent. En plus de se sentir systématiquement mésestimée par eux, elle considère que leurs actions à son endroit ne visent qu'à lui rendre la vie infernale. Sachant pertinemment ce qui lui convient dans la vie, c'est-à-dire faire ce qui lui plaît quand bon lui semble, la personnalité passive-agressive est convaincue qu'elle n'a donc pas à obtempérer aux directives des autres. Toutefois, l'expression manifeste de sa résistance à la malveillance des autres s'avère périlleuse pour elle. En effet, la plupart des gens réagissent agressivement lorsqu'ils sont confrontés directement à une opposition. Il est donc préférable pour la personnalité passive-agressive d'assumer en catimini ses choix existentiels. Ceux-ci ne peuvent se résumer à l'obéissance servile à une autorité à la fois ingrate et ignare n'ayant comme préoccupation que l'assombrissement de son existence. La schématisation de la dynamique psycho-comportementale de la personnalité passive-agressive est présentée à la figure 5.6, à la page suivante.

Une vie ayant du sens nécessite, pour ce type de personnalité, l'abolition des insignifiantes contraintes externes. Observant respectueusement la loi du moindre effort, la personnalité passive-agressive est passée maître dans l'art de se soustraire furtivement à ses obligations, tant personnelles que professionnelles. C'est par la passivité qu'elle agresse

FIGURE 5.6 LA DYNAMIQUE PSYCHOCOMPORTEMENTALE DE LA PERSONNALITÉ PASSIVE-AGRESSIVE

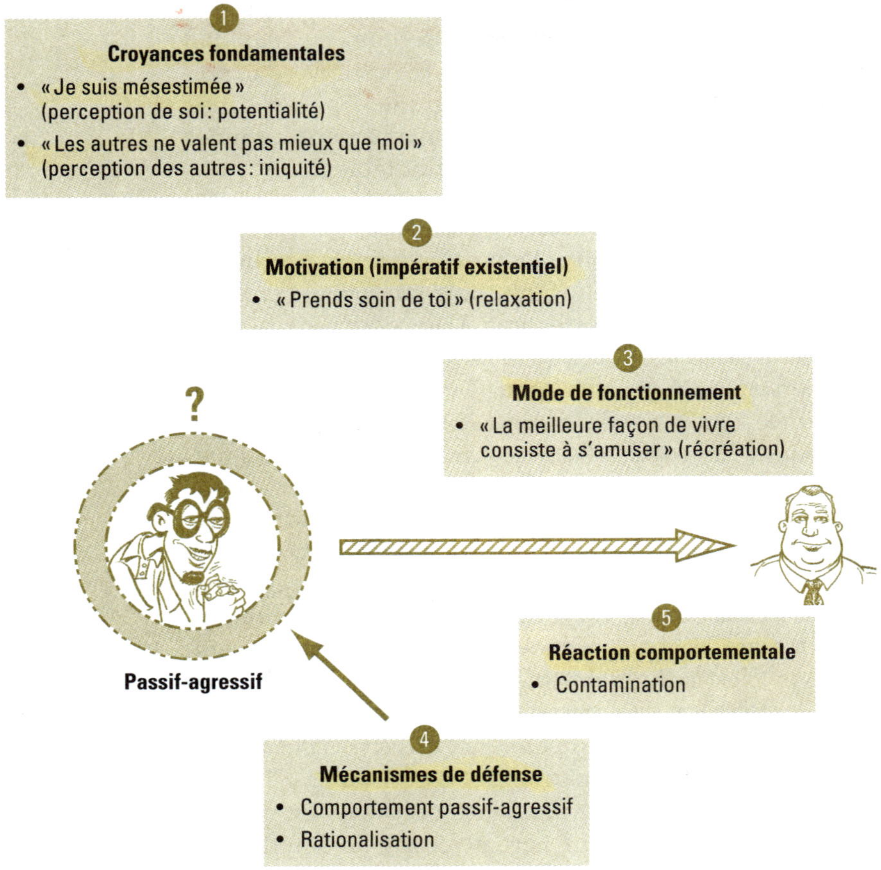

les empêcheurs de tourner en rond. Elle meuble les nombreux temps libres générés par ses habiles esquives par la recherche et la consommation de plaisirs facilement accessibles. Aussi n'est-il pas étonnant que son existence soit balisée par d'interminables pauses café, de longues stations aux toilettes, de soudaines disparitions de son poste de travail et de subtiles évasions ludiques pouvant prendre, entre autres, la forme de rêveries diurnes ou de fugues informatiques. L'univers psychique de la personnalité passive-agressive s'apparente à un chaleureux salon où il fait bon se prélasser sur un divan près du feu qui crépite.

L'autonomie frondeuse de la personnalité passive-agressive se révèle trompeuse. Loin d'avoir confiance en ses propres moyens, cette personnalité est envahie par des doutes récurrents relativement à ses capacités. Sa valeur demeure essentiellement une réalité discursive. Elle ne se concrétise jamais par et dans l'action. Malgré ses sempiternels persiflages et railleries adressés aux gens en position d'autorité, la personnalité passive-agressive se refusera à accomplir un geste décisif : quitter l'organisation pour devenir travailleur autonome. Craignant l'échec et le jugement réprobateur des autres, elle préférera éprouver en tapinois, et à leurs dépens, les fantasmes de son immense potentiel inexploité. S'estimant victime de l'ignorance et de la médiocrité des gens de son époque[14], la personnalité passive-agressive envie, méprise et hait profondément tous ceux qui ont réussi dans la vie. Particulièrement douillette, elle se fait un devoir de bien prendre soin d'elle en évitant tout effort pouvant se révéler délétère. La relaxation constitue pour elle une priorité non négociable.

Elle utilise deux principaux mécanismes de défense pour justifier ses pérégrinations récréatives : le comportement passif-agressif et la rationalisation. Le comportement passif-agressif consiste à s'opposer à l'autorité ou à se défiler au moyen d'une résistance tacite. La personnalité passive-agressive a appris à dire non sans devoir émettre un son. Spécialiste des oublis (« Mais où avais-je la tête ? »), de la procrastination (« Pas de problème ! Je le ferai demain. »), du mauvais sort (« Mon chien a mangé mon rapport… »), du freinage (deux vitesses sont utilisées dans l'exécution des tâches : lent et arrêté), du sabotage (le bon vieux coup du tournevis dans la prise électrique), des malencontreux accidents de travail (les fameux maux de dos et l'insidieuse fibromyalgie[15]) et de l'application des multiples clauses de sa convention collective (« Il est écrit que… »), la personnalité passive-agressive a à sa disposition tout un arsenal pour se défendre efficacement contre les « abus » des personnes en position d'autorité. Quant à la rationalisation, elle désigne le recours à des explications rationnelles pour justifier l'existence de sa contestation indirecte de l'autorité. La personnalité

14. Syndrome du grand incompris.
15. Maladie rhumatismale se caractérisant entre autres par une douleur généralisée dans les muscles, les ligaments et les tendons.

passive-agressive admettra volontiers qu'elle chaparde ici et là des heures de travail, mais qu'en comparaison des comptes de dépenses astronomiques des hauts dirigeants ses incartades sont de la petite bière.

La personnalité passive-agressive contamine presque tout ce qu'elle touche. De par ses agissements, observés par ses collègues, elle sert de modèle à suivre à certains d'entre eux qui estiment en faire trop pour ce qu'ils reçoivent en échange. Apte à générer spontanément mille excuses susceptibles de la blanchir de toute faute, elle rend par ailleurs insupportable la vie de ceux qui ne veulent pas assumer à sa place ses responsabilités. Coincer une personnalité passive-agressive est une entreprise qui se révèle des plus ardues. Elle est une virtuose de l'exploitation de ses représentations politiques, toujours pondérées et bien souvent attendrissantes. Diplômée en victimologie, la personnalité passive-agressive sait faire vibrer la corde sensible et feindre sur commande la piété. Lorsqu'il est forcé de composer avec ce type de personnalité pathologique, l'acteur, qu'il soit en position de proposition ou de protection, doit étayer ses jeux politiques sur une systématisation normative. Son intervention doit être le plus impersonnelle possible. En fait, seul un ensemble systématique de règles parvient à garder honnête une telle personnalité.

5.3.3 Le besoin démesuré de protection

Alors que la personnalité paranoïaque s'échine jour et nuit à optimaliser l'étanchéité du système de défense devant assurer la protection de son intégrité personnelle, la personnalité antisociale veille jalousement à la protection de son territoire de chasse afin de s'assurer l'exclusivité de l'accès au gibier qui s'y trouve. Leurs abus de pouvoir respectifs gravitent autour de ces deux préoccupations existentielles.

5.3.3.1 La personnalité paranoïaque

Convaincue d'être excessivement vulnérable à la perfidie des gens de son entourage, la personnalité paranoïaque vit constamment sur la défensive. L'hypervigilance dont elle fait montre envers son milieu vise à contrecarrer les ignobles complots tramés contre elle. Persuadée que le monde fourmille d'individus à la fois malicieux et sournois, la personnalité paranoïaque estime primordial à sa sécurité de ne strictement rien dévoiler d'elle-même à autrui et de ne jamais se fier aux apparences. Pour elle, les vrais motifs des gens sont toujours cachés. Conséquemment, il importe de se méfier particulièrement des gens gentils. Puisqu'il est vrai qu'« on prend plus de mouches avec du miel qu'avec du vinaigre », leur affabilité n'est qu'un masque dissimulant la félonie. Dotée d'une vision manichéenne du monde, la personnalité paranoïaque croit être le preux chevalier, défenseur de la veuve et de l'orphelin, devant évoluer dans un univers artificieux truffé d'infâmes fourbes sans vergogne. La meilleure façon de se protéger contre pareille hypocrisie consiste en l'érection d'un bunker qui maintient au dehors les abjects artistes de la trahison. La figure 5.7 présente la dynamique psychocomportementale de la personnalité paranoïaque.

FIGURE 5.7 LA DYNAMIQUE PSYCHOCOMPORTEMENTALE DE LA PERSONNALITÉ PARANOÏAQUE

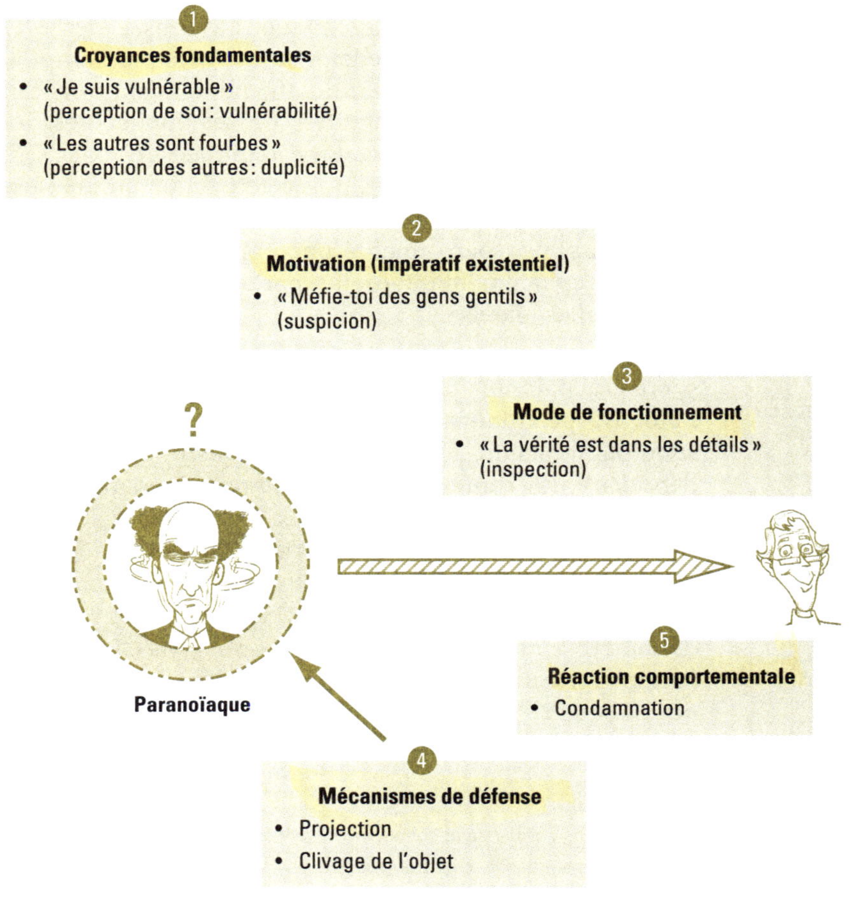

À la méfiance excessive vient se greffer l'hypertrophie du moi. La personnalité paranoïaque affiche un narcissisme qui stimule son besoin d'affirmation de soi. Elle veut que les gens sachent qu'elle n'est pas n'importe qui. Elle a des droits et veillera résolument à les faire respecter. Sa quête existentielle est un combat acharné pour que triomphe finalement la justice; évidemment, la sienne. Il lui importe de démasquer les imposteurs et de dévoiler au monde entier toute la vérité. Loin de reposer sur l'existence de faits incontestables, cette vérité émerge de la fabrication boiteuse de preuves, une sorte de salmigondis[16] de vétilles n'ayant pour objet que la corroboration de ses soupçons. Appartenant au groupe A (personnalités bizarres), la personnalité paranoïaque présente, entre autres, deux graves distorsions cognitives: la surgénéralisation et l'idée de référence. La surgénéralisation consiste en l'utilisation systématique de préjugés afin de définir les composantes du monde. La pensée de ce type de personnalité est essentiellement modulée par l'emploi de stéréotypes. Dès qu'un individu affiche deux ou trois caractéristiques communes à d'autres de ses congénères, il est automatiquement étiqueté comme identique à ceux-ci. Quant à l'idée de référence, elle désigne la conviction qu'une source informationnelle générique s'adresse exclusivement à soi. Par exemple, la personnalité paranoïaque pourra se sentir tout particulièrement interpellée par un anecdotique bulletin de nouvelles télévisé.

Animée par un profond sentiment de persécution, la personnalité paranoïaque se sent investie de l'obligation de livrer de percutants réquisitoires contre l'oppresseur. Son style pamphlétaire fort incohérent, soutenu par une sthénie débridée[17], lui confère une allure impressionnante. C'est la plupart du temps avec les yeux exorbités et la bouche écumante que la personnalité paranoïaque met à jour les sombres desseins de l'ennemi, cette hideuse créature de l'extérieur qui se propose de l'envahir, de la posséder. L'angoisse de pénétration la tenaille constamment. Certes, la mise sous tension permanente se révèle des plus épuisantes. Aussi est-il normal que la personnalité paranoïaque caresse à l'occasion le désir de s'en remettre à quelqu'un de foncièrement bon

---

16. Assemblage disparate et surtout incohérent.

17. Emballement des fonctions physiologiques (respiration, rythme cardiaque, sudation, contractions musculaires, etc.).

qui saura la comprendre et la protéger. Mais à qui faire confiance dans un monde non pas affectueux, mais patelin? Le doute concernant la loyauté des autres est omniprésent dans la psyché de la personnalité paranoïaque. Qui plus est, cette dernière doute également d'elle-même. Une ambiguïté flotte quant à la pureté de ses intentions et, conséquemment, à la justesse de ses actions. Refusant la douloureuse introspection de ses obscurs labyrinthes pulsionnels, elle préfère projeter son inavouable petitesse.

La projection est un mécanisme de défense grandement utilisé par la personnalité paranoïaque. Ce mécanisme consiste à se libérer de ce qui est jugé inacceptable en l'attribuant à l'autre, l'individu dissemblable provenant de l'extérieur, l'étranger n'attendant que le moment propice pour frapper. Le clivage de l'objet vient fortifier son système de défense. Ce mécanisme de défense repose sur la fragmentation psychique des individus en deux entités antinomiques : le bon et le mauvais. La charge impétueuse de la personnalité paranoïaque contre l'agresseur ne vise que sa composante foncièrement et indiscutablement maligne. Tout le reste est préservé. En agissant de la sorte, la personnalité paranoïaque n'a pas l'impression d'avoir agressé une personne tout entière, mais plutôt une perversion, un cancer moral devant impérativement être supprimé.

La cohabitation avec une personnalité paranoïaque n'est pas de tout repos. Le simple fait de se trouver dans son environnement fait de l'acteur un éventuel suspect. Dans ses nombreux délires de persécution, elle abusera forcément et principalement de ses représentations (pouvoir scénique) et, subsidiairement et de façon ampoulée, de son rayonnement (pouvoir promotionnel). Le grand danger qui guette l'acteur est assurément la condamnation. La personnalité paranoïaque recourt systématiquement à des attaques verbales englobant des reproches, des accusations et des menaces. L'esprit de vengeance impliquant des représailles disproportionnées est très développé chez elle. Afin de composer efficacement avec ce type de personnalité, un acteur, qu'il soit en position de proposition ou de protection, doit s'efforcer d'inscrire ses jeux politiques dans l'établissement d'une routine transactionnelle. Fréquent mais court, respectueux mais distant, le format qu'empruntent les échanges de l'acteur avec la personnalité paranoïaque vise à accroître sa prévisibilité et, ainsi, à calmer le sentiment de vulnérabilité.

5.3.3.2 La personnalité antisociale

Impulsive, imprévisible, irresponsable, irritable et agressive, la personnalité antisociale[18] conçoit le monde comme une jungle où seuls les plus forts peuvent et doivent survivre. L'essentiel pour elle est de se trouver en tout temps dans le bon camp. Persuadée que la meilleure défensive est l'offensive, elle s'applique à mettre scrupuleusement en pratique la règle fondamentale de la survie : frapper toujours le premier. Conséquemment, l'introspection et la réflexion sont des activités intellectuelles qui lui sont totalement étrangères. Estimant que les lois, répugnantes excrétions des faibles, sont essentiellement faites pour être transgressées, la personnalité antisociale vit dans une logique existentielle de prédation, où l'intimidation verbale ou physique départage le chasseur du gibier. Aussi est-il conséquent qu'elle considère comme un signe de faiblesse l'expression d'émotions tendres, telles la sensibilité et l'affection. Pratiquant une anesthésie affective, elle se montre totalement impavide devant la douleur (qu'il s'agisse de la sienne ou de celle des autres) et le danger. Téméraire et irréfléchie, elle n'hésite pas à s'exposer inutilement, par bravade. La schématisation de la dynamique psychocomportementale de la personnalité antisociale est présentée à la figure 5.8.

Passée maître dans l'art de la tromperie (mensonge, baratin, falsification de documents et usurpation d'identités), la personnalité antisociale exploite sans remords les autres, pour qui, d'ailleurs, elle nourrit un profond mépris. Effectivement, ceux-ci lui apparaissent terriblement stupides. S'estimant forcément plus futée qu'eux, elle n'éprouve aucune réticence ni aucune crainte à les agresser. Il importe pour elle d'imposer sa loi, qui se résume à la satisfaction immédiate de ses besoins les plus élémentaires et de ses pulsions les plus

---

18. Alors que le diagnostic du trouble de la personnalité antisociale repose sur la présence de comportements observables, par exemple le changement fréquent d'emploi et les bagarres à répétition, la psychopathie est un désordre grave de la personnalité évalué au moyen de l'identification de traits de personnalité, tels l'égocentrisme et la manipulation. Bien que le psychopathe soit dépourvu de conscience morale, d'empathie, de sentiment de culpabilité et de loyauté, il n'adopte pas automatiquement des comportements agressifs, contrairement à ce qui est observé chez la personnalité antisociale. De même, la personnalité antisociale n'affiche pas tous les symptômes, 20 au total, de la psychopathie. Par ailleurs, bien que pouvant faire montre d'une conscience morale, d'empathie, de sentiment de culpabilité et de loyauté, le sociopathe se comporte de façon antisociale pour se conformer à la culture de son groupe d'appartenance. Voir au sujet de ces distinctions conceptuelles les éclairants travaux de Babiak et Hare (2006) et de Meloy (1995).

FIGURE 5.8 LA DYNAMIQUE PSYCHOCOMPORTEMENTALE DE LA PERSONNALITÉ ANTISOCIALE

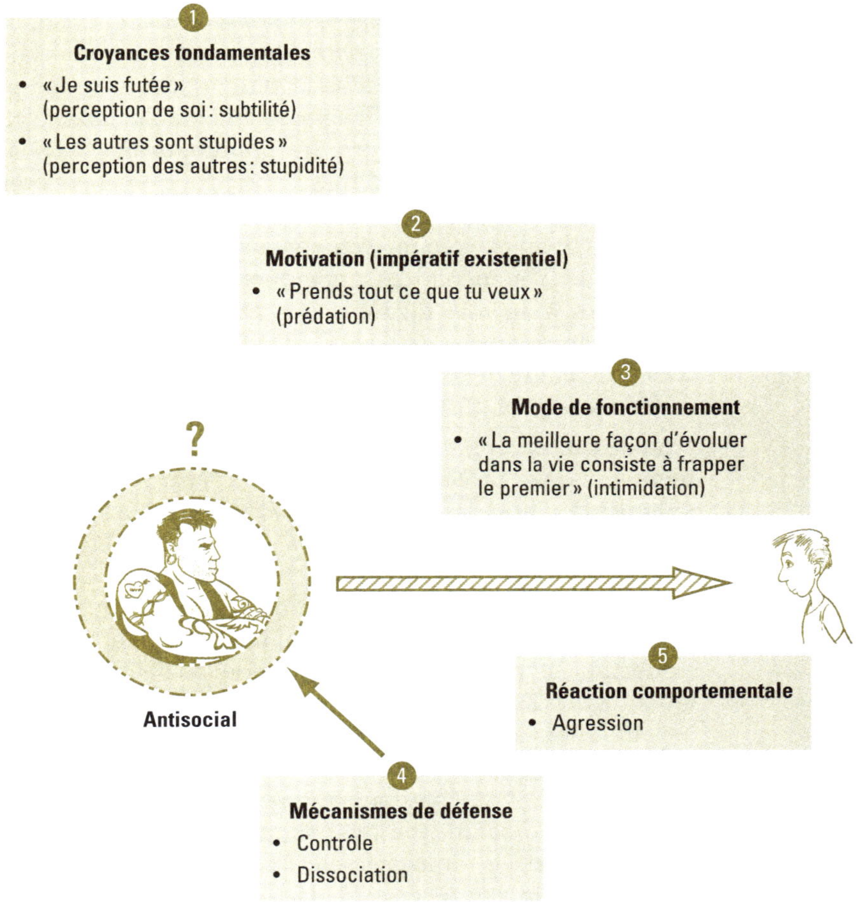

instinctuelles. Pour ce faire, la personnalité antisociale axe sa vie sur l'organisation de la protection de son territoire de chasse, si essentiel à l'actualisation de sa loi. Convaincue que « l'homme est un loup pour l'homme », elle s'attend à ce que son domaine cynégétique[19] soit incessamment violé par un vulgaire quidam. La riposte sera immédiate et, surtout, violente. La personnalité antisociale protégera avec une rage peu commune son mode de vie satrapique[20].

19. Qui concerne la chasse.

20. Propre à un despote avide de jouissance et de plaisirs.

Considérant avec cynisme la souffrance infligée à autrui, la personnalité antisociale se complaît dans la rodomontade[21] transformant ses tristes méfaits en héroïques exploits. Toutefois, ce type de personnalité pathologique possède rarement les moyens de ses ambitions. Effectivement, la manifestation de sa vantardise s'avère, dans la plupart des cas, des plus pitoyables. Expression langagière lamentable (absence de vocabulaire et grossières erreurs grammaticales), discours éviscéré de tout contenu (tissu anecdotique incohérent), démarche loufoque (sautillement, bombage de torse et roulement des épaules), tenue vestimentaire ridicule (agencement bigarré de vêtements) et apparence physique affligeante (tatouages à la fois gigantesques et monstrueux souvent assortis de multiples perçages corporels disgracieux): tout concourt à faire de la personnalité antisociale un personnage particulièrement grotesque.

Afin de préserver son équilibre interne, elle recourt fréquemment aux deux mécanismes de défense suivants: le contrôle et la dissociation. Le contrôle consiste en une manipulation des personnes ou des événements permettant, d'une part, la résolution de conflits intérieurs (gain primaire) et, d'autre part, l'obtention de la satisfaction de besoins (gain secondaire). Dans le cas de la personnalité antisociale, le contrôle s'effectue au moyen de l'intimidation et de la tromperie. Quant à la dissociation, ce mécanisme de défense se résume à l'altération du niveau de sa propre conscience. Soumise aux pressions de pensées angoissantes, elle procède à sa protection soit en minimisant leur teneur significative (banalisation du crime commis), soit en les évacuant du champ de sa conscience (amnésie sélective). Conséquemment, en plus de minimiser la gravité de ses gestes répréhensibles, la personnalité antisociale affiche souvent une mémoire en gruyère.

À la suite de la description de la psychologie de la personnalité antisociale, il nous est permis d'affirmer que celle-ci abusera grandement de son pouvoir scénique. Visant essentiellement à intimider les gens, ses représentations sont à la fois expéditives et non équivoques. Il importe pour elle que son message soit compris du premier coup. Alors que la personnalité sadique agresse simplement par plaisir et que la personnalité paranoïaque passe à l'action pour se défendre,

---

21. Synonyme de vantardise ou de fanfaronnade.

la personnalité antisociale attaque, d'une part, pour jouir de la personne d'autrui ou de ses biens et, d'autre part, pour protéger son secteur d'activité. La probabilité qu'un acteur se situant dans le rayon d'action de la personnalité antisociale subisse une agression pouvant prendre différentes formes (escroquerie, violence physique, agression sexuelle, etc.) est non négligeable. La plus grande prudence est de mise. Ses jeux politiques de proposition ou de protection doivent viser la neutralisation de la personnalité antisociale. Cette neutralisation peut se faire par la surveillance accrue et permanente de celle-ci ou par son isolement social.

5.3.4 La quête effrénée de performance

Deux personnalités pathologiques, les personnalités *borderline* et de type A, abusent de leur pouvoir politique afin de répondre à d'irréductibles impératifs de performance. Alors que la personnalité *borderline* doit s'efforcer de s'extirper, sans fil d'Ariane, d'un inextricable labyrinthe identitaire, la personnalité de type A est condamnée à faire reculer sans cesse les frontières du possible.

5.3.4.1 La personnalité *borderline*

La personnalité *borderline*[22] doit son appellation à la mixité axiale[23] de ses symptômes. Se situant, dans une perspective conceptuelle psychanalytique, à la frontière (*border*) de la psychose et de la névrose, elle se révèle excessivement difficile à saisir. Dénommée à l'occasion mercurielle[24], elle est assurément la plus volatile des personnalités instables (groupe B). Ses principales caractéristiques psychologiques et comportementales sont les suivantes:

1) l'instabilité et l'excès dans ses rapports avec autrui;
2) l'impulsivité en matière de sexualité, de dépenses, de consommation de substances (alcool ou drogues) et d'auto-agression;

---

22. Le terme « personnalité limite » est synonymique.
23. En plus d'appartenir à l'axe II (Troubles de la personnalité) du DSM-IV, la personnalité *borderline* présente plusieurs symptômes propres à l'axe I (Troubles cliniques). Son polymorphisme symptomatique comporte notamment de graves troubles de l'humeur et de brèves expériences psychotiques réactionnelles, tels les sentiments de dépersonnalisation (se sentir étranger à soi-même) et de déréalisation (avoir l'impression de vivre dans l'irréalité), l'idéation paranoïde (sentiment de persécution) et les illusions hypnagogiques (expériences surnaturelles précédant immédiatement le sommeil).
24. En référence à l'insaisissabilité du mercure.

3) l'instabilité affective;
4) les accès de rage;
5) la formulation fréquente de menaces suicidaires et l'actualisation de celles-ci;
6) la fluidité identitaire;
7) le sentiment permanent de vide ou d'ennui;
8) les réactions extrêmes pour éviter les ruptures relationnelles.

En fait, l'armature cognitive de la personnalité *borderline* repose sur deux grandes croyances fondamentales: elle s'estime, d'une part, perdue, c'est-à-dire à la fois égarée et condamnée et, d'autre part, incomprise des autres. Ne pouvant se comprendre elle-même et étant de surcroît affligée par l'incompréhension, voire l'insensibilité des autres, elle se retrouve prisonnière d'un impitoyable dédale identitaire. « Comment s'en sortir ? » constitue pour elle un angoissant leitmotiv existentiel, une sorte d'interminable litanie du désespoir. La dynamique psychocomportementale de la personnalité *borderline* est présentée à la figure 5.9.

Quoique victime d'accablantes afflictions générées par son incompréhension de son rapport à elle-même et au monde, la personnalité *borderline* s'engage dans la réalisation d'une audacieuse performance: trouver la rarissime personne pouvant comprendre et accepter un être aussi perdu qu'elle. Tel un homme à la mer espérant l'apparition d'une inestimable bouée de sauvetage, elle est à l'affût de la manifestation du sauveur tant espéré. Dès que ce dernier pointe à l'horizon, elle amorce les premiers échanges devant paver la voie à la formation d'une relation. Sa démarche repose sur l'intrusion: nombreux et insistants appels téléphoniques, visites inopinées à domicile, envahissement de l'espace personnel, propositions explicites, etc. Les tout premiers débuts de la démarche sont marqués par des poussées euphoriques paroxystiques. Elle a enfin déniché la personne qui la comprend et qui l'aide à trouver son chemin dans la vie.

La plénitude fusionnelle est de très courte durée. Tel un hérisson frigorifié chez qui le rapprochement de ses congénères provoque certes un réchauffement, mais également d'inéluctables piqûres, la personnalité *borderline* regrette rapidement la trop grande proximité de son présumé bienfaiteur. La fugace extase originelle fait place à la dysphorie[25],

---

25. Mélange diffus d'anxiété et de dépression.

FIGURE 5.9 LA DYNAMIQUE PSYCHOCOMPORTEMENTALE DE LA PERSONNALITÉ *BORDERLINE*

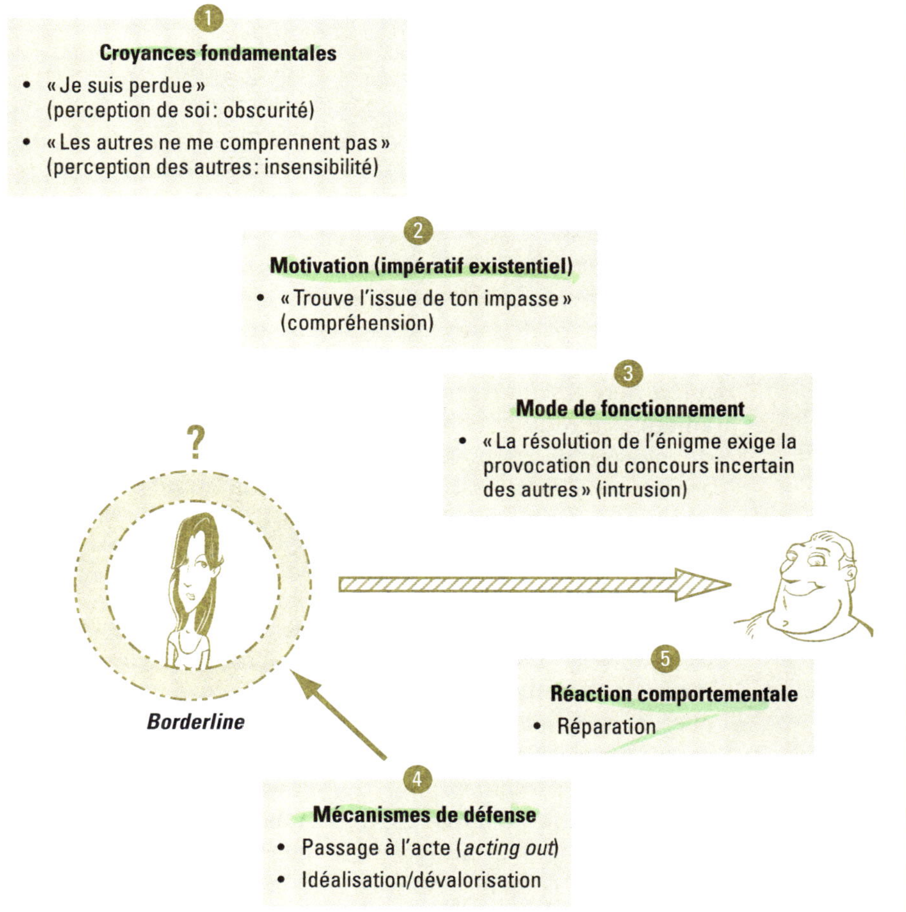

son humeur de base, et à l'irritabilité. Tel le parcours des montagnes russes, la vie de la personnalité *borderline* s'apparente à une sempiternelle succession de très brefs épisodes psychotiques maniaco-dépressifs. Les moments d'intense exaltation accompagnée de bouffées délirantes, d'agrandissement désinhibiteur du moi, d'optimisme outrancier, d'hyperactivité et de débordements pulsionnels sont suivis d'une dramatique descente aux enfers constituée d'abattement, de tristesse, d'état dépressif, de pensées suicidaires, de rage, de révolte, de ressentiment, d'idéation paranoïde et de sentiments de dépersonnalisation et de déréalisation. L'accueillante et consolante épaule du confident devient soudainement inconfortable et envahissante. L'oscillation thymique[26] est une réalité indissociable de l'existence de la personnalité *borderline*.

Terriblement fragile au chapitre de l'équilibre psychologique, la personnalité *borderline* tente désespérément d'éviter la décompensation, et ce, principalement au moyen de deux mécanismes de défense : le passage à l'acte, également appelé *acting out*, et l'idéalisation/dévalorisation. Le passage à l'acte désigne l'adoption d'un comportement permettant l'évitement d'une souffrance. Par exemple, la crainte d'être incessamment abandonnée par l'exaspérant, mais non moins disponible partenaire de vie peut inciter la personnalité *borderline* à commettre une tentative de suicide afin de le retenir en suscitant chez lui un sentiment de culpabilité. Par ailleurs, le mouvement pendulaire de l'idéalisation et de la dévalorisation permet à la personnalité *borderline* de justifier autant son abandon total à son idole, lorsqu'elle est en phase maniaque, que son animosité à son endroit – ce dernier s'étant illico transformé en salaud –, lorsqu'elle plonge dans sa phase dépressive.

Dotée d'une pensée dichotomique faisant l'économie des déroutantes nuances et classant les individus en deux catégories, soit ceux qui sont avec elle et ceux qui sont contre elle, la personnalité *borderline* exige réparation pour le tort causé dès qu'elle se sent trompée par son ancien compagnon d'armes. Le principal danger guettant l'acteur ayant malencontreusement pénétré l'espace vital de celle-ci est de devoir lui verser un dédommagement incroyablement disproportionné. Terriblement vindicative et hargneuse, la personnalité *borderline* a résolument l'intention, cette fois-ci, de se faire respecter. Trop de gens, par le passé, ont de façon éhontée abusé d'elle. Il est temps maintenant d'en faire payer un pour tout le mal causé par ces êtres abjects. Afin d'obtenir par intrusion l'aide salvatrice d'un acteur, la personnalité *borderline* exploitera indistinctement tous les moyens mis à sa disposition, dont évidemment les 4 R du pouvoir politique. Qu'il s'agisse de formuler une proposition ou d'établir une protection, l'acteur se doit d'inscrire ses jeux politiques dans une perspective de distanciation. Puisque la personnalité *borderline*

26. Qui concerne l'humeur.

constitue une véritable bombe à retardement, l'agent doit en tout temps garder ses distances. Affectivement neutres, ses interventions ne doivent porter que sur des problématiques professionnelles. Aussi la fraternisation s'avère-t-elle fortement déconseillée.

5.3.4.2 La personnalité de type A

Quoique la personnalité de type A n'apparaisse pas encore dans la nosographie[27] des troubles de la personnalité clairement identifiés par le DSM-IV, elle n'en demeure pas moins une réalité idiosyncrasique manifeste. La personnalité de type A se singularise par un sens démesuré de la compétition, une course effrénée contre la montre et un engagement constant dans l'action. Cette personnalité pathologique est en permanente compétition avec les autres. Peu importe la nature de l'activité, qu'il s'agisse du travail, de loisirs ou de simple bavardage, la personnalité de type A éprouve un maladif besoin de l'emporter sur les autres. Il lui faut gagner en tout temps et en tous lieux. Pour elle, tout est prétexte à la compétition. Alors que la personnalité *borderline* s'engage désespérément dans la réalisation d'une performance des plus ardues, la compréhension de l'insaisissabilité de son identité, la personnalité de type A se fixe l'incontournable devoir d'accomplir des performances matérielles – c'est-à-dire dont les niveaux peuvent être observés et mesurés –, dont la difficulté est sans cesse majorée. La figure 5.10, à la page suivante, schématise l'essentiel de la dynamique psychocomportementale de la personnalité de type A.

Tel un Héraclès des temps modernes, cette personnalité est condamnée à réaliser des travaux colossaux. Toutefois, contrairement aux 12 épreuves imposées au héros hellénique, le nombre d'exploits devant être accomplis avec brio par la personnalité de type A se révèle infini. Sa vie est une sommation de défis à relever. Convaincue que la détermination et la fureur de vaincre galvaniseront son invincibilité, elle perçoit les autres comme des challengeurs aspirant à la déloger de la plus haute marche du podium. Ses rapports interpersonnels sont une lutte permanente pour faire triompher sa suprématie dans tous les domaines de sa vie. Effectivement, la personnalité de type A s'impose en tout temps d'exceller en tout. Ne s'accordant aucun répit, elle mène littéralement un train

27. Description et classification rigoureuse des maladies.

FIGURE 5.10 LA DYNAMIQUE PSYCHOCOMPORTEMENTALE DE LA PERSONNALITÉ DE TYPE A

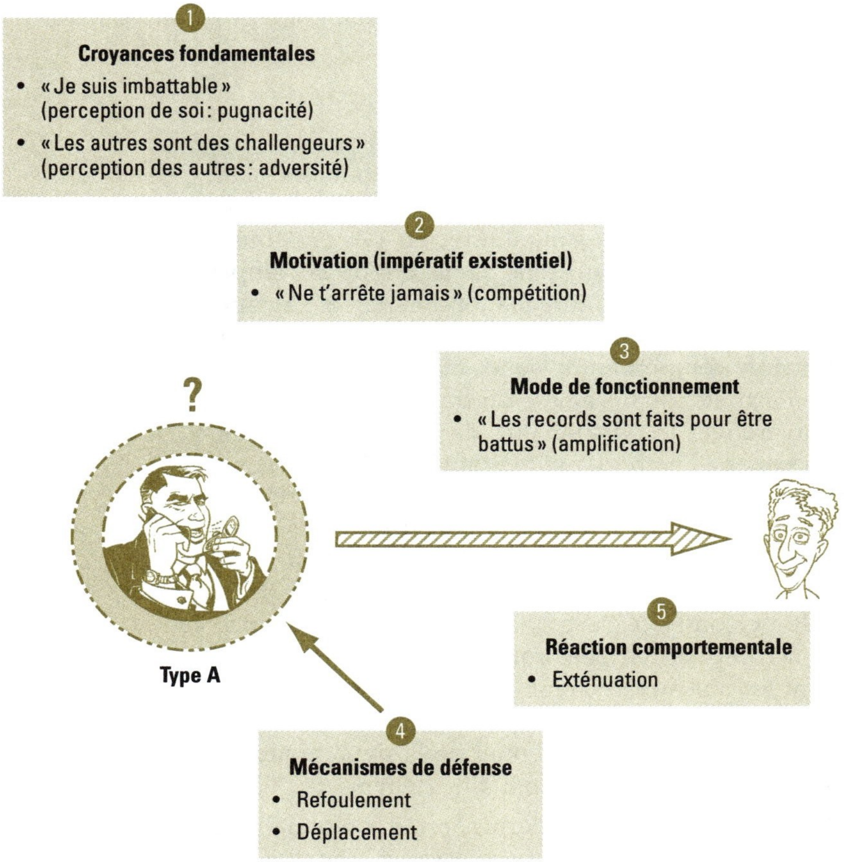

d'enfer, entraînant dans sa course folle de nombreuses et vives manifestations d'intolérance et de colère envers la lenteur présumée du rythme de travail des autres. Impatiente et éprise d'exactitude, elle tente constamment de comprimer le plus grand nombre de tâches à exécuter dans le plus petit laps de temps possible. Force nous est donc d'admettre que la personnalité de type A est souvent un ergomane[28], c'est-à-dire qu'elle présente une grave dépendance au travail.

28. Les termes « boulomane » et « workaholique » sont également utilisés dans la littérature scientifique de langue française.

Afin de composer tant bien que mal sur le plan psychique avec l'implacable obligation de tenir d'incessantes compétitions tous azimuts, la personnalité de type A recourt principalement à deux mécanismes de défense: le refoulement et le déplacement. Le refoulement consiste à maintenir hors du champ de la conscience les représentations anxiogènes. Les simples joies de la détente ou le plaisir d'avoir fait bonne figure sans pour autant avoir triomphé sont confinés, tout en demeurant actifs, au registre de l'inconscient. En agissant de la sorte, la personnalité de type A s'interdit d'éprouver une culpabilisante satisfaction obtenue par des moyens inférieurs à la victoire. Quant au déplacement, ce mécanisme se résume à la réorientation de l'assouvissement d'une pulsion sur un objet beaucoup moins menaçant que celui auquel elle était originellement destinée. Constamment soumise à des doses élevées de stress, la personnalité de type A peut être fortement incitée à répondre sur-le-champ, et avec agressivité, à une figure d'autorité possédant une dévastatrice puissance de feu. Il s'avère donc préférable de différer l'expression de l'agressivité pour la canaliser le soir venu sur une cible plus vulnérable: la conjointe, l'enfant ou le chien.

Infatigable galérien condamné à ramer sans cesse plus vite pour devancer ses concurrents, la personnalité de type A vit une mise sous tension permanente. Il n'est donc pas étonnant qu'elle constitue la candidate idéale à de graves problèmes coronariens, tels l'infarctus du myocarde et l'angine de poitrine. Ayant toujours soif de performance, elle s'avère par ailleurs très difficile à vivre pour les autres. En générant un stress exagérément élevé chez ceux-ci, elle participe grandement à la détérioration de leur qualité de vie. Acariâtre, intransigeante et ambitieuse, elle impose, dans sa foulée frénétique, une cadence de travail souvent démentielle. Il n'est pas rare que plusieurs tombent au combat, frappés d'épuisement. C'est d'ailleurs le plus grand risque que courent les personnes devant œuvrer avec la personnalité de type A. En matière d'abus de pouvoir politique, elle exploitera sans hésitation toutes les ressources mises à sa disposition pour arriver à sa fin ultime: gagner.

L'acteur devant composer avec cet impitoyable rouleau compresseur doit étayer ses jeux politiques de proposition ou de protection sur une philosophie de décompression. Celle-ci comprend deux composantes fondamentales, soit la relativisation et l'expérimentation des joies de la détente. Il importe d'apprendre à ce type de personnalité l'importance de bien

TABLEAU 5.2 **LA SYNTHÈSE DES PRINCIPALES NOTIONS AFFÉRENTES AUX PERSONNALITÉS PATHOLOGIQUES ABUSANT DE LEUR POUVOIR POLITIQUE**

Personnalités normales →	Personnalités pathologiques	Univers psychique	Perception de soi/ perception des autres
Théâtrale	Histrionique	Scène	Incapacité/utilité
Confiante	Narcissique	Cour	Unicité/infériorité
Esthète	Sadique	Laboratoire	Génialité/futilité
Flegmatique	Passive-agressive	Salon	Potentialité/iniquité
Méfiante	Paranoïaque	Bunker	Vulnérabilité/duplicité
Aventureuse	Antisociale	Jungle	Subtilité/stupidité
Intense	*Borderline*	Dédale	Obscurité/insensibilité
Combative	Type A	Galère	Pugnacité/adversité

sélectionner ses priorités et de refuser carrément de s'investir aveuglément dans des activités accessoires. Qui plus est, les bienfaits de la dédramatisation de l'obtention occasionnelle de résultats convenables, sans plus, doivent être portés à son attention. Enfin, il sied de l'initier progressivement à la découverte du plaisir que procure la relaxation.

Les principales caractéristiques psychologiques et comportementales des huit types de personnalités pathologiques affichant une forte inclination pour les abus de pouvoir ainsi que la nature des dangers engendrés par chacune de celles-ci et l'orientation des jeux politiques de l'acteur devant y faire face sont présentées au tableau 5.2.

Il n'y a pas que les individus qui sont à l'origine d'abus de pouvoir politique ; les milieux de travail participent également à leur manifestation. Plus précisément, certains types de cultures organisationnelles sont de véritables berceaux de la fermentation de tels abus. La section 5.4 sera consacrée à l'examen de ces différents types de cultures pathogènes.

5.4 La définition de l'anormalité culturelle

Selon Ouimet (2007a), une culture organisationnelle correspond à un système de valeurs et de croyances partagées par

Motivation	Mécanisme de défense	Danger	Objectif des habiletés politiques
Attention	Régression Sexualisation	Abandon	Ventilation
Admiration	Idéalisation non primitive Identification	Dépréciation	Édulcoration
Domination	Intellectualisation Isolation de l'affect	Chosification	Expulsion
Relaxation	Comportement passif-agressif Rationalisation	Contamination	Systématisation
Suspicion	Projection Clivage de l'objet	Condamnation	Routinisation
Prédation	Contrôle Dissociation	Agression	Neutralisation
Compréhension	Passage à l'acte Idéalisation/dévalorisation	Réparation	Distanciation
Compétition	Refoulement Déplacement	Exténuation	Décompression

des individus et dont l'incidence première est l'homogénéisation durable de leurs pensées et, conséquemment, de leurs actions. En d'autres termes, la culture organisationnelle se résume à un partage temporellement résistant d'éléments émotifs, cognitifs et comportementaux. Deux fonctions fondamentales assurent la stabilité d'une telle structuration paradigmatique[29] : la fonction d'intégration interne et la fonction d'adaptation externe. La fonction d'intégration interne consiste en la création d'un sentiment d'unicité au moyen de l'appropriation d'un mode de fonctionnement (composante explicite) et d'un ensemble de valeurs primordiales (composante implicite). La fonction d'adaptation externe vise quant à elle le positionnement stratégique de l'organisation au moyen de l'adoption d'une stratégie d'action appropriée (composante explicite) et d'une idéologie collective (composante implicite) justifiant les choix stratégiques.

S'inspirant des travaux de McWhinney (1997) et de Merrill et Reid (1999), Ouimet (2007b) propose un modèle typologique

29. Un paradigme constitue une conception de la réalité émanant de la synthèse de la valorisation (axe axiologique) et de la compréhension (axe cognitif) des composantes de cette réalité. Évidemment, une fois formé, le paradigme participe à l'orientation de l'action.

métaphorique[30] englobant 10 types de cultures organisationnelles présentant des différences notables au chapitre des deux fonctions fondamentales. Les 10 cultures organisationnelles déterminées sont les suivantes :

1) tribale ;
2) organique ;
3) familiale ;
4) bureaucratique ;
5) clubiste ;
6) groupale ;
7) professionnelle ;
8) artisanale ;
9) sectaire ;
10) entrepreneuriale.

Le modèle typologique métaphorique de Ouimet est présenté à la figure 5.11.

FIGURE 5.11 LE MODÈLE TYPOLOGIQUE MÉTAPHORIQUE DES TYPES DE CULTURES ORGANISATIONNELLES

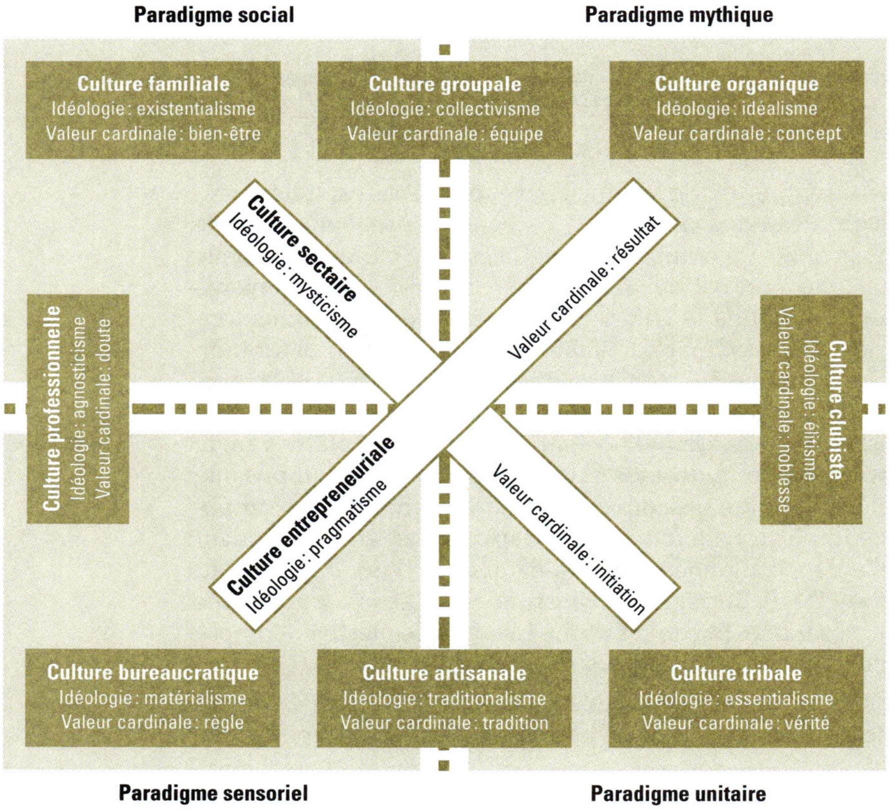

30. Ce modèle typologique repose sur une métaphore de couleurs qui ne sera pas exploitée dans le cadre du présent ouvrage.

Nonobstant la teneur des 2 fonctions de chacun des 10 types de cultures organisationnelles (dont seules les composantes implicites apparaissent à la figure 5.11), le glissement culturel de la normalité vers l'anormalité en matière d'abus de pouvoir politique se produit lorsqu'elles se rigidifient à un tel point que l'expression de nuances n'est plus possible. Le durcissement exacerbé des deux fonctions fondamentales d'une culture organisationnelle contraint ses membres à adopter des positions extrêmes tant sur le plan de l'intégration interne (valeurs) que sur celui de l'adaptation externe (idéologies). Dès lors, leur façon d'être, de penser et de faire se révèle totalement déconnectée de l'existence, d'une part, des nécessaires individualités composant le tissu social de leur communauté et, d'autre part, des inévitables changements de leur environnement. Frappés de stérilité axiologique à l'interne, l'intégration s'étant transformée en duplication (clonage), et d'insensibilité idéologique à l'externe, l'adaptation cédant la place à la mésestimation, les membres adoptent des comportements excessifs impliquant de nombreux abus de pouvoir politique. Le dérapage dysfonctionnel provoqué par la sclérose des fonctions de la culture organisationnelle est présenté à la figure 5.12, à la page suivante.

5.5 Les cultures organisationnelles pathogènes

Il sied dès à présent d'examiner les composantes et la dynamique de 10 exacerbations culturelles pathogènes.

5.5.1 La tribu momifiée

Les membres de la tribu adhèrent pleinement à l'idéologie de l'essentialisme voulant que l'ordre et la signification des choses relèvent d'une détermination aprioriste. Foncièrement déterministes, ils estiment que le cours de l'existence obéit à des lois cosmiques suprahumaines. La recherche de la vérité au moyen du respect d'un nombre relativement restreint de grands principes de vie constitue leur principal investissement axiologique. L'univers leur apparaît comme une réalité terriblement immuable ou, du moins, évoluant très lentement, et ce, sur de très longues périodes. Poussé à son paroxysme, l'essentialisme de la culture tribale se transforme en dogmatisme. La vérité étant finalement trouvée, il n'y a plus de place pour la réflexion exégétique. La certitude se substitue à la foi. Ayant finalement accédé à l'absolu, les membres délaissent l'interprétation du sacré pour se conformer aux

FIGURE 5.12 | LE GLISSEMENT CULTUREL PATHOGÈNE

Fonctionnement culturel

Normal	→ Anormal
Culture tribale Idéologie : essentialisme Valeur cardinale : vérité	**Culture dogmatique** Idéologie : dogmatisme Valeur cardinale : absolu
Culture organique Idéologie : idéalisme Valeur cardinale : concept	**Culture surréaliste** Idéologie : surréalisme Valeur cardinale : utopie
Culture familiale Idéologie : existentialisme Valeur cardinale : bien-être	**Culture infantile** Idéologie : infantilisme Valeur cardinale : caprice
Culture bureaucratique Idéologie : matérialisme Valeur cardinale : règle	**Culture formaliste** Idéologie : formalisme Valeur cardinale : minutie
Culture clubiste Idéologie : élitisme Valeur cardinale : noblesse	**Culture arriviste** Idéologie : arrivisme Valeur cardinale : magnificence
Culture groupale Idéologie : collectivisme Valeur cardinale : équipe	**Culture égalitariste** Idéologie : égalitarisme Valeur cardinale : système
Culture professionnelle Idéologie : agnosticisme Valeur cardinale : doute	**Culture pédantesque** Idéologie : pédantisme Valeur cardinale : argutie
Culture artisanale Idéologie : traditionalisme Valeur cardinale : tradition	**Culture anachronique** Idéologie : passéisme Valeur cardinale : nostalgie
Culture sectaire Idéologie : mysticisme Valeur cardinale : initiation	**Culture occulte** Idéologie : occultisme Valeur cardinale : servitude
Culture entrepreneuriale Idéologie : pragmatisme Valeur cardinale : résultat	**Culture mercantile** Idéologie : mercantilisme Valeur cardinale : chantage

révélations dogmatiques. Dès lors, tout changement proposé à la tribu constitue une hérésie.

Terriblement opiniâtres, les membres d'une culture tribale momifiée se perçoivent comme les heureux élus de la conscience universelle. Ils détiennent le secret de la seule et unique façon d'être et de vivre. Solidaires, les membres de cette culture vivent reclus et nourrissent une vive appréhension à l'endroit des différences présentes dans le monde extérieur. En fait, ce qui leur est étranger ne doit en aucun cas pénétrer leur univers arc-bouté sur la fixité de pratiques et de croyances ancestrales. Pareil milieu culturel est propice aux manifestations d'abus de pouvoir collectifs à l'endroit de la liberté de conscience et de l'expression de la singularité des membres dissidents. Effectivement, le climat de suspicion régnant dans ce type de culture invite au banc des accusés tous ceux qui osent s'écarter de l'orthodoxie. La méfiance paranoïde est une caractéristique majeure de la culture dogmatique (tribu momifiée). Les chasses aux sorcières envers les détenteurs d'une pensée originale et divergente sont fréquentes. Quiconque s'écarte imprudemment du conformisme prend de très gros risques.

Le principal danger qui guette l'acteur affirmant naïvement son individualité est l'excommunication. Celle-ci revêt plusieurs formes en fonction de la gravité de la réaction de rejet de la part de la majorité. Aussi l'anathème peut-il se présenter comme une raillerie collective, une marginalisation, un isolement ou un bannissement définitif. Afin d'éviter d'encourir de pareilles sanctions, l'acteur se doit d'adopter une attitude de longanimité, c'est-à-dire faire preuve d'une patience à toute épreuve. Ses habiletés politiques doivent viser l'habituation lente et progressive des membres à l'expression de divergences culturelles. L'exploitation d'un sentiment d'urgence, soit l'approche stratégique « coup de poing », est réservée au leader de la culture dogmatique qui, en dépit de sa situation privilégiée, n'est nullement à l'abri d'un intempestif ressac paranoïde émanant de la base.

5.5.2 Des cellules emballées

Les membres de la culture organique valorisent en tout premier lieu la production d'idées originales. En fait, ils sont à la recherche de la création de concepts inédits pouvant révolutionner l'état actuel des choses. Ce sont d'impénitents créateurs en quête de dépassement de la récursivité des pratiques actuelles héritées du passé. L'idéologie à la base de la formation de la culture organique est l'idéalisme stipulant que le devenir de l'être humain réside strictement dans son potentiel d'innovation: rien n'est plus fort que le pouvoir des idées. L'idéalisme débridé, c'est-à-dire dissocié de la réalité physique du monde, aboutit au surréalisme, soit l'expression des forces fantasmatiques de la vie psychique affranchies de toute raison et de toute valeur. Dès lors, il devient impossible de distinguer le vrai du vraisemblable.

Les membres de la culture organique emballée (culture surréaliste) valorisent l'utopie, soit la poursuite d'un idéal totalement déconnecté de la réalité. S'ensuit donc l'élaboration de projets tous plus ambitieux ou fantaisistes les uns que les autres. Transcendant tout cadre de référence, l'effervescence créatrice est portée à un tel point que la production individuelle des membres prend des allures de dérèglement du processus de division d'une cellule. Menant à l'anarchie la plus totale, ce dérèglement s'apparente à la prolifération de métastases. La culture surréaliste est envahie par une multitude de foyers pathogènes abritant des idées de grandeur, des sentiments de toute-puissance et des manifestations compensatoires essentiellement narcissiques. Les membres de ce type de culture croient être des stars en pleine possession de leur immense génie créateur.

À l'instar de la plupart des *prima donna,* ils affichent une appréciable instabilité émotionnelle. Imprévisibles et surtout très égocentriques, les membres de cette culture contribuent à conférer à la culture surréaliste sa facture individualiste. Ceux-ci n'ont que faire d'un projet collectif qui n'est pas le leur et qui génère une forte dose de frustrations. Peu enclins au compromis et résolument engagés dans la poursuite de leurs objectifs personnels, les membres ont tendance à se disperser dans l'univers de la créativité. Cette dispersion constitue le principal danger se dressant sur la route d'un acteur qui se propose de mobiliser les forces vives de son milieu de vie. La dispersion s'avérant double, le danger qui plane au-dessus de l'acteur n'est nullement négligeable. Effectivement, l'acteur doit, d'une part, extirper des élucubrations chimériques les idées originales porteuses de véritables applications et, d'autre part, créer une plus-value collective à partir de la sommation de solitudes narcissiques. Un tel exercice de création de synergie permettant la concrétisation d'idées d'avant-garde nécessite de la part de l'acteur une attitude de sagacité. Il doit en effet résister à la tentation de succomber trop facilement aux spectaculaires artifices de certains concepts se révélant par ailleurs atrocement inadéquats relativement aux préoccupations exprimées par l'environnement. Conséquemment, les habiletés politiques de l'acteur ont pour objectif premier la concentration des énergies des membres vers l'atteinte de cibles réalistement originales.

5.5.3 La jolie colonie de vacances

La culture familiale est le siège de la valorisation du bien-être des individus. Il importe que les membres vivent en harmonie dans la satisfaction de leurs besoins personnels et la cohabitation respectueuse et constructive avec leurs congénères. Cette volonté de s'actualiser pleinement au moyen d'actions concertées tient nettement de l'existentialisme. Contrairement à l'essentialisme, qui considère l'empreinte indélébile de la nature comme décisive quant au devenir de l'être humain, cette idéologie confère au fait d'assumer librement des choix de vie le rôle primordial dans la détermination de sa valeur. L'être humain n'est en définitive que le résultat de ses engagements et de ses actions envers lui-même et envers les autres. L'existentialisme à tous crins se solde invariablement par l'hypertrophie de la prépondérance des droits sur l'embêtante nécessité des devoirs. Conséquemment, les choix de vie de l'individu ne transcendent guère ses préoccupations strictement personnelles. L'idéologie de la culture familiale, qui affiche une exacerbation des fonctions d'intégration interne et d'adaptation externe, est en quelque sorte l'infantilisme. Devenue une véritable colonie de vacances à la suite de l'intensification indue de ces fonctions, la famille n'est plus le lieu de la construction du bien-être des individus. Elle est plutôt devenue le forum des revendications et des caprices les plus farfelus.

Les membres de la culture infantile sont essentiellement des bébés terriblement prompts à manifester leur immaturité. Dès que leur confort ou leurs habitudes de vie se révèlent un tant soit peu altérés, ils expriment bruyamment et sans ambages leurs puériles frustrations. Leurs doléances se résument pour l'essentiel à des pleurs, des jérémiades, des menaces, des reproches et des souhaits irréalistes. Contrairement à la croyance populaire soutenant l'existence de liens de solidarité très forts au sein d'une famille, les actions des membres de la culture infantile sont individuelles. Nous sommes au royaume du chacun-pour-soi, où seule importe l'intensité respective des plaintes des nourrissons.

Évidemment, pareille manifestation d'enfantillages n'est pas sans susciter chez quiconque une profonde exaspération. C'est le principal danger menaçant l'équilibre psychologique d'un acteur qui doit effectuer un changement, si minime soit-il, au sein de cette culture. Tel un moniteur de colonie de vacances chargé du respect non négociable des impératives consignes de sécurité aquatique, l'acteur sera littéralement enseveli par d'interminables lamentations et gémissements. En dépit des déchirants soupirs et des poignants râlements d'agonie, l'acteur doit faire montre d'une attitude de fermeté. Il ne doit surtout pas se laisser attendrir et s'enferrer dans le syndrome du bonhomme Pillsbury[31], c'est-à-dire se transformer en grosse boule de pâte molle acquiesçant aux caprices de tout un chacun. Les habiletés politiques exploitées par l'acteur ont pour objectif la maturation des membres de la culture infantile.

5.5.4 Au nom des menus détails

Foncièrement imprégnée de l'idéologie matérialiste, la culture bureaucratique axe son fonctionnement sur l'analyse de la matérialité des composantes de l'environnement. Seules les données concrètes accessibles au champ perceptif des membres de la culture se révèlent pertinentes et dignes d'être attentivement examinées. Pour les membres de ce type de culture, la réalité se résume donc à ce qui est capté par l'appareil sensoriel de l'être humain. Ils valorisent au plus haut point le respect des règles et des procédures. Leurs actions découlent de l'application rigoureuse et systématique d'un algorithme méthodologique. La planification constitue une étape obligatoire à la mise en œuvre de leurs choix stratégiques. Dans sa forme paroxystique, la culture bureaucratique sombre dans le formalisme, soit l'observation des règles non plus en tant que moyens de structurer l'action, mais en tant que fin à laquelle parvenir. Devenues un but en soi, les règles sont l'objet d'une véritable vénération de la part des membres de la culture formaliste. La minutie, c'est-à-dire le respect intégral de consignes accessoires, voire insignifiantes, s'érige en valeur cardinale de ce type de culture.

Extrêmement tatillons, les membres font preuve d'impassibilité devant toute demande inhabituelle émanant de leur environnement. D'ailleurs, leur fascination pour l'autopsie

---

31. Cette expression fait nettement référence à une marque de commerce. Le vrai nom du sympathique petit bonhomme rondouillard est Doughboy.

de vétilles de même que leur insensibilité à l'imprévu leur confèrent le surnom de ronds-de-cuir. Les membres de la culture formaliste se font un point d'honneur de tout consigner et de ranger soigneusement les données recueillies dans des dossiers spécifiques ayant tous un code de classification. Relativement à la teneur de l'information colligée, leur support formel prend une importance démesurée. Foncièrement individualistes, ces laudateurs[32] du point et de la virgule paralysent considérablement, par leur zèle procédurier, le fonctionnement de toute structure sociale ou organisationnelle.

Il va de soi qu'un acteur ayant le mandat d'insuffler de l'efficacité à une culture formaliste se heurtera à d'énormes lourdeurs administratives. La stagnation est le principal danger guettant un agent de changement. D'ailleurs, les membres de la culture formaliste résisteront à toute tentative d'assouplissement fonctionnel en exploitant l'explicitation pointilleuse de l'intégralité des procédures en vigueur. L'agent se doit de contrecarrer pareil encroûtement opérationnel en adoptant une attitude de célérité. Effectivement, sa promptitude dans la réalisation d'un projet de changement est une condition *sine qua non* à sa réussite. Pour ce faire, le recours à une expérience pilote reproduisant à échelle réduite un tel projet limite de beaucoup l'amplitude des tergiversations bureaucratiques des membres d'une culture formaliste. En tout temps, les habiletés politiques de l'agent de changement doivent viser la dynamisation de ces membres obnubilés par le décryptage de détails parfaitement futiles.

5.5.5 Il est bien, mais…

La culture clubiste est le bastion de l'élitisme. Cette idéologie se fonde sur l'idée que les progrès sociaux sont le fruit de la cogitation d'esprits supérieurs. La découverte, le raffinement et la promotion de l'art de vivre sont au cœur des enseignements qu'elle véhicule. Le club est un milieu sélect dans lequel seuls les individus se démarquant nettement du commun des mortels sont invités à pénétrer. La noblesse qui caractérise le mode de vie des membres est le sommet de leurs préoccupations axiologiques. Essentiellement, la culture clubiste est un microcosme d'élévation du savoir-vivre dans un océan de pratiques sociales rustres et triviales. Aussi est-il normal que des personnalités estimant leur mode de vie particulièrement éthéré fréquentent ces enclaves du sublime.

---

32. Personnes qui font l'éloge.

Évidemment, parmi celles-ci se trouve, en nombre passablement élevé, la personnalité narcissique. Une telle prévalence de ce type de personnalité n'est nullement étrangère au glissement culturel pathogène consistant en la métamorphose de la culture clubiste en culture arriviste. Terriblement manipulateurs, les individus narcissiques sont essentiellement des arrivistes prêts à tout pour célébrer la glorification de leur magnificence. Vaniteux et extrêmement ambitieux, ces individus égocentriques utilisent auprès de l'*establishment* du club la flagornerie comme instrument d'ascension sociale. Tout n'est qu'artifice dans une culture arriviste. Derrière le paravent de l'affabilité et de la magnanimité se dissimulent l'infatuation et l'égotisme. Dans une culture arriviste, les membres n'ont d'intérêt que pour le culte de leur personnalité. Le désir de déification de leur être les pousse fortement à prendre tous les moyens qu'impose pareille entreprise.

Tous les acteurs évoluant dans un tel milieu sont menacés de trahison. La félonie vise tout particulièrement les acteurs bien en vue occupant des postes de direction. Leurs fauteuils sont avidement convoités par une myriade de doucereux courtisans maîtrisant parfaitement l'art de la basse flatterie et du lynchage en douceur des figures d'autorité portant ombrage à leur rayonnement. Conséquemment, il est fortement recommandé à un acteur assumant une fonction de leader d'adopter une attitude d'inaccessibilité. Il ne doit en aucun temps dévoiler ses faiblesses. Qui plus est, il doit prêter une attention toute particulière à sa garde rapprochée. Celle-ci sert souvent de refuge à des sycophantes[33] n'attendant que le moment propice pour proclamer haut et fort: «Le roi est mort! Vive le roi!» L'objectif premier des habiletés politiques du leader consiste en l'atomisation du potentiel d'action des membres de la culture arriviste. Pour éviter que certains d'entre eux détiennent trop de pouvoir, il sied de fragmenter au maximum les responsabilités inhérentes aux diverses affectations. Nécessitant le concours de plusieurs acteurs tous plus infatués les uns que les autres, la mise en œuvre de desseins séditieux[34] se voit considérablement complexifiée. «Diviser pour régner» est une devise incontournable pour quiconque veut survivre dans une culture arriviste.

33. Délateurs, mouchards, fourbes.

34. Qui tendent à une insurrection concertée contre l'autorité.

5.5.6 S'oublier dans un pays dont la devise est « Je me souviens[35] »

La culture groupale a pour idéologie le collectivisme. Convaincus que l'union fait la force, les membres de cette culture valorisent énormément l'esprit d'équipe. Selon eux, rien n'est plus fort qu'un groupe d'individus unis par des liens d'interdépendance. Le collectivisme préconise la mise de l'individualité des membres au service de la collectivité. L'orchestration des actions individuelles engendre une plus-value synergique tant sur le plan de la quantité que sur celui de la qualité des résultats obtenus. Toutefois, l'intensification outrancière du syndrome des mousquetaires (« un pour tous et tous pour un ») pave la voie à l'émergence de la culture égalitariste décrétant l'existence d'une égalité totale entre les membres.

Tous identiques, les membres deviennent les composantes interchangeables d'un système de production. Ce qui importe dorénavant est l'optimisation du fonctionnement de ce système. Tout doit être sacrifié à son triomphe. Les membres de la culture égalitariste sont en quelque sorte des soldats anonymisés par la similitude de l'uniforme et dont les faits d'armes ne servent que la défense d'un système de vie. Dès que l'un d'entre eux tombe au combat, un autre prend automatiquement sa place pour poursuivre les opérations. Soudés les uns aux autres par un intense endoctrinement visant la solidarité à toute épreuve, les membres développent volontiers un profond sentiment d'invulnérabilité. Ils sont persuadés qu'aucun péril ne peut corroder le blindage de leur union.

Extrêmement collectiviste, la culture égalitariste comporte, entre autres, le danger de l'homogénéisation. Conditionnés à l'adoption des mêmes schèmes de pensée, ses membres affichent une indéniable prédisposition au développement de la pensée groupale. Celle-ci correspond à l'adoption d'un consensus factice et dénué de tout sens critique. En fait, l'unanimité primesautière des membres repose sur la paralysie de leur capacité de discernement. Les éléments dysfonctionnels de la pensée groupale sont les suivants :

---

35. « Je me souviens » étant la devise du Québec, ce sous-titre s'avère essentiellement un jeu de mots. En fait, sa signification peut être judicieusement rendue par l'expression « Tout pour la patrie ».

1) l'illusion d'invulnérabilité ;
2) la foi inébranlable dans la moralité de la cause défendue par le système ;
3) la logique décisionnelle collective gommant l'expression de réserves personnelles ;
4) la vision manichéenne du monde ;
5) la pression directe exercée sur les dissidents ;
6) l'autocensure ;
7) l'illusion collective d'unanimité ;
8) l'apparition spontanée de gardiens veillant à la sauvegarde du système.

L'attitude d'un acteur voulant faire pièce à une telle homogénéisation de la pensée doit prendre appui sur l'exploitation de son acuité sensorielle. Il doit être attentif aux moindres manifestations de doute, d'appréhension et de désapprobation émanant des membres. Les longs silences, les comportements non verbaux (postures, gestes et mimiques) et les lapsus ne sont nullement dépourvus de sens. Les habiletés politiques de l'acteur doivent être au service de la différenciation des qualités propres à chacun des membres, seule tactique susceptible de générer une bonification de l'action collective.

5.5.7 Je sais, je sais...

L'agnosticisme, soit la doctrine stipulant que les données qui échappent aux règles de l'empirisme se révèlent inaccessibles à la connaissance, est l'idéologie de la culture professionnelle. Disciples de Claude Bernard, le père de la méthode expérimentale, les membres de ce type de culture s'activent essentiellement à la manipulation de variables concrètes afin de déceler la production d'incidences sur l'environnement. La tangibilité de la relation causale est au cœur de leurs préoccupations. Cultivant le doute hyperbolique à l'endroit de la plausibilité des choses, ces membres appuient leurs circonspectes interventions en matière d'accumulation de connaissances sur des devis de recherche permettant la comparaison entre des groupes expérimentaux et des groupes témoins. Évidemment, l'exploration de l'univers de la causalité exige préalablement le recours à des modèles théoriques établissant le positionnement des principaux concepts propres au champ d'expertise des membres de la culture professionnelle. Toutes les données recueillies sont évaluées en fonction des indicateurs des différentes variables manipulées (variable indépendante et variable médiatrice) et observées (variable dépendante).

Poussée à l'extrême, cette façon d'accéder au réel débouche sur le pédantisme, une affectation d'érudition ampoulée totalement incompréhensible. En fait, même entre eux, les cuistres claustrés dans leurs jouissives bulles personnelles de préciosité ne parviennent pas à dégager un filet de compréhensibilité de leurs interminables ratiocinations[36] respectives. L'argutie, soit le développement tarabiscoté de subtiles futilités, s'érige en valeur cardinale de la culture pédantesque. S'entendre parler devient l'activité préférée des membres de ce type de culture. Truffés d'expressions savantes, de paramètres statistiques, de coefficients corrélationnels et d'acronymes en tous genres, leurs discours doivent absolument, sous peine d'être taxés de banals par leurs auditeurs, se révéler abscons[37]. L'impénétrabilité discursive devient un signe d'intelligence. D'ailleurs, ne pas être compris constitue, dans ce type de milieu, une inéluctable révélation du raffinement de l'intellect.

Il va sans dire que la culture pédantesque ne peut être qu'individualiste. Tout acteur sensé ayant à œuvrer dans cette culture est rapidement confronté au danger de la complexification. La lubie compulsive attachée à la surintellectualisation du monde environnant provoque invariablement un exaspérant alourdissement des activités quotidiennes les plus banales. Le prix de la cuistrerie est indéniablement la diminution de l'efficacité. Réaliser des tâches simples au moyen d'une logistique inutilement compliquée s'avère la plupart du temps atrocement nuisible au rendement. L'acteur voulant contrer les effets pernicieux du pédantisme doit faire appel à l'intelligibilité. Il doit s'efforcer de distinguer la préciosité de la complexité. Ses habiletés politiques doivent être au service d'une schématisation de la problématique à l'étude afin de favoriser une approche synthétique, et non syncrétique, de sa résolution.

5.5.8 Une madeleine dans la tasse de thé

La culture artisanale a pour véhicule promotionnel le traditionalisme. Cette idéologie fait de la conservation des pratiques séculaires son principal cheval de bataille. La

36. Arguments ou raisonnements vains et exagérément subtils.

37. Difficilement compréhensibles.

revivification des dimensions folkloriques propres à une communauté constitue la force mobilisatrice des membres de ce type de culture. Valorisant au plus haut point le respect intégral de la tradition, ils sont férus d'histoire portant spécifiquement sur les diverses formes d'expression patrimoniale de leur réalité culturelle.

La cristallisation de cet engouement pour la préservation d'un mode de vie ancestral met les membres sur la trajectoire de la culture anachronique, un mode existentiel enjolivant indûment tout ce qui appartient au passé. Ce segment temporel antérieur est l'objet d'une outrancière glorification. Le passé est considéré comme une fabuleuse période abritant l'apothéose de l'activité humaine. Ce passéisme, soit la sublimité fantasmatique attribuée à une époque révolue, constitue l'idéologie de la culture anachronique et pousse ses membres à procéder à la consécration de la nostalgie en tant que valeur cardinale. Avec mélancolie, ceux-ci se complaisent dans la remémoration considérablement déformée d'une antériorité merveilleuse. Le fameux syndrome du paradis perdu les empêche totalement d'évaluer honnêtement les mérites du présent et les promesses de l'avenir. Frappés de fixité, les membres ressemblent à de vieux croûtons n'ayant su éviter l'obsolescence de leurs savoirs. Nonobstant l'évolution des besoins du monde extérieur, ils poursuivent inlassablement la pratique d'activités totalement dépassées par l'inexorable marche du progrès. Véritables artisans de la désuétude, ces membres œuvrent collectivement, la culture anachronique étant essentiellement collectiviste, à leur propre fossilisation.

Le monde du travail regorge d'exemples du maintien égrotant[38] d'une activité dont la pertinence, eu égard aux impératifs environnementaux, n'a plus cours. À ce sujet, il suffit de penser aux rarissimes ateliers d'imprimerie typographique vivotant péniblement à la suite du passage de la lame de fond technologique propulsant à l'avant-scène la conception graphique assistée par ordinateur. Que dire également du sort funeste réservé aux irréductibles amants de la pellicule photographique à l'heure de l'imagerie numérique ? Obnubilés par le halo magique enveloppant le mythique bon vieux temps, les membres de la culture anachronique sont tous menacés de péremption, soit la production de quelque chose d'inconsommable, et ce, pour de multiples raisons.

---

38. Souffrant ou maladif.

L'attitude d'un acteur voulant soustraire ses collègues aux affres de la momification doit en être une de témérité. En prenant bien garde de porter un jugement défavorable sur les assises traditionnelles de la culture, l'acteur doit proposer une façon originale d'en assurer la perpétuation. Ses habiletés politiques doivent se déployer de façon à susciter la création de mécanismes permettant la renaissance de legs du passé adaptés aux exigences de la contemporanéité.

5.5.9 Oui, maître !

La culture sectaire est indéniablement l'antre du mysticisme. Cette idéologie se concrétise par une forte inclination pour la recherche de modes d'accès au monde du surnaturel. Ayant pour principale valeur l'expérience de réalités transcendant les limites matérielles de l'appareil psychosensoriel de l'être humain, le mysticisme se targue d'être le véhicule de la révélation de vérités accessibles uniquement à ses adeptes. Seuls ceux-ci ont accès à un secret dont le contenu permet l'exploration d'univers parallèles. Quoique pouvant afficher une facture passablement bizarroïde pour le commun des mortels, la culture sectaire ne s'avère pas pathogène tant et aussi longtemps qu'elle ne sombre pas dans le fanatisme en interdisant formellement à ses membres l'expression d'une pensée critique et le maintien de relations libres et transparentes avec le monde extérieur. L'endiguement du discernement et du contact avec les non-initiés conduit très souvent à de dangereuses dérives inhérentes à la culture occulte.

Se substituant au mysticisme, l'occultisme invite les membres à s'abandonner à des forces ténébreuses leur étant inaccessibles sans l'incontournable intervention médiatrice de leur chef spirituel : le gourou. Alors que la culture sectaire respecte et encourage la liberté des membres à expérimenter par eux-mêmes les enseignements de l'élévation spirituelle, la culture occulte confine ces derniers dans un strict rapport de servitude avec le gourou. Victimes d'une grande fragilité émotionnelle, les membres de la culture occulte considèrent leur gourou comme un être exceptionnel investi de pouvoirs surnaturels. Cette vision thaumaturgique[39] de leur leader fait d'eux des illuminés, c'est-à-dire des individus nourrissant des idées chimériques qui mènent à la divinisation de leur guide spirituel. Puisqu'elle intègre à sa base des gens

39. Ayant la capacité de faire des miracles.

affectivement vulnérables et qu'elle fonctionne au moyen d'un endoctrinement idéologique s'apparentant à un véritable lavage de cerveau, la culture occulte se veut extrêmement collectiviste. Les membres entretiennent les uns avec les autres et, surtout, avec le chef de leur société secrète des relations fusionnelles. Il va sans dire qu'un tel niveau de promiscuité intellectuelle ne peut conduire qu'au triomphe de la pensée unique : celle du gourou.

Le danger propre à la culture occulte est indéniablement l'obnubilation. Transformés en zombis obéissant aveuglément à la volonté de leur maître, les membres s'exposent à de grands périls. Un acteur qui a pu conserver toute sa lucidité dans un tel contexte de conditionnement intégral de la pensée peut venir en aide à ses pairs en adoptant une attitude de disponibilité. En s'efforçant de ne pas porter de jugement dépréciatif sur leur fascination obtuse à l'endroit du gourou, l'acteur doit, en faisant montre de la plus grande neutralité émotionnelle possible, soulever des données factuelles facilement vérifiables et dont la teneur et la portée sont susceptibles de semer le doute quant aux fantastiques pouvoirs transcendantaux du gourou. Les habiletés politiques de l'acteur ont pour objectif d'accroître la responsabilisation de ses collègues, soit l'enclenchement, par l'émission d'un doute initial, de la réappropriation de leur capacité de discernement. Il s'agit assurément d'une entreprise délicate et dangereuse. Aussi est-il fortement recommandé à l'acteur de rechercher de l'aide extérieure à la culture occulte.

5.5.10 Combien ?

L'idéologie à la base de la pérennisation de la culture entrepreneuriale est le pragmatisme. Ce chapeautage promotionnel met l'accent sur la valorisation des résultats obtenus par des moyens simples et expéditifs. Les membres de ce type de culture affichent une vive propension à la production d'effets positifs immédiats. Vivant par et dans l'action, ils privilégient la résolution de problématiques concrètes. L'univers de la métaphysique et de la pensée réflexive ne suscite guère chez eux d'intérêt marqué. La vie contemplative ne correspond pas à leur schème de pensée, nettement axé sur la production d'incidences observables.

La recherche exacerbée du rendement bonifié et immédiat de l'investissement transforme la culture entrepreneuriale en culture mercantile. C'est alors le mercantilisme qui détermine l'orientation de la dynamique interne de la culture. La recherche exclusive de la profitabilité individuelle sans cesse majorée constitue la motivation intrinsèque des membres. Conséquemment, le chantage afférent à l'équation de la contribution personnelle versus la rétribution organisationnelle s'érige implicitement en valeur cardinale. Animés par une vénalité viscérale, les membres de la culture mercantile sont essentiellement des mercenaires qui négocient constamment leurs services en échange d'émoluments préférablement amendés. Ils se montrent «loyaux» uniquement envers les acteurs les plus offrants. Dès que l'interlocuteur n'est plus en mesure de couvrir la mise, les membres mercenaires jettent leur dévolu sur un autre acteur, plus compréhensif et, surtout, plus argenté.

Ne pouvant être qu'extrêmement individualiste, la culture mercantile rend plus qu'incertaine l'atteinte d'ambitieux objectifs collectifs dans un contexte de raréfaction des ressources. Il n'est pas dans la nature d'un mercenaire de souffrir pour une cause commune, si noble soit-elle. Les sacrifices pouvant être consentis par un mercenaire n'excèdent jamais la sphère de son bien-être personnel. Force est d'admettre que le fonctionnement de la culture mercantile nécessite de la part de l'organisation une capacité de générer sans cesse un accroissement de ressources monnayables. Le moindre fléchissement au chapitre de la bonification des prestations des mercenaires induit immanquablement chez ces derniers l'idée de courtiser d'autres bailleurs de fonds.

L'exploitation est le principal danger qui guette un acteur évoluant dans un tel univers de cupidité. Il n'y a strictement pas de place pour la gratuité d'un geste. Le don est une notion totalement inconnue des gens ayant fait de la convoitise une préoccupation axiologique. Tout a un prix aux yeux d'un mercenaire. L'attitude d'un agent voulant adoucir pareille avidité doit en être une d'humanité. Celui-ci doit, avec circonspection et réalisme, évidemment, prêcher par l'exemple en matière d'obtention de gratifications personnelles au moyen de récompenses transcendant la matérialité des choses. En exploitant la dimension symbolique des relations humaines, essentielle à l'actualisation de l'individu, mais malheureusement occultée par l'engouement pour les échanges marchands, l'agent utilisera ses habiletés politiques afin de stimuler la fidélisation des membres de la culture mercantile.

La synthèse des composantes des 10 types de cultures pathogènes est présentée au tableau 5.3, aux pages 226 et 227.

TABLEAU 5.3 LA SYNTHÈSE DES PRINCIPALES NOTIONS AFFÉRENTES AUX CULTURES PATHOGÈNES PROPICES AUX ABUS DE POUVOIR POLITIQUE

Cultures normales →	Cultures pathogènes	Valeur cardinale	Nature et attribut des membres
Tribale	Dogmatique	Absolu	Élus (opiniâtreté)
Organique	Surréaliste	Utopie	Stars (instabilité)
Familiale	Infantile	Caprice	Bébés (immaturité)
Bureaucratique	Formaliste	Minutie	Ronds-de-cuir (impassibilité)
Clubiste	Arriviste	Magnificence	Fourbes (vanité)
Groupale	Égalitariste	Système	Soldats (invulnérabilité)
Professionnelle	Pédantesque	Argutie	Cuistres (préciosité)
Artisanale	Anachronique	Nostalgie	Croûtons (fixité)
Sectaire	Occulte	Servitude	Illuminés (fragilité)
Entrepreneuriale	Mercantile	Chantage	Mercenaires (vénalité)

5.5.11 Le classement des cultures pathogènes selon leur degré de dangerosité

Les cultures pathogènes ne présentent pas toutes le même indice de dangerosité pour leurs membres. En fait, la gravité de la dangerosité culturelle est fortement conditionnée par l'artificialité des comportements des membres. Sans être en mesure de calibrer précisément l'indice de dangerosité propre à chacune des cultures organisationnelles, il nous apparaît manifeste, dans un premier temps, que la fourberie généralisée de la culture arriviste accroît considérablement la vulnérabilité de tous les acteurs. Évoluer dans un monde infesté d'arrivistes constitue assurément une entreprise terriblement périlleuse. Il en va de même pour la culture pédantesque. Se résumant à l'exploitation d'un impénétrable écran de fumée prétendument scientifique, la cuistrerie permet l'élimination cautionnée et, surtout, imparable des opposants. La culture mercantile, où chaque action des membres est exclusivement provoquée par le pouvoir de l'argent, peu importe son détenteur, appartient également à l'univers de la facticité. Plongeant ses membres dans l'obscurité de lointains mystères dont la résolution est accessible uniquement à quelques initiés, la culture occulte est un monde d'oripeaux idéal à la perpétration camouflée d'abus et d'exactions. Enfin, que dire de la culture égalitariste, coulant dans un seul bloc les membres conditionnés à croire à la toute-puissance d'un système de production ? En ce qui concerne les cinq autres cultures

Dynamique relationnelle	Danger	Attitude de l'acteur	Objectif des habiletés politiques
Collectiviste	Excommunication	Longanimité	Habituation
Individualiste	Dispersion	Sagacité	Concentration
Individualiste	Exaspération	Fermeté	Maturation
Individualiste	Stagnation	Célérité	Dynamisation
Individualiste	Trahison	Inaccessibilité	Atomisation
Collectiviste	Homogénéisation	Acuité	Différenciation
Individualiste	Complexification	Intelligibilité	Schématisation
Collectiviste	Péremption	Témérité	Création
Collectiviste	Obnubilation	Disponibilité	Responsabilisation
Individualiste	Exploitation	Humanité	Fidélisation

organisationnelles, leur étaiement sur des règles de fonctionnement plus formalisées participe à une certaine édulcoration du potentiel arbitraire de certains acteurs prépondérants.

La figure 5.13 présente une schématisation des indices de dangerosité des cultures organisationnelles.

FIGURE 5.13 L'INDICE DE DANGEROSITÉ DES CULTURES ORGANISATIONNELLES

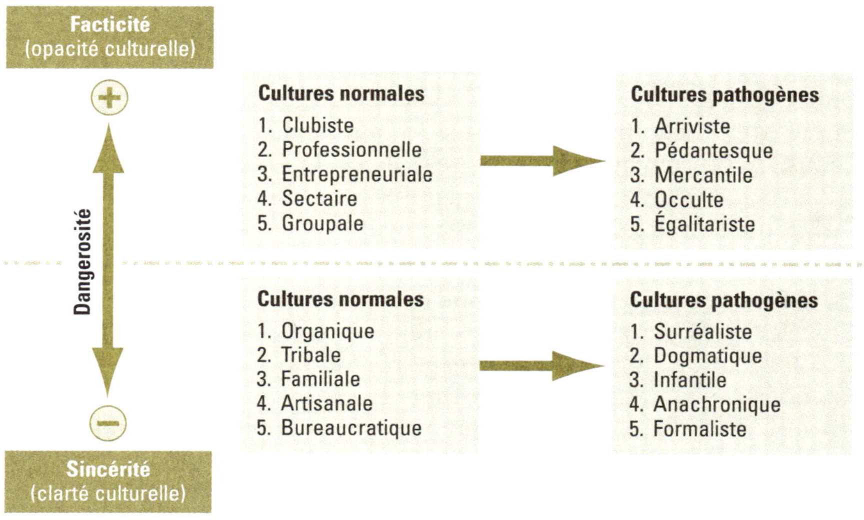

Études de cas et questions

1. Dominique Ziuglitti

Pascal Poirier est songeur. Faisant les cent pas dans son bureau, il s'interroge sérieusement sur les intentions de sa nouvelle compagne de travail, Dominique Ziuglitti. Jeune avocate de 31 ans, madame Ziuglitti a été engagée au Service des affaires juridiques d'une grande banque à charte canadienne afin de pourvoir à un poste laissé vacant par le départ à la retraite d'un membre chevronné du barreau.

Pascal se souvient très bien de l'entrevue d'embauche de Dominique. Il était l'un des quatre membres du comité de sélection. Tout s'était bien passé pour Dominique. Elle répondait avec aplomb aux questions souvent fort complexes, voire tarabiscotées, des membres du comité. De toute évidence, elle maîtrisait les articles du droit commercial sur le bout des doigts. Affichant une belle assurance, elle s'adressait à ses interlocuteurs en les regardant droit dans les yeux. Une fois sa réponse terminée, elle fixait le sol et inclinait quelque peu sa tête vers son épaule gauche. Pascal Poirier n'a aucune peine à se souvenir de l'élégance vestimentaire de Dominique. Elle portait, sous un tailleur marin en riche tissu de cachemire fort bien ajusté, un fin chemisier de soie blanc suffisamment ouvert au col pour laisser entrevoir une délicate chaînette en or. Hormis un rouge à lèvres carmin, abondamment appliqué sur des lèvres déjà passablement charnues, le maquillage était, dans l'ensemble, léger et discret.

Tout allait bien au bureau jusqu'au jour où Dominique arriva vêtue d'un tailleur anthracite dont la jupe était exagérément courte. Qui plus est, elle portait des bas résille noirs ayant une couture à l'arrière. Sa jupe, tellement moulante, ne pouvait dissimuler le relief de son porte-jarretelles. Tous les hommes du bureau furent médusés. La pupille de l'œil dilatée, ils observaient silencieusement, la bouche béante, les déplacements ingénus de la jeune avocate délurée. Quant aux femmes du bureau, avocates et secrétaires, toutes s'entendaient pour reconnaître que l'accoutrement *sexy* de Dominique était totalement déplacé, voire carrément indécent.

Vers la fin de la journée, Dominique entra dans le bureau de Pascal pour lui révéler son admiration. Elle lui souligna à quel point elle avait apprécié son intervention, lors de la dernière réunion de service, au sujet des demandes de la succursale Saint-Jude. Elle lui révéla qu'elle apprenait beaucoup de choses en sa compagnie et qu'en définitive elle lui était foncièrement redevable de la progression de sa carrière à la banque. Flatté par de si gentils compliments, Pascal lui offrit d'aller prendre un verre avec lui chez *Merlin l'enchanteur*, un pub irlandais du centre-ville. Mais Dominique déclina son invitation, prétextant qu'elle avait un rendez-vous chez l'esthéticienne.

À plus d'une occasion, lors de réunions de travail, Dominique parcourait d'un regard langoureux le visage de Pascal. Celui-ci était convaincu qu'il y avait quelque chose entre elle et lui. À plusieurs reprises, leurs yeux s'étaient croisés de longs instants. Voulant forcer sa chance, Pascal demanda à Dominique si elle voulait dîner avec lui afin de discuter du dossier Pergamon-Mountain. Là encore, elle n'était pas disponible. Elle devait se rendre à une séance de conditionnement physique.

Nourrissant toujours l'espoir de faire plus ample connaissance avec elle, Pascal fut littéralement sidéré d'apprendre de la bouche de Mathieu, un collègue et un ami de longue date, que ce dernier était sorti avec elle l'autre soir et qu'elle faisait l'amour comme une diablesse. Éberlué, Pascal s'interrogeait : « Mais qui est-elle et que veut-elle ? »

Le lendemain, Dominique apparut dans le bureau de Pascal pour prendre de ses nouvelles. Malgré ses minauderies et ses yeux enjôleurs, Pascal demeura distant, mais poli. En sortant du bureau, Dominique se retourna nonchalamment vers lui et lui dit : « Ce que j'aime avec toi, Pascal, c'est que tu me comprends. Mathieu, lui, n'a aucune écoute. Il ne pense qu'à lui. »

Mais que doit comprendre Pascal au juste ?

Question

En vous référant à la section 5.3 (Les abus de pouvoir politique), à la page 178, déterminez le type de personnalité de Dominique Ziuglitti, décrivez sa dynamique psychocomportementale, indiquez le type de danger qui guette Pascal Poirier et dites quel devrait être l'objectif de ses habiletés politiques. Justifiez vos réponses par des extraits du cas.

2. La mort d'une étoile

« Le docteur Matthews est demandé à l'urgence. Le docteur Matthews est demandé à l'urgence ! » Les haut-parleurs de l'hôpital du Saint-Salut exhortaient désespérément le docteur Matthews à se joindre à l'équipe du personnel soignant de la salle d'urgence.

— Qu'est-ce qu'il fout encore ? Putain ! Il est plus de deux heures du matin ! Ça fait cinq fois au moins, cet automne, qu'il nous fait dans les mains.

— Il est peut-être coincé dans la circulation… Vous savez, docteur Michaels, avec les gros travaux sur le tablier du pont Pinard !

— On fait de l'humour, maintenant, garde Gravel? Pour l'instant, c'est nous qui sommes coincés. Vous avez vu la file d'attente? Il y a une ribambelle monstrueuse de patients dans le couloir. Mais d'où sortent-ils? Bientôt, il va falloir les asseoir dans l'escalier de l'hôpital.

— C'est soir de pleine lune, docteur Michaels! L'aviez-vous oublié? lança ironiquement l'infirmière Baxter.

— Allez, les filles! Il faut se serrer les coudes. La nuit sera longue.

Le docteur Matthews arriva finalement à son poste de travail. Il était 3 h 17 du matin et toute la petite équipe médicale, composée d'un médecin, de trois infirmières, d'une auxiliaire et d'un préposé aux bénéficiaires[40], s'activait avec fébrilité, telles des abeilles butinant un champ de trèfle au printemps. Le docteur Matthews déposa délicatement sa trousse en maroquin rouge au pied de la patère. Il enleva précautionneusement son macfarlane en tweed vert sarcelle et coiffa de son grisâtre melon la cime du portemanteau cuivré. Il appliqua, de chaque côté de sa tête, les paumes de ses mains pour remettre à leur place ses rarissimes petits cheveux rebelles poivre et sel. Sa blouse blanche, fraîchement empesée, présentait des plis symétriquement dessinés par le passage assuré d'un fer à repasser incandescent. Le docteur Matthews mit autour de son cou son stéthoscope et sortit du gousset de sa petite veste son gros oignon Longines Wittnauer. Consultant furtivement les vieilles aiguilles de sa précieuse montre suisse, il s'adressa à l'infirmière Jeanson: «Je suis prêt. Passez-moi, garde, le premier cas.» En s'approchant de lui pour lui remettre la fiche signalétique du premier patient, madame Jeanson aperçut les yeux rougis du médecin. Perçant les exhalaisons musquées de l'eau de Cologne du quinquagénaire, une forte odeur d'alcool flottait au-dessus de sa tête. Le disciple d'Esculape saisit d'une main tremblotante la petite fiche et se dirigea d'un pas lourd vers la salle de consultation nº 6.

Vers les 7 h du matin, le docteur Michaels, fourbu, se leva de son fauteuil et alla se verser une bonne tasse de café noir. En chemin, il croisa son collègue.

— Je croyais que ton quart de travail commençait à minuit. On t'a appelé plusieurs fois. Qu'est-ce qui se passe, Everett? Tu as des problèmes?

— Taratata! Tu sauras, mon cher, que moi, je n'ai pas de problèmes. J'ai eu des urgences à gérer, un point c'est tout!

— Tout le monde doit respecter l'horaire de travail. Lorsque tu ne te présentes pas, c'est toute l'équipe qui écope! Les filles sont fatiguées. On est constamment débordés. Tu es en train de briser le moral de l'équipe.

— Si c'est vrai, pourquoi les filles ne viennent-elles pas se plaindre à moi? Seraient-elles pleutres ou, pire encore, hypocrites?

---

40. Appellation professionnelle synonyme d'«aide-infirmier».

— Moi, je me plains et j'ai l'intention d'en parler demain au DSP[41] ! Il va falloir trouver une solution, parce que ça ne peut plus continuer comme ça. Ou bien tu fais ton travail, ou bien tu t'en vas !

— Tiens, tiens… Un ultimatum. On affirme son petit caractère. Tu sauras, mon cher, que je pratiquais la médecine pendant que tu usais tes culottes sur les bancs du collège et que tu ne connaissais même pas la destination d'un suppositoire. Moi, je me suis classé parmi les meilleurs étudiants de ma promotion. J'ai même étudié avec l'illustre docteur Vorster. Il me doit en grande partie sa technique de la double défibrillation ventriculaire : c'est moi qui lui ai suggéré de procéder en deux étapes. J'ai aidé dans ma carrière plus d'un médecin à parfaire ses connaissances. À l'hôpital de la Charité, on m'avait confié la supervision de tous les résidents. Je sais exactement comment fonctionne un centre hospitalier. Partout où je suis passé, j'ai connu du succès. J'ai fondé de mes propres mains le service des soins prolongés de l'hôpital des Nécessiteux. J'ai été directeur des consultations externes de l'hôpital de la Rédemption. J'ai été chef de l'équipe de santé communautaire à l'hôpital de la Trinité. Et voilà qu'un petit avorton vient me narguer en me lançant un ultimatum. Un ultimatum à moi, le docteur Everett Matthews, le quatrième du nom ! Mon arrière-grand-père était médecin et chef du service de psychiatrie de l'hôpital des Innocents. Mon grand-père et mon père ont pratiqué toute leur vie la médecine à l'hôpital La Mettrie et ont assumé, tour à tour, la direction d'une chaire d'études en médecine expérimentale à l'université de Cornouailles. Il n'y a personne ici qui m'arrive à la cheville !

— Bien sincèrement, je me fous carrément de ton passé glorieux et des exploits de tes aïeux. Tout ce que je peux te dire, Everett, c'est que présentement, au moment où l'on se parle, tu fais mal ton travail de médecin.

Le docteur Matthews toisa son collègue de la tête aux pieds et, avec un rictus soulevant obliquement sa lèvre supérieure, grommela sardoniquement : « Espèce de petit con. »

Trois jours après l'échange acerbe entre les deux médecins, le docteur Matthews fut convoqué au bureau du Directeur des services professionnels, le docteur Lajoie.

— Assieds-toi, Everett. Comment ça va ?

— Un peu fatigué, je dois dire. Tu sais, Émile, avec tout le travail que j'abats à l'urgence, c'est un peu normal d'éprouver, à l'occasion, un peu de fatigue. Je n'arrête pas une minute. C'est épuisant, à la longue, de tenir le service de l'urgence à bout de bras. Et puis, je suis toujours affligé par mes cruels maux d'estomac. Tu te rends compte ? Ça fait déjà huit ans que je

41. Acronyme désignant le directeur des services professionnels.

suis dévoré par d'atroces douleurs. Et tous ces soi-disant grands spécialistes que j'ai consultés qui ne trouvent rien... Ah ! Elle est bien impressionnante, la nouvelle médecine. Vive la résonance magnétique ! Je me demande bien ce qu'on leur apprend à l'université. Ils débarquent ici les deux mains dans les poches, le torse bombé, la bouche ouverte et pâteuse et sont incapables de formuler une phrase complète et intelligible. Je suis persuadé que la plupart d'entre eux ne parviendraient même pas à trouver leur cul avec une carte. Tu sais, Émile, des médecins comme nous, il ne s'en fait plus. Pour mes problèmes chroniques d'estomac, j'ai décidé de me rendre à Vienne, cet été, afin de consulter un spécialiste en médecine interne de renommée internationale : le docteur Gerhard Zistersdorf. Je le connais. Il est très fort. J'estime que c'est le seul qui est en mesure de découvrir finalement le terrible mal qui me ronge de l'intérieur. Mais je ne me plains pas. Je dois montrer l'exemple aux jeunes qui arrivent. Tu te souviens, Émile, de nos débuts à l'hôpital de la Charité ? On en avait relevé, des défis ! Tu te souviens de ma fameuse conférence sur la prophylaxie antivénérienne ? C'était dans le vieil amphithéâtre. La salle était pleine à craquer. Ce matin-là, je dois dire bien humblement que j'avais électrisé la foule. Tous les résidents étaient suspendus à mes lèvres. Et les applaudissements qui n'en finissaient plus. Et le directeur général qui…

Le docteur Lajoie interrompit abruptement la tirade enflammée de son collègue.

— Écoute-moi, Everett. Nous sommes en présence d'un problème. Une patiente a porté plainte. Elle prétend que tu étais en état d'ébriété lorsque tu l'as traitée à l'urgence. Elle n'a pas réagi sur le coup. Mais maintenant, elle demande à me rencontrer avec son mari, un avocat.

— Tout ça, ce sont des bobards. Cette femme est une frustrée. Une hystérique ! Une nymphomane ! Tout au long de l'examen médical, elle passait son temps à me faire du charme avec ses yeux cochons. Tu veux que je te dise ? Son mari est peut-être avocat, mais il est sûrement cocu. Sale garce !

— Everett, j'ai reçu d'autres témoignages qui confirment la version de la patiente.

— Tout ça, c'est un coup monté par le petit biquet.

— Le petit biquet ?

— Le docteur Michaels. Un jaloux de la pire espèce ; un envieux sans vergogne prêt à tout pour me discréditer. C'est un petit merdeux qui fait dans la calomnie. Il est incapable d'assumer la direction de la salle d'urgence. Il n'a pas les compétences ni la carrure pour cela. Je te le dis, Émile, c'est un nain !

— On s'éloigne, Everett... Je vais te demander de m'écouter attentivement et de ne pas m'interrompre. Je pense que le docteur Michaels est un excellent médecin et qu'il assume très bien la direction de l'urgence. Je pense par ailleurs que tu as des problèmes.

— Alors là, mon pauvre Émile, laisse-moi te dire que tu débloques complètement.

— Tais-toi et laisse-moi parler ! Au cours de la dernière année, tu es arrivé en retard à l'urgence 16 fois précisément. Ça commence à faire beaucoup ! De plus, depuis quelque temps, plusieurs collègues de travail ont remarqué que tu sentais l'alcool pendant ton quart de travail. Si c'est vrai, ça, c'est grave, très grave. Plusieurs internes ne veulent plus travailler avec toi. Ils ont l'impression de ne rien apprendre et n'apprécient guère tes remarques sarcastiques. Certains vont même jusqu'à dire que tu prends un malin plaisir à les rabaisser en public, surtout en présence des infirmières. Il y a encore plusieurs choses qui m'agacent. Tu continues à stationner ta voiture devant la porte de l'entrée principale. La direction des immeubles t'a demandé à plusieurs reprises de garer ton auto à l'arrière de l'édifice, au stationnement des employés, comme tout le monde. Ta Mercedes bloque le passage des ambulances. Il me semble que c'est facile à comprendre. Le gardien de sécurité t'a vu, la semaine dernière, renverser avec ta voiture la boîte postale placée devant les consultations externes. Tu as poursuivi ton chemin comme si de rien n'était et tu as grillé deux feux rouges juste en face de l'hôpital. Le gardien prétend que tu roulais comme un fou et que tu serais passé à deux doigts de faucher un piéton. Écoute, Everett, ça fait plus de 30 ans que je te connais. Je sais à quel point tu es vaniteux et imbu de ta petite personne. Tu as le droit d'être orgueilleux ; c'est ton problème. Mais quand tu commences à être dangereux, là, c'est mon problème. Je veux bien t'aider, mais il va falloir avoir une conversation franche.

— Vous êtes tous pareils. Tous des jaloux ! Pauvre Émile... Ça fait longtemps que tu m'envies. Il me semble de te voir au collège avec ton vieux costume brun tout troué. Il y avait plus de pièces que d'étoffe. Tu faisais vraiment pitié. On aurait dit Gavroche, mais en plus misérable. Parfois, j'avais le goût de te donner des sous pour que tu puisses, comme tout le monde, t'acheter un petit gâteau à la récréation. Je n'ai jamais compris comment tu t'y étais pris pour réussir tes études. Avec ton talent plutôt limité, ç'a dû être difficile. Il faut quand même le faire : un fils de plombier qui devient médecin ! Tu as dû en baiser, des culs, pour arriver jusqu'ici... Mais moi, contrairement à toi, je n'ai jamais été un renifleux de pets !

— Je pense qu'il serait mieux pour toi de sortir de mon bureau.

— Mieux que ça ! Tu vas recevoir ma lettre de démission demain matin sur ton petit bureau de DSP.

Sur ces mots, le docteur Matthews se leva de son fauteuil avec une gravité prussienne. Il jeta un regard furibond au docteur Lajoie et lança sèchement : « Vous ne me méritez pas, bande de minus ! »

La figure écarlate, l'œil courroucé et la bouche écumante, le docteur Matthews sortit du bureau du docteur Lajoie en refermant violemment la porte derrière lui. Tel un retentissant coup de tonnerre, le claquement se fit entendre dans tout le secteur des services administratifs. En passant devant la salle de repos réservée au personnel soignant, le docteur Matthews saisit l'énorme bouteille en plastique de la fontaine d'eau réfrigérée, l'arracha brutalement de son socle, la souleva prestement au-dessus de ses épaules et la projeta avec force sur la devanture vitrée du poste de garde des soins palliatifs. La préposée à l'accueil ainsi que deux infirmières affairées à consigner certaines observations dans les dossiers médicaux des patients visités furent abondamment aspergées par ce raz-de-marée inopiné. Complètement trempé, le docteur Matthews, apercevant deux gardes de sécurité se diriger vers lui, déboula les marches de l'escalier, traversa à la course le hall d'entrée du pavillon principal, s'engouffra dans sa grosse cylindrée et quitta les lieux en trombe.

Plusieurs jours se sont écoulés depuis la pitoyable sortie du docteur Matthews, dont d'aucuns attribuent l'origine à la dernière et acrimonieuse rencontre entre les deux signataires du serment d'Hippocrate. Aucun des membres du personnel soignant de l'hôpital du Saint-Salut n'a pleuré le départ, pour le moins fracassant, du docteur Matthews. Bien au contraire, la plupart des employés ont éprouvé un grand soulagement. À la cafétéria de l'hôpital, un groupe de médecins prennent ensemble leur dîner tout en échangeant des propos au sujet de leur ancien collègue de travail.

— Il fut mon condisciple, déclare impassiblement le docteur Froezenberg. À l'instar de tous les Matthews, il était brillant. Il se distinguait dans plusieurs matières. Il excellait dans les cours magistraux. Les séances de laboratoire lui étaient par ailleurs plutôt pénibles. Il était tellement empoté... Il avait par contre une étonnante capacité de mémorisation et je dois dire que son esprit de synthèse était remarquable. Il se destinait à la chirurgie, comme son père. Mais ce n'était pas le paternel !

Hochant la tête pour corroborer les paroles de son collègue, le docteur Bohémier prend part à son tour à la discussion.

— Personne ne pouvait égaler le génie chirurgical du bonhomme Matthews. Il était tout simplement dans une classe à part. Même si les deux frères d'Everett se sont révélés bons chirurgiens, ils n'ont jamais égalé le talent du vieux Matthews.

— En effet, ajoute le docteur Froezenberg. Brad et Wilson jouissent d'une très bonne réputation, mais ils n'auront jamais la célébrité du vieux Walter. J'ai travaillé avec les deux à La Mettrie et je dois vous dire que ce sont de chics types. Très sympathiques tous les deux. Rien à voir avec le caractère particulièrement exécrable d'Everett.

— Ils étaient combien, dans la famille ? demande le docteur Pataglia.

— Trois, répond spontanément le docteur Froezenberg. Walter Matthews a eu trois fils. Brad est le plus vieux de la famille. Il a deux ans de plus qu'Everett et quatre ans de plus que Wilson. C'est quand même étrange que l'aîné et le cadet se ressemblent et se soient toujours bien entendus. D'ailleurs, ils ont toujours pratiqué la chirurgie dans le même établissement. Les choses étaient différentes dans le cas d'Everett. C'était le feu et l'eau entre ses deux frères et lui. Le pauvre Everett avait des mains de béton. Aucune dextérité. Il n'était même pas capable de disséquer proprement une grenouille. Il était vachement dangereux avec un bistouri. Il a lamentablement échoué à deux reprises aux examens de qualification. Il a finalement opté pour l'urologie. À l'instar de Brad, il voulait sûrement suivre les traces de son père, d'autant plus que les gens passaient leur temps à établir des comparaisons entre eux.

— Cela a dû être terriblement pénible d'être constamment comparé au standard ultime de la perfection, ajoute, avec un soupçon de commisération, le docteur Bohémier.

— Je présume que oui, dit, le regard lointain, le docteur Froezenberg. Il ne m'en a jamais parlé. À vrai dire, on n'a jamais eu de véritable conversation. Everett parlait beaucoup, mais il ne se livrait jamais.

— Il était tellement désagréable et méprisant envers les gens de son entourage ! s'exclame le docteur Michaels. J'ai rarement vu quelqu'un faire autant l'unanimité autour de lui : personne, je dis bien personne, ne voulait travailler avec lui. Sur le plan strictement professionnel, il a certes été dans le passé un grand médecin mais, ces derniers temps, il faisait réellement pitié. Il ressemblait de plus en plus à une vieille momie. J'estime qu'il était devenu une disgrâce pour la profession. Qu'en pensez-vous, docteur Bohémier ?

— Il est manifeste que, médicalement, il avait plafonné. Il ne s'était jamais tenu au courant des derniers développements scientifiques. Je pense qu'il n'acceptait pas d'être dépassé par nos jeunes collègues frais émoulus de l'université. À la fin, il était complètement à côté de ses pompes. Étouffé par le pédantisme tout en étant paumé ! C'est vrai qu'il faisait pitié.

— On aurait peut-être dû intervenir plus tôt, tous ensemble, pour lui venir en aide.

— Docteur Pataglia, j'ai tenté en vain, à maintes reprises, de discuter avec lui, répond le docteur Michaels, passablement résigné. Il n'y avait rien à faire. Il n'écoutait tout simplement pas.

— Il ne l'a jamais fait, de conclure expéditivement le docteur Froezenberg.

Les semaines passent. En parcourant le journal du matin, les yeux du docteur Lajoie sont attirés par une manchette singulièrement accrocheuse: «Fin tragique d'un médecin». Le texte du court article mentionne ceci: «Alertés par les résidants d'une tour d'habitation grandement indisposés par la présence dans l'immeuble d'une odeur pestilentielle, les policiers ont fait la découverte d'un cadavre en état de putréfaction avancée. Dans une mare de sang brunâtre et sirupeuse, le corps complètement dénudé d'un homme gisait face contre terre sur les carreaux de la salle de bain d'un luxueux studio. La crosse d'un pistolet de fort calibre était profondément ancrée dans la paume de la main droite du corps inanimé. Après les vérifications auprès de la famille et l'examen des empreintes dentaires, le service de police est en mesure de confirmer l'identification de la personne décédée. Il s'agit du docteur Everett Matthews. Spécialiste en urologie, le médecin de 53 ans laisse dans le deuil son ex-femme, ses trois enfants et ses trois petits-enfants.»

Questions

1. En vous référant à la section 5.3 (Les abus de pouvoir politique), à la page 178, déterminez le type de personnalité du docteur Everett Matthews et décrivez sa dynamique psychocomportementale. Justifiez vos réponses par des extraits du cas.
2. Croyez-vous que le docteur Lajoie a adopté la bonne attitude et le bon comportement lors de sa rencontre avec le docteur Matthews ? Justifiez votre réponse.

3. Le supermarché de Julio Frey

Julio Frey est propriétaire d'un supermarché d'alimentation dans l'est de Montréal. Il a acheté, en 1993, une petite épicerie familiale pour la transformer en un magasin ultramoderne de 9000 mètres carrés. Il a investi près d'un million de dollars dans son nouveau commerce. En plus d'avoir modernisé les équipements du magasin (caisses enregistreuses avec lecteur optique, comptoirs réfrigérés, système de surveillance électronique et portes automatiques), Julio Frey a fait construire un nouveau stationnement de 60 places.

Julio Frey a toujours travaillé à son compte. Il est en fait un entrepreneur dans l'âme. Avant de se porter acquéreur de son magasin d'alimentation, il exploitait un abattoir de volailles dans la région de Lanaudière, mais de nombreux problèmes de relations de travail ainsi qu'une tentative d'accréditation syndicale de la part des employés l'avaient incité à mettre la clé dans la porte.

Julio Frey arrive au magasin tous les matins à 6 h. Après avoir pris son petit café dans son bureau, il scrute attentivement le chiffre d'affaires de la journée précédente. Un système informatisé lui permet entre autres de connaître le nombre de clients, le type de produits vendus, la valeur moyenne d'un panier d'épicerie et le nombre de fois que les tiroirs-caisses ont été ouverts.

Du haut de son bureau situé au deuxième étage, monsieur Frey peut observer tout à son aise l'arrivée de ses employés. Effectivement, les vitres du bureau sont des glaces sans tain. Une fois que les bouchers sont entrés dans la chambre froide et que la pâtissière a préparé la première fournée de pains et de brioches de la journée, monsieur Frey descend de son mirador et entreprend sa tournée du magasin. Ses nombreuses interventions auprès de ses employés sont de la nature suivante :

— Hé ! Paul ! Veux-tu bien me dire pourquoi deux paniers d'épicerie sont dans le stationnement ? On va se les faire choper ! Sais-tu seulement combien ça coûte, un maudit panier d'épicerie ? Mets ton *coat*[42], puis va me les chercher tout de suite !

— Monique, je veux que, dorénavant, tu surveilles mieux les clients qui s'approchent du comptoir des fruits et légumes. Les gens sont « crosseurs[43] » et cochons. Ils se mettent une poignée de cerises dans la gueule et puis ils crachent les noyaux par terre. Manger des fruits sans les payer, c'est fini. OK ?

— Comme ça, Monsieur Maurice arrive en retard le matin ? Un petit 10 minutes par-ci par-là, et puis au bout de la semaine, tu m'as volé une heure. Écoute-moi bien ! À l'avenir, tu arrives à l'heure ou tu restes chez toi. Penses-y bien. Je ne te le répéterai plus.

Après sa ronde matinale, Julio remonte à son bureau en maugréant intérieurement.

— Toute une bande de fainéants et d'incapables. Ce n'est pas assez de surveiller les clients qui me volent, il faut en plus que je *watch*[44] mes employés. Je ne peux me fier à personne. Je suis sûr que c'est Manon qui met dans ses poches l'argent de la machine à café. Ça ne se peut pas. Les clients prennent autant de café qu'avant et la machine rapporte de moins en moins d'argent. Je vais mettre la caméra sur elle, ce soir. Qu'elle prie le

42. Lire ici « manteau ».

43. Terme injurieux désignant une personne foncièrement malhonnête.

44. Lire ici « surveille ».

ciel pour que je ne l'attrape jamais! Et puis, il y a le petit monsieur Maurice et la grosse limace d'Alexandre. Ces deux-là sont de connivence. Je me demande bien pourquoi ils stationnent toujours leur « char[45] » à côté du quai de réception des marchandises. Ça pourrait expliquer les trous dans les stocks. Ces deux-là, je les ai à l'œil. Je vais faire installer une bonne caméra dans l'arbre, en arrière. Vous ne perdez rien pour attendre, mes petits coquins! Quelle heure est-il? Onze heures, déjà! Je vais aller faire un petit tour à la maison.

Question

En vous référant à la section 5.3 (Les abus de pouvoir politique), à la page 178, déterminez le type de personnalité de Julio Frey, décrivez sa dynamique psychocomportementale, indiquez le type de danger qui guette les employés du supermarché et dites quel devrait être l'objectif de leurs habiletés politiques. Justifiez vos réponses par des extraits du cas.

4. Oui, mon général !

— Écoutez, Monsieur Balbounie, je ne sais plus comment vous le dire.

— Me dire quoi, Monsieur Clément?

— Les planchers de l'édifice sont affreusement sales. Surtout ceux du hall de l'entrée principale. Ils sont carrément poisseux. Je vous ai demandé à plusieurs reprises de me les astiquer afin qu'ils brillent comme un sou neuf.

— C'est ce que je tente de faire, Monsieur Clément, mais depuis que le chauffe-eau est défectueux, il m'est très difficile de laver à fond les planchers. Vous savez, l'eau chaude est essentielle à l'activation des détergents permettant d'enlever les taches tenaces.

— Comment ça, il n'y a plus d'eau chaude?

— Hé oui! Je ne vous l'avais pas déjà dit? Il me semble que oui, pourtant. Le rhéostat du gros réservoir est sûrement brisé. L'eau sort du robinet à peine tiède.

— Bon sang, vous n'avez qu'à le changer, un point c'est tout!

— C'est bien ce que je pensais, Monsieur Clément. Je vais en commander un nouveau dès demain. Il ne faut pas oublier, Monsieur Clément, que nous sommes en avril et qu'avec toute cette pluie il est un peu normal que les parquets soient légèrement souillés par de la boue. Vous savez, les gens n'ont plus de manières, aujourd'hui. Très peu de personnes prennent le soin d'essuyer leurs pieds tout crottés sur le paillasson.

---

45. Lire ici « voiture ».

— Vous appelez ça « légèrement souillés » ? Mais enfin, Balbounie, vous avez de la merde dans les yeux ou quoi ? Vous vous foutez de ma gueule ?

— Vous savez bien, Monsieur Clément, que je ne ferais jamais ça. J'émettais seulement un commentaire sur le civisme de certains employés et de certains visiteurs.

— Il n'y a pas que le carrelage qui est crasseux. Vous avez vu l'état lamentable des tapis au premier étage ? Les tapis sont dans un état tellement répugnant que même les chevaux des écuries d'Augias refuseraient de marcher dessus ! Mais où avez-vous appris votre métier de concierge ?

— C'est toujours le même problème de savoir-vivre. Les gens crachent par terre leur gomme à mâcher et cette cochonnerie colle aux fibres de la moquette. Il faut faire un traitement à la vapeur pour extirper ces immondices du tapis. Nous avons un shampouineur à moquette. Il est dans l'édifice nord. Je vais téléphoner demain pour savoir si je peux l'emprunter.

— Et puis, vous avez vu les chiottes ? Elles sont dégueulasses ! Le plancher est pisseux et les cuvettes et les sièges de toilette décourageraient même un patient atteint de choléra. Il va falloir, Monsieur Balbounie, me désinfecter tout cela. Je veux voir de l'eau de Javel et des grands coups de torchon dans les cabinets. Si jamais un inspecteur de la santé publique se pointe à l'édifice sud, nous sommes bons pour un p.-v., et la note risque d'être salée.

— Justement, Monsieur Clément. Je voulais m'attaquer au grand ménage des toilettes, la semaine prochaine. Je relève d'une sale grippe qui m'a considérablement affaibli, mais maintenant, je me sens mieux.

— Écoutez, Monsieur Balbounie. Je ne veux plus d'excuses. Je veux des actions concrètes afin de corriger au plus tôt cette situation calamiteuse. L'édifice nord, que vous voyez d'ici en étirant quelque peu le cou, est dans un état impeccable. Les parquets brillent, les carreaux sont étincelants et les toilettes sont d'une propreté à faire rougir un Suisse. Hormis le fait qu'il puisse y avoir de l'eau chaude dans l'édifice nord, comment expliquer que votre collègue, Monsieur Jeannot, parvient à garder cet édifice propre alors que vous êtes, de toute évidence, en train de transformer l'édifice sud en soue à cochons ?

— Il ne faut quand même pas exagérer. Je conviens avec vous, Monsieur Clément, que cela est susceptible d'amélioration, et je vais y voir. Par ailleurs, il ne faut pas oublier que mon édifice compte un étage de plus que l'édifice nord et qu'il est plus achalandé.

— Balbounie, regardez-moi dans les yeux ! Je veux des résultats ! Me fais-je bien comprendre ?

— Assurément, Monsieur Clément. Dès demain, je m'occupe du problème de l'eau chaude.

Sur ces paroles, monsieur Clément tourna les talons et quitta la conciergerie située au sous-sol de l'édifice. Roger Balbounie ferma la porte de son petit réduit souterrain et, esquissant ironiquement de la main un salut militaire, grommela : « Oui, mon général ! »

Sur la même lancée, Roger Balbounie poursuivit sa persifleuse tirade solitaire. « Ah ! Comme ça, j'ai de la merde dans les yeux et je suis un souillon ? Eh bien ! Mon petit bonhomme Marius, si tu veux de la merde, tu vas être servi. Où est ma scie à métaux ? Ah ! Comme ça, le Marius sait tout ? Je vais te montrer, moi, mon nabot de Marius, qui est le patron, ici. Je vais t'en faire, des bricoles. Je vais te faire découvrir l'effervescente puissance merdique d'un gros tuyau d'égout. Après cela, tu pourras, le Marius, parler de merde en toute connaissance de cause. »

Question

En vous référant à la section 5.3 (Les abus de pouvoir politique), à la page 178, déterminez le type de personnalité de Roger Balbounie, décrivez sa dynamique psychocomportementale, indiquez le type de danger qui guette Marius Clément et dites quel devrait être l'objectif de ses habiletés politiques. Justifiez vos réponses par des extraits du cas.

5. Salaud !

Il est à peine 9 h 45, lundi matin. Garrett Holzman, confortablement calé dans son fauteuil, sirote, les paupières mi-closes, un café noir bien fumant. Garrett est le directeur d'un petit atelier de conception graphique spécialisé dans la production de panneaux publicitaires format géant. Il supervise le travail d'une équipe regroupant une dizaine de designers, de dessinateurs et de coloristes. Soudain, la porte vitrée de son bureau s'ouvre avec fracas. La figure rubiconde d'Allison Carter, une jeune designer industrielle, apparaît à l'extrémité de la pièce.

— Garrett, on avait convenu que ce serait mon projet qui serait soumis à la Rising Star.

— Je ne pense pas avoir pris une décision allant dans ce sens.

— Salaud ! Tu savais depuis le début que ce serait le projet d'Ellen qui serait choisi ! Depuis le début, les dés étaient pipés. Tout était joué d'avance.

Sur ces mots, Allison, les yeux exorbités et la bouche écumante, chiffonna la feuille de papier qu'elle tenait dans sa main et la lança à la figure de Garrett.

— Calme-toi, Allison. Tu n'as aucune raison de te mettre dans un tel état. Je ne t'ai jamais dit que je choisirais ton projet. J'ai uniquement mentionné que je trouvais ton ébauche stimulante et prometteuse.

— Menteur ! Tu as dit que c'était ce type d'esquisse qui convenait à la Rising Star. Mais on le sait bien, Ellen et toi…

— Qu'est-ce que ça veut dire, « Ellen et toi » ?

— Tout le monde sait que tu couches avec cette traînée. C'est comme cela qu'elle a du succès. Tu n'es qu'un beau salaud. Vous êtes tous des écœurants, vous, les hommes. Vous ne fonctionnez qu'à ça. Et après, vous nous laissez tomber comme de vulgaires chaussettes. Mais écoute-moi bien, Garrett. Tu n'en as pas fini avec moi. Si tu penses que tu vas pouvoir te payer ma tête comme ça… Ce projet représente beaucoup pour moi et tu le sais très bien. Ne me laisse pas tomber ou bien tu vas le regretter ! Ensemble, toi et moi, on peut faire de grandes choses. Tu as besoin de moi autant que j'ai besoin de toi. Tu ne peux pas me larguer comme ça.

— Sors d'ici. Je ne veux jamais plus te revoir.

— Je vais t'en faire baver, salaud !

Question

En vous référant à la section 5.3 (Les abus de pouvoir politique), à la page 178, déterminez le type de personnalité d'Allison Carter, décrivez sa dynamique psychocomportementale, indiquez le type de danger qui guette Garrett Holzman et dites quel devrait être l'objectif de ses habiletés politiques. Justifiez vos réponses par des extraits du cas.

6. *Sempiternus interminabilis ritualis*

— Bonsoir, chérie !

— Salut, mon lapin !

— Hum ! Ça sent bon. Je te parie une bière que tu as fait de la lasagne.

— Tu brûles, mais ce n'est pas ça. Sers-moi une rousse, tu veux ? Et défense de regarder dans le four. C'est une surprise.

— Oui, mon trésor.

— Ta journée s'est bien passée ?

— Bof, si on veut.

— Oh, ce n'est pas le nirvana !

— À vrai dire, je ne pensais pas qu'il y avait tant de différences entre le privé et le public. C'est vraiment le jour et la nuit. Écoute, Mathilde, ça fait quatre mois que j'œuvre à la fonction publique et j'ai l'impression de tourner constamment en rond. Un vrai beagle qui court après sa queue. Je passe en moyenne cinq heures par jour en réunion. Tu te rends compte, un peu ? Plus de la moitié de ma journée de travail se déroule alors que je suis assis autour d'une table à écouter les gens parler inlassablement de structures de travail et de systèmes intégrés de traitement des demandes. Je n'ai jamais passé autant de temps en réunion. Si au moins on avançait... Mais non ! C'est toujours le même blabla. On fait du surplace et tout ça, ça me fait royalement suer. Tiens, jette un coup d'œil à mon agenda. La semaine dernière, tu comptes combien de réunions ?

— J'en compte neuf.

— Et la semaine d'avant ?

— Il y en a eu 11.

— Vive la réunionite aiguë !

— Donne-toi du temps ; tu viens tout juste d'arriver. Il y a toujours une période d'acclimatation à traverser. Ces réunions doivent sûrement servir à quelque chose...

— Je me le demande.

— Mais est-ce que tu interviens, au moins, pour faire avancer les choses ?

— Pas vraiment. Tu me connais. Je ne suis pas un gars qui aime « placoter[46] ». J'écoute, je prends des notes et je fais surtout semblant de m'intéresser à ce que disent les autres. Moi, j'ai besoin d'action. Je te le dis, ça m'épuise, toutes ces réunions. Et puis, après les réunions, il y a les fameux formulaires à remplir. Toutes les demandes traitées doivent être inscrites au quotidien dans le RSSRP.

— Qu'est-ce que ça mange en hiver ?

— Le RSSRP : registre statistique des services rendus au public. C'est un système informatique complètement nul. Il doit sûrement dater d'une dizaine d'années. Pour chaque demande traitée, nous devons saisir à quatre reprises le numéro d'assurance sociale de l'usager. C'est difficile à battre en matière d'inefficacité. C'est le cas de le dire, nous sommes à des années-lumière de SAP[47]. Et dire que nous passons nos semaines à nous réunir afin de bonifier les applications de cette antiquité ! C'est aussi excitant que de regarder une patate germer dans le fond d'un garde-robe[48].

— Relaxe, chéri. C'est normal qu'au début les choses prennent du temps à se mettre en place. Tu vas voir, les choses vont se tasser. Essaie de prendre cela comme ça vient. Une journée à la fois.

---

46. Expression signifiant « papoter ».

47. SAP : *Systems, applications and products for data processing*. Il s'agit d'un progiciel de gestion intégré en informatique et en management, créé et commercialisé par la société allemande SAP AG.

48. L'emploi de ce mot au masculin est propre au Québec.

Le lendemain, la journée de travail de Philippe débute par une... réunion. Assistent à cette énième rencontre certains membres du centre métropolitain de traitement des dossiers, soit madame Heather Wells, la directrice du centre ; Marthe, une gestionnaire de niveau 5 des dossiers relatifs aux entreprises ; Josiane, une gestionnaire de niveau 4 des dossiers individuels ; Véronique, une gestionnaire de niveau 3 des dossiers en souffrance ; Bernie, un gestionnaire des transferts intergouvernementaux ; Jean-Paul, un programmeur-analyste du centre ; Alexandre, un statisticien du centre ; Guillaume, un coordonnateur des préposés aux appels ; et Philippe, un gestionnaire de niveau 1 des dossiers en révision.

— Nous avons examiné hier la problématique du décloisonnement de nos trois bases de données afin de construire une plate-forme commune permettant un traitement intégré des demandes, qu'elles proviennent du centre métropolitain, de la couronne nord ou de la Rive-Sud. Les trois systèmes informatiques doivent se parler et, à terme, fusionner en un seul, permettant ainsi une saisie unique des données.

— Il faut être conscient, Madame Wells, que si l'on achemine toutes les demandes dans une seule matrice informatique, il va falloir modifier les numéros d'identification des usagers. Le numéro d'assurance sociale[49] ne nous indique pas le lieu de provenance des demandes.

— Avons-nous besoin de conserver les informations propres aux différentes régions ?

— Voyons, Marthe, c'est un *must* ! s'écrie Alexandre, décontenancé. Les *stats* ne sont valides que dans la mesure où les unités d'analyse sont constantes.

— On pourrait greffer au numéro d'assurance sociale de l'usager son code postal. Ça ne fait que six caractères de plus à programmer.

— Oublie ça tout de suite, Véro ! s'exclame énergiquement Jean-Paul. Aucun des trois systèmes actuels ne peut retenir plus de 11 frappes. Le numéro d'assurance sociale en compte déjà neuf.

— Pourquoi ne pas laisser tomber le NAS et prendre à la place le numéro de téléphone avec l'indicatif régional ?

— Ça, Véronique, c'est complètement impossible, répond catégoriquement madame Wells. Nous transmettons nos données à quatre autres ministères qui, eux, fonctionnent exclusivement avec le NAS.

— De toute évidence, nos trois systèmes informatiques sont impropres à une centralisation du traitement des demandes. Je pense bien humblement que nous devrions réfléchir sérieusement à l'implantation d'un nouveau progiciel.

---

49. Le numéro d'assurance social a pour sigle « NAS ».

— Implanter comme ça, *from scratch*[50], une nouvelle bébitte[51] informatique ? Tu n'y penses pas, Philippe ? Les préposés aux appels vont paniquer. Souvenez-vous de l'implantation improvisée d'Orion, il y a environ 10 ans.

— Huit ans exactement et, effectivement, l'expérience s'était révélée particulièrement éprouvante, ajoute Bernie en faisant la moue.

— Le système plantait toutes les cinq minutes et la moitié du personnel était tombée en épuisement professionnel. Je n'ai pas tellement envie de revivre une telle situation bordélique. Il va falloir, cette fois-ci, planifier soigneusement toutes les étapes d'implantation et prévoir des solutions de rechange.

— Josiane a entièrement raison. En informatique, on ne peut pas improviser, poursuit Jean-Paul avec insistance. Il nous faut obligatoirement un vade-mecum indiquant clairement la marche à suivre à toutes les étapes. Par ailleurs, Philippe a soulevé tout à l'heure un point fort important : ça fait longtemps que les trois systèmes ont atteint le terme de leur vie utile. Orion, Infosup et Datatronical sont en fait des systèmes qui ont été, dans le passé, maintes fois mis à niveau. Il n'y a plus de marge de manœuvre. Par ailleurs, l'achat et l'implantation d'un superprogiciel capable de traiter de façon matricielle l'ensemble des données de nos trois systèmes actuels coûteraient plusieurs dizaines de millions de dollars.

— Dans une perspective nationale, c'est facilement au-dessus de cent millions de dollars, affirme madame Wells. J'ai rencontré le sous-ministre la semaine dernière et il m'a clairement indiqué qu'une telle dépense n'était pas envisageable cette année. Toutefois, l'acquisition d'un système informatique central pour l'ensemble du pays est prévue dans trois ans. Alors, pour l'instant, il faut faire avec ce que nous avons.

— Pourquoi alors, Madame Wells, ne pas attendre l'implantation de ce système national et, par la suite, procéder à l'intégration de nos trois systèmes régionaux ?

— Il s'agit d'une excellente réflexion, Philippe, mais dans le contexte actuel, précise madame Wells, nous ne pouvons pas attendre trois ans. D'autres centres de traitement des dossiers au pays ont commencé la migration de leurs bases de données vers une plate-forme commune. Il ne faut surtout pas se faire devancer par eux. Nous devons conserver notre leadership en matière d'efficacité.

— Sommes-nous plus efficaces en tentant de rafistoler de vieux systèmes incompatibles ou en maintenant le *statu quo* le temps de posséder un système pleinement opérationnel ? demande Philippe, visiblement incrédule.

---

50. Expression propre à l'informatique signifiant « à partir de rien ».

51. Bestiole étrange, compliquée.

— Un bruit circule, lance naïvement Bernie, selon lequel le Ministère songerait à concentrer l'ensemble des activités dans un seul centre de traitement national.

— Bon ! Bon ! Voyons donc ! s'exclame ironiquement madame Wells. Vous savez tous qu'il ne faut pas prêter foi aux rumeurs. Ça fait 21 ans que j'en entends et c'est toujours la même histoire. Moi, j'ai reçu des directives précises du Ministère nous enjoignant à amorcer l'intégration de nos données afin de constituer un fichier informationnel commun.

— Présentement, nous n'avons pas la capacité matérielle de fusionner nos trois bases de données régionales. De plus, nous ne connaissons pas le futur progiciel devant être installé d'ici trois ans. Nous ne savons même pas si le format de nos fichiers actuels est compatible avec la configuration de ce progiciel.

— Nonobstant ce que vient de nous dire Bobby, nous ne devrions pas nous préoccuper de cela, déclare Jean-Paul. Ce qui importe pour nous, présentement, concerne l'intégration de nos trois bases de données régionales régies par trois systèmes informatiques saturés et, surtout, affichant des incompatibilités non négligeables.

— À l'intérieur de chacun de nos systèmes, pouvons-nous élaguer des données redondantes ? demande Marthe.

— Ouf ! Ça, c'est tout un travail ! soupire madame Wells.

— C'est un travail de moine, ajoute Alexandre.

— La glace est mince. Vous êtes conscients qu'on ne peut pas garder de copie de sauvegarde…

— Bobby soulève un point capital, dit gravement Josiane. Il faut se faire un arbre décisionnel commun.

— Il faut surtout vérifier ce que la loi nous permet d'éliminer, formule Bernie.

— C'est dommage que notre RSSRP ne contienne que les statistiques de gestion des dossiers, constate Jean-Paul avec résignation. Il ne nous permet pas d'avoir accès aux données des dossiers comme telles.

— Si on travaille avec Orion, poursuit Bobby, il va forcément falloir le délester. Quant à Infosup et à Datatronical, ils sont de loin trop petits pour absorber une telle concentration informationnelle.

— Tantôt, Josiane a parlé du recours à un arbre décisionnel. Je crois qu'il s'agit là d'une stratégie tout indiquée dans les circonstances.

— Parfaitement ! s'écrie Véronique. Madame Wells, vous avez entièrement raison. Au moins, là, on aurait un raisonnement logique et objectif. On serait à même d'évaluer les pour et les contre des scénarios retenus.

— Effectivement, ajoute Jean-Paul, nous devons impérativement adopter une démarche rationnelle. Je pense que le tableau de bord utilisé lors de l'implantation de Datatronical peut grandement nous aider. Si je me souviens bien, j'en ai gardé une copie dans mes fichiers électroniques.

— J'en ai une copie, lance Marthe avec empressement. Je suis tombée dessus hier, par hasard.

— Moi, enchaîne Bobby, j'ai en ma possession ceux qui ont servi à l'élaboration d'Orion et d'Infosup. On pourrait faire une synthèse des trois et, par la suite, recourir aux services d'une firme de consultants pour avoir une stratégie planifiée de regroupement de nos données. Peut-être est-il possible d'éviter l'élagage de nos bases de données ?

— Ça, j'en doute, mais il serait bon d'avoir l'avis d'experts.

— Tu as parfaitement raison, Jean-Paul. Soyons prudents, insiste madame Wells. Nous allons consulter. C'est un mandat qui dépasse facilement les 100 000 $. Il va falloir procéder par appel d'offres.

— On en a pour au moins trois mois à attendre, constate Véronique, non sans une certaine déception.

— Nous n'avons pas le choix, affirme madame Wells. Pendant ce temps, nous examinerons nos tableaux de bord afin d'avoir une vision globale des données à manipuler. Bobby, peux-tu te charger de faire des copies des tableaux de bord pour tout le monde ? J'aimerais qu'on se rencontre vendredi matin pour pouvoir en discuter. Entre-temps, n'oubliez pas de préparer notre rencontre sectorielle de mercredi. Nous discuterons des indicateurs de performance de nos équipes. Avant de nous laisser, je vous rappelle que nous avons demain après-midi, à 14 h 30, une rencontre avec madame Aubret, adjointe du sous-ministre associé, qui nous entretiendra des nouvelles mesures légales ayant trait au harcèlement psychologique au travail.

— Madame Wells, connaissez-vous la durée de la rencontre ?

— Deux heures, Bernie. Ah oui, j'oubliais. La rencontre de préparation du colloque annuel des cadres se tiendra le mardi 15 octobre à 10 h.

— Dans quelle salle ? demande Marthe.

— La salle Antoine-Rému, précise madame Wells.

Question

En vous référant à la section 5.5 (Les cultures organisationnelles pathogènes), à la page 211, déterminez le type de culture organisationnelle de l'unité de travail de madame Heather Wells. Quels devraient être l'attitude et les objectifs des habiletés politiques de Philippe ? Justifiez votre réponse par des extraits du cas.

7. Une pépine[52] inanimée

Cela faisait au moins trois longues heures que Jean-Charles Frenais, terré dans sa camionnette rouge tomate, observait au loin avec une déconcertante déception l'étonnant sommeil matinal de l'excavatrice. Tel un coléoptère paralysé par la froidure de février, le fouisseur engin métallique, arborant une vive couleur jaune maïs, était complètement inerte. Il reposait là, blotti contre sa tendre moitié, un gros camion vert aux formes arrondies. Tout en contemplant l'assoupissement de ces deux tourtereaux motorisés de l'excavation, Jean-Charles, contremaître depuis à peine trois semaines d'une équipe de 28 ouvriers affectés aux travaux de voirie d'un arrondissement d'une grande municipalité, se posait de singulières questions : Comment se faisait-il que cette pépine soit inanimée depuis trois heures ? Où était donc passé son opérateur ? Où se trouvaient au juste les quatre hommes devant travailler à la réparation d'une conduite d'eau fissurée par le passage des ans ?

Soudainement, une camionnette rouge arriva sur les lieux du travail. Quatre hommes en sortirent nonchalamment pour se mettre lentement au travail. La pépine s'activa et versa énergiquement quatre lourds chargements de terre dans l'énorme benne du camion immobile. Et puis plus rien. Toute cette belle fébrilité s'évanouit abruptement. Il était déjà midi, à en croire le clocher de la petite église du faubourg populaire. Les quatre ouvriers montèrent prestement à bord de leur camionnette pour se rendre au petit casse-croûte situé à deux coins de rue. Jean-Charles était très songeur. Devait-il se rendre dès aujourd'hui sur les lieux du travail afin de s'enquérir de la situation et, le cas échéant, apporter sur-le-champ les correctifs nécessaires, ou devait-il poursuivre ses observations afin d'étoffer davantage les faits recueillis ? Depuis sa récente entrée en fonction au poste de contremaître, il avait reçu une kyrielle de plaintes de la part des résidants du quartier. Pour l'essentiel, celles-ci portaient sur le nombre astronomique de nids-de-poule faisant de la conduite automobile un sport extrême, sur l'exaspérante lenteur du déneigement des rues et des trottoirs, sur le déglaçage insignifiant de ceux-ci, sur la fainéantise crasse de certains travailleurs préférant la contemplation à l'action et sur leur présence anormalement longue et fréquente dans les cafés du coin. Ces doléances inquiétaient Jean-Charles au plus haut point. Se pouvait-il qu'elles soient toutes fondées ?

Jean-Charles rentra au bureau pour prendre son dîner. Dès que la dernière bouchée de son sandwich fut avalée, il jeta un coup d'œil furtif à sa montre.

---

52. Expression québécoise pour désigner une excavatrice.

Il était temps de retourner sur les lieux du travail afin d'assister à la poursuite de l'excavation. Patient comme un pêcheur taquinant à la mouche une truite de ruisseau, Jean-Charles attendit jusqu'à 14 h 10 le retour des valeureux cols bleus. C'est alors qu'il décida de sortir de son véhicule pour s'adresser à eux.

— Il y a un problème, les gars?

— Pas du tout, répondit sèchement Raymond, l'opérateur de l'excavatrice.

— Alors, qu'est-ce qui se passe? Vous n'avez pas encore effectué un seul voyage de camion!

— Il manquait du «glougli» dans le système hydraulique de la pépine, rétorqua Raymond. Il a fallu aller en chercher au garage.

— Du quoi?

— Du «glougli», répéta Paul-Émile, le conducteur du camion. C'est un liquide antigel qui évite la surpression des boyaux par temps froid.

— Deviez-vous y aller toute la *gang*[53]?

— On ne peut pas creuser sans la pépine, soutint Raymond. Les gars n'étaient quand même pas pour rester ici à se geler le cul dans une boîte de *truck*[54]!

— Et ça vous a pris trois heures pour mettre la main sur la bouteille de… «glougli» et pour revenir ici?

— Le produit était *back order*[55], affirma Raymond. Il a fallu le commander au fournisseur.

— En passant, vous avez une heure pour dîner.

Sur ces dernières paroles, les yeux furibonds de Raymond toisèrent très lentement, de la tête aux pieds, la personne de Jean-Charles. Le regard hargneux de l'opérateur de la pépine atone se fit des plus insistants. De toute évidence, le quinquagénaire col bleu nourrissait à l'endroit de Jean-Charles une antipathie incontestable. Avec l'agilité d'un chat, le rondelet Raymond bondit dans la cabine de l'excavatrice et fit rugir son énorme moteur diesel. Jean-Charles tourna les talons et retourna au bureau.

Avant de regagner son poste de travail, Jean-Charles fit un saut au comptoir des pièces de l'atelier mécanique.

53. Expression anglophone pour désigner un groupe d'individus.

54. Expression anglophone pour désigner un gros camion.

55. Expression anglophone pour signifier l'absence d'un produit dans les stocks d'un magasin ou une commande en souffrance.

— Bonjour, est-ce que Raymond Gavrimard est venu ici, aujourd'hui ?

— Le gros Raymond ?

— Oui, oui ! Le gros Raymond.

— Je ne l'ai pas vu de la journée, Monsieur Frenais.

— Avez-vous eu aujourd'hui une commande de « glougli » ?

— Une commande de quoi ?

— De « glougli ». Vous savez, le liquide qu'on met dans une pépine lorsqu'il fait très froid.

— Monsieur Frenais, je ne connais pas du tout ce produit-là. C'est récent ?

— Je ne sais pas.

— C'est le gros Raymond qui vous a parlé de ça ?

— Ouais.

— Vous voulez que je vous dise ? Vous vous êtes fait royalement avoir. Je connais le gros Raymond depuis des années. Il raconte n'importe quoi. Si je peux vous donner un conseil, méfiez-vous de lui. Il est marteau.

L'air hébété, Jean-Charles quitta les lieux. Gravissant lentement les marches de l'escalier conduisant à son bureau, le jeune contremaître de 27 ans était envahi par un étrange sentiment, composé à la fois d'appréhension, d'amertume et de détermination. Il ne savait pas au juste ce que voulaient prouver Raymond et ses acolytes, mais une chose était claire dans son esprit : la fin de la récréation était toute proche.

Au garage municipal, le lendemain matin vers 6 h 30, Jean-Charles rencontra, comme à l'accoutumée, son équipe de travail. Après avoir fait état de la situation au chapitre de l'avancement des différents travaux en cours, Jean-Charles procéda à l'attribution des tâches de la journée à chacun des 28 membres de son équipe. Dès que le dernier ouvrier eut quitté les lieux de la réunion quotidienne de planification des tâches, Jean-Charles sauta dans sa camionnette et se rendit directement au restaurant *Chez Ma'm Boulerice*. Plusieurs résidants du quartier s'étaient plaints de la présence assidue et surtout très prolongée des camionnettes municipales rouge tomate dans le stationnement de la petite gargote. Le cœur rembruni d'une amère déception et d'une sourde colère, Jean-Charles compta sept camionnettes aux vives couleurs chaudes de la municipalité. En fait, la totalité de son parc de véhicules de transport des ouvriers dormait dans le stationnement du restaurant de la rue du Crapet-soleil. Qui plus est, tous les membres de son équipe, soit 28 personnes, étaient confortablement assis dans le sympathique boui-boui et prenaient paisiblement, aux frais des contribuables, leur petit-déjeuner. Comment se faisait-il que ces ouvriers ne soient pas sur leur chantier respectif au début de leur quart de travail ?

Depuis combien de temps cette pratique illicite existait-elle ? Où était donc passé le sens du devoir ? Pourquoi n'y avait-il pas dans son équipe quelques personnes – ne serait-ce qu'une – dotées d'une certaine rigueur morale et d'une fierté toute professionnelle ? C'est assurément ce dernier questionnement qui attristait le plus le jeune contremaître.

Jean-Charles consulta une dernière fois sa montre. Il était 8 h 45 et tous ses hommes continuaient à siroter leur café. Ils auraient dû être en plein travail depuis déjà 1 h 45. C'en était trop pour les limites de la patience de Jean-Charles. Il quitta son véhicule et entra d'un pas résolu dans le petit restaurant. Lorsque les hommes virent la figure érubescente[56] de leur contremaître apparaître comme par enchantement, un silence absolu et glacial envahit les lieux.

— Ça fait déjà près de deux heures que vous devriez être au travail. Vous devez être sur les lieux de votre travail à 7 h, pas à 9 h ! Du « poignage de beigne[57] », je n'en veux plus ! Allez, tout le monde au travail !

L'injonction acerbe du jeune homme ne produisit malheureusement aucun effet. Les 28 postérieurs des ouvriers concernés restèrent indéfectiblement collés à leur fauteuil. Certains terminaient calmement leur petit café, alors que d'autres poursuivaient sereinement leur lecture du journal. Excédé et furieux, Jean-Charles vociféra un ordre des plus percutants : « Tout le monde dehors ! » C'est alors que Raymond Gavrimard, dit le gros Raymond, se leva très lentement et, en essuyant les commissures de ses lèvres avec sa serviette de papier, se dirigea vers son supérieur hiérarchique.

— On se calme. Ce n'est pas bon pour la pression du petit monsieur.

Et puis, après avoir fait une boulette avec sa serviette de papier, le ventripotent col bleu la projeta sur la poitrine de Jean-Charles et, en le pointant du doigt, lui adressa les paroles suivantes : « On sait tous où tu restes et à quelle école va ton petit gars. Ça fait que… fais pas chier. » Sur ces propos terriblement menaçants, le gros Raymond se tourna vers ses camarades de travail et leur lança sèchement : « C'est beau, les gars. On y va. » Avec une rapidité déconcertante, les ouvriers quittèrent la masure de madame Boulerice.

Terriblement secoué par ce qui venait tout juste de se passer, Jean-Charles prit place au comptoir. Une petite dame aux cheveux blancs coiffés en chignon et arborant sur son nez en pied de marmite de minuscules lunettes rondes en métal argenté lui demanda : « Vous voulez un café, m'sieu ? »

56. Qui devient rouge.

57. Expression populaire désignant des séances de procrastination, des moments passés à ne rien faire.

— Vous avez entendu ce qu'il m'a dit ?

— Non, m'sieu, j'étais à l'arrière, aux cuisines.

Jean-Charles se retourna vers deux clients, des personnes du troisième âge, assis à la même table, la tête dans leur assiette et s'efforçant tant bien que mal de terminer leur petit-déjeuner.

— Et vous, vous avez entendu ce qu'il a dit ?

— Non, il y avait trop de bruit. Et puis, je n'ai pas mon appareil auditif.

Commotionné et profondément inquiet, Jean-Charles quitta les lieux en direction du bureau. Plus que jamais, une rencontre avec son patron immédiat, Michel Marzotti, le directeur des services municipaux de l'arrondissement, s'imposait. L'entretien dura tout près d'une heure et demie. Jean-Charles exposa avec moult détails les nombreux faits accablants. Il avait noté dans un petit calepin noir bon nombre des agissements de certains membres de son équipe.

— Je suis reconnaissant au plus haut point, Jean-Charles, de ton grand dévouement envers les services publics. Il ne fait aucun doute dans mon esprit que tout ce que tu m'as décrit se révèle carrément inadmissible. Et je suis d'accord avec toi sur le fait que nous devons mettre un terme à ces pratiques franchement répréhensibles. Toutefois, nos interventions doivent s'insérer dans un cadre d'action réaliste. Nous nous devons d'être prudents et, surtout, discrets. Il faut à tout prix éviter d'alerter l'opinion publique sur nos problèmes de régie interne. Ta sortie dans le restaurant ne m'apparaît pas appropriée. Il faut régler en privé ce genre de différend. Ce n'est pas d'hier que les employés de la voirie se traînent les savates. Ce n'est sûrement pas une engueulade dans un café qui va leur donner de l'ardeur au travail.

— Écoutez, Monsieur Marzotti, je crois que le problème est beaucoup plus grave qu'un rendement médiocre au travail. Ma famille et moi avons été victimes d'une sérieuse menace à notre intégrité. Et cela, jamais je ne le tolérerai ! J'exige une enquête interne et je tiens à vous informer que j'ai l'intention de porter plainte auprès du service de police. Personne, je dis bien personne, ne va m'intimider comme cela.

— Voyons, voyons, Jean-Charles, soyons raisonnables. As-tu au moins des témoins qui peuvent corroborer ta version des faits ?

— J'en trouverai.

— Même avec des témoins, tout le monde sait que le gros Raymond est une grande gueule. Il dit n'importe quoi. Personne ne le prend au sérieux.

— Non, moi, je le prends très au sérieux et j'aurais aimé que vous aussi preniez ce cas au sérieux.

— Je pense qu'une bonne rencontre avec Raymond pourrait t'aider à mieux t'entendre avec lui ainsi qu'avec le reste des hommes. Il ne faut pas appuyer tout de suite sur le bouton d'alarme. Donne-toi un peu de temps. Tu sais, Jean-Charles, lorsqu'on est fatigué, on a toujours tendance à amplifier les choses qui nous arrivent. Ton idée de porter plainte à la police est nettement prématurée. Prends un peu de recul. Tu peux peut-être me laisser ton calepin. Je pourrais ainsi mieux analyser les faits recueillis et élaborer un plan d'action réfléchi.

— Non, je garde mon calepin. Je dois vous dire que je suis très déçu de ma rencontre avec vous. Je m'attendais à beaucoup plus d'appui de votre part. Je pensais que vous convoqueriez Raymond Gavrimard à votre bureau pour le sanctionner sévèrement d'avoir commis un geste que je qualifie de criminel.

— Présentement, il n'est pas question pour moi de rencontrer le gros Raymond. Penses-y un peu. En agissant de la sorte, je t'enlèverais toute légitimité aux yeux de tes hommes. C'est toi qui es son supérieur hiérarchique immédiat. C'est à toi de le rencontrer afin d'assainir tes rapports avec lui. Et ne va surtout pas croire que je ne t'appuie pas. Mais il y a des choses qu'on ne peut ignorer.

— Quel genre de choses?

— Tu n'es pas sans savoir que nous sommes en pleine négociation de la convention collective. Selon nos négociateurs, nous sommes à deux doigts d'une entente signée. Alors, ce n'est pas le temps de faire des vagues. Tu dois prendre sur toi. On réglera ensemble le cas du gros Raymond et de toute sa *gang*… après. Jean-Charles, donne-moi une chance de t'aider.

Jean-Charles quitta le bureau de son supérieur, complètement interloqué. Que devait-il faire? Avoir une discussion franche avec le gros Raymond ou saisir le service de police de l'incident du restaurant? Pouvait-il faire confiance à Marzotti? Parmi les membres de son équipe, y en avait-il qui pourraient se ranger de son côté? Le parachèvement imminent d'une entente justifiait-il l'adoption d'une attitude aussi tolérante?

Le lendemain matin, comme à l'habitude, Jean-Charles arriva au bureau vers 6 h 30. En ouvrant la porte, il vit sur le sol une feuille de papier pliée en deux. Il s'agissait d'un message anonyme sorti d'une imprimante et qui se lisait comme suit: « Faites attention, Monsieur Frenais. Le gros Raymond est dangereux. C'est lui le *boss*, ici. Tout le monde lui obéit. C'est un genre de petite mafia. Ici, c'est la loi du silence qui règne. Il se passe beaucoup de choses pas très jolies. Les gars ne volent pas seulement du temps. Moi, je n'aime pas ce que je vois. Hier, vous aviez entièrement raison, au restaurant, mais que voulez-vous? C'est comme ça. Le gros Raymond décide de tout. Ça fait des années que ça dure. Plusieurs en ont peur et, comme moi, se taisent. Faites attention à vous, Monsieur Frenais. »

Les choses commençaient enfin à se préciser pour Jean-Charles. Cette petite note était remplie d'espoir. Il y avait au moins une personne dans son équipe qui l'appuyait. Peut-être que d'autres viendraient sous peu se greffer à ce premier appui. La lettre disait bien « Plusieurs en ont peur… » Jean-Charles n'était plus seul. En découvrant l'auteur de la note, Jean-Charles parviendrait peut-être à atteindre le talon d'Achille du gros Raymond. Soudainement, l'idée de rencontrer l'opérateur de la pépine inanimée lui apparut des plus fécondes. D'une part, en satisfaisant l'attente de son supérieur, peut-être s'en ferait-il un allié loyal. D'autre part, il pourrait recueillir davantage de renseignements nécessaires à la constitution d'un dossier étoffé pouvant se révéler fort utile dans le cas où des procédures disciplinaires ou judiciaires seraient entreprises. Une chose était certaine pour Jean-Charles: il n'était plus seul.

Question

En vous référant à la section 5.5 (Les cultures organisationnelles pathogènes), à la page 211, déterminez le type de culture organisationnelle de l'unité de travail de Jean-Charles Frenais. Quels devraient être son attitude et les objectifs de ses habiletés politiques ? Justifiez votre réponse par des extraits du cas.

8. *L'Auberge de l'ours ocre*

Vincent Barbelime est directeur général d'un centre de villégiature juché à flanc de montagne. Le paysage bucolique constitue un véritable ravissement pour les yeux. Les forêts de conifères aux multiples coloris verdâtres sont traversées par d'impétueuses rivières écumantes. La petite auberge compte 53 chambres et 116 employés permanents. Fondée en 1923 par William Timothy Godfield, un richissime homme d'affaires du Connecticut, l'auberge était essentiellement, à l'époque, une station de ski alpin. L'été, on y pratiquait la pêche sportive. Situé à moins de 100 mètres de la charmante bâtisse blanche à pignons verts, le lac Stockspritz était extrêmement poissonneux. Ses eaux froides et profondes renfermaient de monstrueux spécimens. On y prenait fréquemment des brochets d'une vingtaine de kilos.

Baptisée *Magical Spruce* lors de sa fondation, l'auberge vit son nom modifié deux années plus tard. Effectivement, vers la fin de l'après-midi d'une journée morne et pluvieuse du mois d'octobre 1925, un ours d'une taille impressionnante et arborant un singulier pelage brun jaune fit irruption dans les jardins du petit gîte champêtre. Confortablement assis au salon, près de l'âtre crépitant, le docteur Malcolm Payne, un ami intime de monsieur Godfield, buvait un whisky, un cigare à la main, et discutait philosophie avec des amis de longue date. Le flegmatique convive vit à travers les carreaux de la fenêtre l'énorme bête progresser vers l'auberge. Avec la rapidité de l'éclair, le docteur Payne saisit la carabine trônant au-dessus du manteau de la cheminée et gava le magasin de six grosses cartouches. Il s'agissait d'une 38-55, une arme de fort calibre capable de pétrifier un bœuf musqué en pleine course. Le brave homme sortit sur le porche et, calant la crosse de sa carabine dans le creux de son épaule, ouvrit le feu sur le téméraire animal.

Quoique atteint en plein coffre, l'ours, devenu terriblement hargneux à la suite de l'accueil peu chaleureux des gens de la maison, chargea férocement le stoïque carabinier. Sans broncher, le médecin, d'une main agile et calme, fit faire cinq allers et retours au verrou de la culasse. L'ours survolté s'effondra dans les marches de l'escalier, juste aux pieds du noble villégiateur. L'animal de plus de trois mètres de haut fut empaillé et placé dans le hall d'entrée de l'auberge. Et c'est ainsi que l'ours ocre détrôna l'épinette enchantée.

Les préoccupations de Vincent Barbelime sont aujourd'hui très loin de cette saisissante histoire de chasse. Il doit diriger, en 2003, les activités d'un centre de villégiature éprouvant de sérieuses difficultés financières. La situation précaire de l'auberge découle essentiellement de sa station de ski alpin connue sous le nom de *Winter Holidays*. En 1996, le propriétaire d'alors, une société de portefeuille allemande du nom de Greif-Klenze-Zelter, a investi dans la montagne plus de trois millions de dollars en infrastructures et en équipements. Maintenant, les quatre pistes sont entièrement équipées de remonte-pentes ultramodernes et de canons à neige. Toutefois, cette dernière modernisation n'a su contrer l'apparition d'un étrange phénomène : la désertion des skieurs. Il faut dire qu'à moins de 10 kilomètres de *Winter Holidays* se dresse un géant : une station de ski exploitant les versants de la montagne la plus élevée de la région. En fait, il ne s'agit pas d'une simple station de ski, mais d'une véritable ville englobant de majestueux hôtels, des centres de congrès, des condominiums, des restaurants, des boîtes à chansons, des boutiques et même un cinéma. Avec un investissement de plus d'un milliard de dollars, les promoteurs ont créé un centre de villégiature et de divertissement de calibre international. Doté de pentes escarpées se profilant à l'infini, le colossal compétiteur dépose sur ses vertigineux sommets enneigés les descendeurs ayant fait l'ascension confortablement assis dans une nacelle entièrement vitrée, les soustrayant ainsi de l'insidieuse morsure des exubérances d'Éole. Trop courtes et beaucoup trop douces, les pentes du *Winter Holidays* ne répondent assurément plus aux besoins des skieurs, maintenant avides de sensations fortes. Au cours des cinq dernières années, sa clientèle a fondu de 65 %.

Vincent Barbelime sait pertinemment qu'il doit stopper illico cette hémorragie. Son plan stratégique de redressement comprend deux actions : la promotion de la pratique familiale du ski et la sous-traitance de l'exploitation du pavillon situé au bas de la montagne. Relativement à la première action, une vaste campagne promotionnelle offrant d'intéressants forfaits familiaux est mise de l'avant. Les pentes peu prononcées de la montagne devraient en principe plaire aux parents impérativement soucieux de la sécurité de leurs enfants. Quant à la deuxième action, soit l'attribution à un important exploitant des activités du pavillon abritant entre autres un petit casse-croûte, elle vise à diminuer les coûts actuels d'opération. Un contrat de deux ans prévoit un montant fixe versé au sous-traitant ainsi qu'un partage des profits, le cas échéant.

Mais cette deuxième action cause bien des soucis à Vincent Barbelime. Les employées du petit casse-croûte, cinq femmes travaillant ensemble l'hiver depuis de nombreuses années, acceptent mal le délestage des activités du pavillon. Madeleine, Yvonne, Anne, Lucille et Sophie sont de grandes amies et étaient extrêmement heureuses de se retrouver ensemble au cours de la saison froide. Elles s'étaient même liées d'amitié avec plusieurs clients du centre de ski. Elles aimaient l'ambiance bon enfant du restaurant accueillant les estomacs affamés ou les figures frigorifiées. Le printemps venu, les cinq consœurs retournaient travailler à l'auberge. Alors que Madeleine et Yvonne s'occupaient des serres du jardin, Anne, Lucille et Sophie œuvraient tantôt à la cuisine, tantôt à l'entretien ménager. Avec l'externalisation des activités du pavillon, les cinq employées resteront à l'auberge l'hiver afin d'assumer différentes tâches domestiques ou d'œuvrer à la salle à manger. Le départ prochain à la retraite de six employés permet à Vincent Barbelime de déployer sa stratégie de restructuration des activités de la station de ski sans procéder, pour l'instant, à des mises à pied.

En dépit du fait que les cinq travailleuses conservent leur emploi, elles sont inconsolables à l'idée de ne plus faire la popote au petit resto affectueusement baptisé par elles *Le bonhomme hiver*. Quoique le pavillon de ski soit vieillot – il fut construit en 1932 –, l'édifice de style chalet suisse est d'une propreté remarquable. Avec ses murs couleur lilas et son plancher en tuile blanche, le casse-croûte était un lieu extrêmement sympathique. La cuisine y était délicieuse, et le service, des plus attentionnés. Contrairement aux services de restauration des autres stations de ski des environs, *Le bonhomme hiver* n'offrait pas de restauration rapide à sa clientèle : il n'y avait ni frites, ni hot dogs, ni pizza, ni poutine[58]. Faits d'aliments sains, les plats proposés se voulaient « santé ». Chacun de ceux-ci comportait une

58. Mets composé de frites et de morceaux de cheddar blanc (fromage), le tout recouvert d'une sauce barbecue.

généreuse portion de légumes frais. Ainsi, la lasagne était servie avec une salade mimosa et l'omelette aux trois fromages était assortie de brocolis. Les desserts étaient également conçus dans une perspective d'alimentation équilibrée. La salade de fruits frais obtenait aisément la faveur du grand public. Le service au comptoir était impeccable. De plus, les usagers du centre appréciaient au plus haut point l'amabilité des employées. Souriantes et soucieuses du bien-être de leur clientèle, les cinq femmes déployaient beaucoup d'énergie pour offrir un service rapide et courtois. Généreuses de leur temps, il leur arrivait souvent d'allonger les heures d'ouverture du restaurant afin de rendre service à certains slalomeurs lunatiques.

L'entraide constituait indéniablement la caractéristique la plus saillante de la petite équipe du casse-croûte. Par exemple, lorsque Lucille était débordée par la préparation des crêpes, une de ses quatre compagnes de travail se portait automatiquement à son secours. Quoique Sophie soit celle qui avait à son actif le moins d'années de service, l'exécution des tâches ingrates ne lui était nullement réservée. Aussi le lavage de la vaisselle et le nettoyage des fours se faisaient-ils toujours en équipe. Une franche camaraderie unissait les cinq femmes. Les décisions ayant trait à l'horaire de travail et aux journées de congé en semaine se prenaient sur une base consensuelle. L'essentiel, pour les employées du casse-croûte, résidait dans la bonne entente. Un nain de jardin en plâtre de Paris, coiffé d'un énorme bonnet jaune et empoignant de sa main droite un chaudron orné de trèfles à quatre feuilles, se tenait debout sur le comptoir et recueillait les pourboires. À la fin de la journée, les cinq femmes se partageaient également le contenu du butin du farfadet.

Vincent Barbelime est pleinement conscient de l'investissement émotionnel des cinq femmes dans leur travail au casse-croûte du pavillon. À maintes reprises, il leur a fait part de sa très grande satisfaction relativement à leur professionnalisme hors du commun. Le redéploiement des effectifs constitue une décision strictement professionnelle s'inscrivant dans une perspective plus large de balisage des activités véritablement rentables pour l'auberge. Cependant, six mois après l'annonce de la restructuration, les cinq femmes sont toujours terriblement secouées par la mort du *Bonhomme hiver*. À la demande de Madeleine, la doyenne de l'équipe, monsieur Barbelime accepte de les rencontrer encore une fois afin de les assister dans leur deuil.

— Vous nous arrachez le cœur, Monsieur Barbelime. Mais qu'est-ce qu'on a bien pu faire de si mal ?

— Rien, Lucille. Vous toutes, vous n'avez strictement rien à vous reprocher. Je vous l'ai déjà dit. Il s'agit d'une décision exclusivement financière. La montagne telle que nous l'exploitons présentement n'est plus rentable. Au contraire, nous perdons énormément d'argent avec la station de ski. Et cela n'a rien à voir avec la qualité de votre travail. Pendant toutes ces années, votre sens élevé du devoir accompli vous a honorées. Mais le ski s'est déplacé, seulement 10 kilomètres plus au nord. Peut-être que notre nouvelle politique de ski familial va porter ses fruits et que le nombre de skieurs à *Winter Holidays* redeviendra ce qu'il était.

— Pour l'instant, c'est nous qui payons la note.

— Voyons, Yvonne ! Vous ne payez rien du tout. Tous vos emplois sont maintenus. On ne peut pas continuellement accumuler des pertes. C'est une loi fondamentale, en gestion. Vous devez comprendre que l'Auberge a des obligations financières. Moins de clients, moins de revenus. Il faut composer avec ce que nous avons présentement.

— Il n'y aurait pas moyen de faire autrement ? demande Madeleine, larmoyante. Nous autres, les filles, on a pensé qu'on pourrait refaire les menus afin de réduire les coûts de production. Il serait possible de faire encore de bons repas en choisissant mieux nos aliments.

— Je vous remercie d'avoir pensé à cela, les filles. Mais ça ne sera pas possible. Le sous-traitant est un traiteur d'envergure. La préparation des repas se fera principalement à l'extérieur. Ce type de traiteur est équipé pour faire des économies d'échelle. Ses installations sont hypermodernes.

— Il va y avoir beaucoup de micro-ondes là-dedans, commente Anne avec amertume. La qualité va baisser, Monsieur Barbeline. Moi, je vous le dis ! Il ne pourra jamais égaler ce que nous faisions.

— C'est sûr qu'avec une main-d'œuvre non syndiquée, le traiteur coûte moins cher que nous, mais la qualité n'y sera pas, ajoute Lucille, le visage rembruni. Avez-vous pensé à toute la malbouffe qu'il va vous passer ? Vous voulez vous spécialiser dans la pratique du ski en famille et vous allez offrir des cochonneries aux gens. Je ne comprends plus rien.

— Il n'y aura pas de restauration rapide. Ça, je peux vous le garantir. Le contrat de service est clair à ce sujet.

— Monsieur Barbelime, avez-vous pensé à notre monde ? lui lance désespérément Sophie. Les gens étaient habitués à nous. On était comme une famille. Les gens nous connaissaient. Plusieurs nous appelaient par notre prénom. Moi, ça fait sept ans que je travaille au casse-croûte. Madeleine, elle, ça fait plus de 20 ans. C'est toute sa vie !

— Vingt-deux ans exactement, précise Madeleine.

— On l'a décoré ensemble, dit Anne d'une voix étouffée. C'est Lucille qui lui a trouvé son nom, *Le bonhomme hiver*. T'en souviens-tu, Luce ?

— Comment, si je m'en souviens ? C'est comme si c'était hier. Et puis là, vous nous enlevez tout cela. C'est tout notre univers qui bascule et vous voulez qu'on avale tout ça sans broncher ? Vous êtes tous pareils... C'est toujours la maudite piastre[59] qui compte. Ce n'est pas mêlant, j'ai perdu le goût de continuer à travailler ici. Quand je pense à tout ce qu'on a fait pour vous ! C'est votre façon de nous remercier. Maudite piastre ! J'ai bien envie de m'en aller.

Sur ces dernières paroles, Madeleine et Anne se mettent à sangloter. Yvonne tient la main de Lucille, les yeux hagards et rougis. Les bras croisés, Sophie hoche la tête de haut en bas en se mordillant les lèvres. La scène correspond en tous points à une veillée funéraire.

— Je sais à quel point vous êtes peinées. Et sachez que, si je le pouvais, je maintiendrais les activités du *Bonhomme hiver*. Mais cela est impossible présentement. L'important, c'est de sauver notre auberge. Je vous demande de m'aider à réaliser cette mission. J'ai besoin de vous.

Vincent Barbelime sort ébranlé de la rencontre. Il ne croyait pas qu'une simple réaffectation des employés causerait autant de remous. De toute évidence, l'investissement émotionnel des employées du casse-croûte était beaucoup plus profond qu'il ne le pensait. Par ailleurs, lorsqu'il songe à l'expérience de La Méduse, il parvient difficilement à comprendre une telle réaction négative au changement. La Méduse est un club de plongée sous-marine fondé quatre ans plus tôt, une année après l'entrée en fonction de Vincent Barbelime en tant que directeur général. Dès les tout premiers débuts de son mandat, il avait très bien saisi la problématique de la sous-exploitation du lac Stockspritz, une vaste étendue d'eau claire extrêmement profonde et dont tous les terrains riverains appartenaient à l'Auberge. D'un périmètre de 27 kilomètres, le lac contenait, dans la baie des Diables Hurlants, un chapelet de 13 îles aux pourtours rocheux escarpés et riches en grottes sous-marines. Selon certains pêcheurs, la profondeur des eaux y atteindrait les 100 mètres.

Hormis le maître plongeur, Roger Rémy, embauché au moment de la création du club de plongée, les trois autres moniteurs de l'école étaient tous déjà employés de l'Auberge. Il s'agit d'Annick, âgée de 26 ans, professeure d'équitation dont la carrière a pris une orientation aquatique à la suite de la fermeture du manège de l'auberge, de Carl et de Stephen, âgés respectivement de 29 et de 27 ans, préposés à la boutique de ski du pavillon, dorénavant exploitée par une franchise spécialisée dans les équipements de ski et de sports de glisse. Il revient à Roger, un plongeur chevronné ayant 17 ans d'expérience en plongée, dont 12 années en haute

59. Expression pour désigner l'argent.

mer au service de la marine militaire, d'avoir formé les trois membres de son équipe. Le succès du club fut instantané. La saison commence dès la fin du mois d'avril pour se terminer au milieu du mois de novembre. Des passionnés de la plongée en eau douce et profonde viennent d'aussi loin que la Norvège ou la Nouvelle-Zélande. Il faut dire que les eaux cristallines du lac Stockspritz ainsi que sa faune et son paysage sous-marins sont tout à fait exceptionnels. Tout autour des îles de la baie des Diables Hurlants, sous l'eau, se trouve une dizaine de grottes dont les cavités sont suffisamment grandes pour accueillir en même temps trois plongeurs. Créations de la grande glaciation du quaternaire, ces grottes aux multiples anfractuosités présentent des parois aux fascinants reflets orangés. Vers les 20 mètres de profondeur, il est fréquent d'observer les déplacements fluides de brochets gris et de maskinongés pouvant atteindre 25 kilos.

Depuis la découverte d'un fossile marin, un ichtyosaure de 18 centimètres parfaitement conservé dans un galet de calcaire, par un plongeur venu de la Charente-Maritime, le tourisme est devenu soudainement scientifique. Des équipes de paléontologues œuvrant dans des centres de recherche universitaire se bousculent littéralement pour obtenir les meilleures places. Dotées de moyens financiers colossaux, ces équipes ne lésinent pas sur la dépense pour réaliser leur exploration des entrailles du lac Stockspritz. Aujourd'hui, il faut réserver sa plongée une année à l'avance. Devant un tel engouement pour les trésors fossilifères du lac, l'équipe du club La Méduse a proposé à Vincent Barbelime d'intéressantes possibilités de développement.

— Il va falloir acheter un nouveau ponton muni d'un cylindre central, déclara Roger sans ambages. Ce type de plate-forme de plongée est beaucoup plus rapide et, surtout, plus stable les jours de grands vents. Et puis l'embauche de plongeurs expérimentés additionnels s'impose. J'en connais deux qui feraient très bien l'affaire. Ce sont des pros. J'ai plongé avec eux dans le golfe du Mexique et en Méditerranée. Je pense qu'ils seraient heureux de venir travailler avec nous.

— Oui, et ça presse, ajouta spontanément Stephen. On ne suffit plus à la tâche avec l'arrivée massive de tous ces chercheurs. Ils sont très accaparants, du matin jusqu'au soir.

— En discutant avec eux, poursuivit Carl, j'ai cru comprendre qu'ils seraient intéressés à poursuivre leurs travaux l'hiver.

— C'est indéniable qu'ils sont tous équipés pour plonger sous la glace, renchérit Roger. Quant à nous, il nous faudrait des combinaisons thermiques et des lampes à incandescence accrue.

— Ce n'est pas dangereux de plonger l'hiver?

— Pas du tout, Vincent, affirma catégoriquement Roger. Ça se fait couramment. Il suffit seulement d'avoir de bons plongeurs, expérimentés et munis de bons équipements.

— Carl et moi avons eu une idée un peu farfelue, avoua Annick avec un enthousiasme débordant. Afin de désengorger la circulation dans la baie des Diables Hurlants, nous pourrions ouvrir un autre site de plongée pour les plongeurs ordinaires. Juste au pied du cap aux Hiboux Grivois, l'eau est claire et profonde et le courant n'est pas trop fort. Et puis c'est plein de gros poissons. On a aussi pensé à quelque chose de pas mal « flyé[60] ». Pourquoi ne coulerions-nous pas un ancien caboteur près du cap pour en faire une épave ? Les plongeurs adorent visiter ce genre de site. Bernardin Lalude en a un gros, en bois, qui est en train de pourrir derrière sa grange. On pourrait l'avoir pour une bouchée de pain.

— Ouais, c'est vraiment génial comme idée, s'exclama un Vincent Barbelime littéralement ébahi par autant d'originalité. Il va toutefois falloir vérifier auprès du ministère de l'Environnement pour savoir si cela est permis.

— Je te le dis, Vincent, le potentiel du lac est presque infini, affirma Roger. Il y a suffisamment de vent ici pour exploiter une école de voile.

— Il y a tellement de choses qu'on pourrait faire avec nos îles ! ajouta Stephen, tout émerveillé. On y trouve toutes sortes d'oiseaux. Il y a beaucoup d'alouettes, de bécasses, de gélinottes et de pluviers. Les plongeurs aiment se reposer sur les îles et observer les oiseaux. On pourrait construire un pavillon d'interprétation de la nature sur l'île Payne. Cela serait très populaire.

— Holà ! Holà ! Calmons-nous, s'écria Vincent. Nous en avons actuellement plein les bras. Je vais examiner l'idée de la plongée toute l'année ainsi que celle de l'épave.

— N'oublie pas, Vincent ! Ça nous prend deux plongeurs de plus pour la prochaine saison. Sinon, on n'y arrivera pas.

— J'en prends bonne note, Roger.

Question

En vous référant à la section 5.5 (Les cultures organisationnelles pathogènes), à la page 211, déterminez les types de culture organisationnelle présents à l'*Auberge de l'ours ocre.* Pour chacun des types de culture déterminés, quels devraient être les attitudes et les objectifs des habiletés politiques de Vincent Barbelime ? Justifiez votre réponse par des extraits du cas.

60. Expression signifiant « original », « audacieux ».

Conclusion

Au terme de ce parcours analytique de la nature et de la dynamique du pouvoir politique, nous sommes à même d'apprécier l'importance d'une lecture des mécanismes d'influence à travers le prisme de la psychologie humaine. En fait, seule la connaissance sensible de la nature humaine permet à l'acteur d'agir de façon stratégique. Saisir et comprendre précisément ce que l'autre pense et ressent constitue une condition *sine qua non* à la mise en œuvre réussie de toute stratégie politique.

Fruit de la foncière indétermination de la nature humaine, le pouvoir politique, s'actualisant au moyen de la maîtrise d'habiletés politiques fondamentales, possède les défauts de ses qualités. Essentiel à l'expression achevée de la force (*éros,* pulsion de vie) sans laquelle rien n'est possible, le pouvoir politique peut insidieusement s'emballer et verser subrepticement dans la violence (*thanatos,* pulsion de mort). Tel l'alcool, le pouvoir – sous toutes ses formes – consommé immodérément enivre et fait perdre la raison. Son détenteur ne doit jamais perdre de vue le fait que la force doit en tout temps n'être qu'un moyen mis au service de l'épanouissement de l'humanité. Dès que la force ose s'ériger en fin, elle se métamorphose instantanément en violence, c'est-à-dire en exercice du pouvoir non plus *pour* les gens, mais *sur* les gens. Pour éviter un si délétère dérapage, l'agent de pouvoir doit assurément posséder une qualité, la plus précieuse d'entre toutes : l'humilité. Effectivement, que lui valent l'intelligence et l'audace si son action le déconnecte de la réalité du monde et le claustre dans l'univers fantasmatique de la déification de son être ? L'humilité est le seul antidote valable contre la folie du sentiment de toute-puissance. L'histoire nous enseigne que tous ceux qui se sont coupés de l'humanité ont été tôt ou tard vomis par celle-ci.

Au sujet de l'importance de l'humilité devant habiter nos actions, laissez-moi terminer mes réflexions par une pensée toute simple, mais combien profonde d'un environnementaliste et philosophe de la nature, David Brower (1912-2000).

« Prenons les six journées de la Genèse comme image pour représenter ce qui, en fait, s'est passé en quatre milliards d'années.

Une journée égale donc environ 660 millions d'années.

Lundi, mardi et mercredi jusqu'à midi, la Terre se forme.

La vie commence mercredi à midi et se développe dans toute sa beauté organique pendant les trois jours suivants.

Samedi à quatre heures de l'après-midi seulement, les grands reptiles apparaissent. Cinq heures plus tard, à neuf heures du soir, lorsque les séquoias sortent de terre, les grands reptiles disparaissent.

L'homme n'apparaît qu'à minuit moins trois minutes, samedi soir.

À un quart de seconde avant minuit, commence la révolution industrielle.

Il est maintenant minuit, samedi soir, et nous sommes entourés de gens qui croient que ce qu'ils font depuis un quarantième de seconde peut continuer indéfiniment[1]. »

---

1. David Brower, cité dans R. Passet (1996), *L'économique et le vivant*, Paris, Économica, p. 67.

Bibliographie

Adams, S.M. et Zanzi, A. (2006). Developing political intelligence for making feasible decisions. *Journal of Management Development, 25*(4), 350-367.

Ahearn, K.K., Ferris, G.R., Hochwarter, W.A., Douglas. C. et Ammeter, A.P. (2004). Leader political skill and team performance. *Journal of Management, 30*(3), 309-327.

Allio, R.J. (2007). Bad leaders: How they get that way and what to do about them. *Strategy & Leadership, 35*(3), 12-17.

American Psychiatric Association (1996) *DSM-IV: Manuel diagnostique et statistique des troubles mentaux*. Paris: Masson.

Ammeter, A.P., Douglas, C., Gardner, W.L., Hochwarter, W.A. et Ferris, G.R. (2002). Toward a political theory of leadership. *Leadership Quarterly, 13*, 751-796.

Anatrella, T. (1995). *Non à la société dépressive*. Paris: Flammarion.

Aristote (1987). *Éthique à Nicomaque*. Paris: Vrin.

Austin, E.J., Farrelly, D., Black, C. et Moore, H. (2007). Emotional intelligence, Machiavellianism and emotional manipulation: Does EI have a dark side? *Personality and Individual Differences, 43*, 179-189.

Babiak, P. et Hare, R.D. (2006). *Snakes in suits: When psychopaths go to work*. New York, NY: Regan Books.

Bacharach, S.B. et Lawler, E.J. (1981). *Power and politics in organizations: The social psychology of conflict, coalitions, and bargaining*. San Francisco, CA: Jossey-Bass.

Bacharach, S.B. et Lawler, E.J. (1988). Political alignments in organizations: Contextualisation, mobilization, coordination. dans R.M. Kramer et M.A. Neale (éd.), *Power and influence in organizations*, (p. 67-88). Thousand Oaks, CA: SAGE Publications.

Barnard, C.I. (1938). *The functions of the executive*. Cambridge, MA: Harvard University Press.

Bass, B.M. (1990). *Handbook of leadership: A survey of theory and research*. New York, NY: The Free Press.

Bhatnagar, D. (1992). Understanding political behaviour in organizations: A framework. *Vikalpa, 17*(2), 15-22.

Beeman, D.R. et Sharkey, T.W. (1987). The use and abuse of corporate politics. *Business Horizons*, March-April, 26-30.

Blau, P.M. (1964). *Exchange and power in social life*. New York, NY: Wiley.

Bolman, L.G. et Deal, T.E. (2000). *Escape from cluelessness: A guide for the organizationally challenged*. New York, NY: Amacom.

Bolman, L.G. et Deal, T.E. (2003). *Reframing organizations: Artistry, choice, and leadership*, 3e édition. San Francisco, CA: Jossey-Bass.

Bozeman, D.P., Perrewé, P.L., Hochwarter, W.A. et Brymer, R.A. (2001). Organizational politics, perceived control, and work outcomes: Boundary conditions on the effects of politics. *Journal of Applied Social Psychology, 31*, 486-503.

Brown, M.E. et Treviño, L.K. (2006). Ethical leadership: A review and future directions. *The Leadership Quarterly, 17*, 595-616.

Buchanan, D. et Badham, R. (1999a). Politics and organizational change: The lived experience. *Human Relations, 5*, 609-629.

Buchanan, D. et Badham, R. (1999b). *Power, politics, and organizational change: Winning the turf game*. Londres: SAGE Publications.

Butcher, D. et Clarke, M. (1999). Organizational politics: The missing discipline of management. *Industrial and Commercial Training, 31*(1), 9-12.

Butcher, D. et Clarke, M. (2001). *Smart management: Using politics in organisations*. New York, NY: Palgrave Macmillan.

Butcher, D. et Clarke, M. (2002). Organizational politics: The cornerstone for organization democracy. *Organizational Dynamics, 31*(1), 35-46.

Butcher, D. et Clarke, M. (2003). Redefining managerial work: Smart politics. *Management Decision, 41*(5), 477-487.

Buttery, A.E. et Richter, E.M. (2003). On machiavellian management. *Leadership & Organization Development Journal, 24*(8), 426-435.

Cable, D.M. et Judge, T. (2003). Managers' upward influence tactic strategies: The role of manager personality and supervisor leadership style. *Journal of Organizational Behavior, 24*(1), 197-214.

Cavanagh, G.F., Moberg, D.J. et Velasquez, M. (1981). The ethics of organizational politics. *Academy of Management Review, 6*(3), 363-374.

Cheng, J.L. (1983). Organizational context and upward influence: An experimental study of the use of power tactics. *Group and Organization Studies, 8*, 337-355.

Christiansen, N., Villanova, P. et Mikulay, S. (1997). Political influence compatibility: Fitting the person to the climate. *Journal of Organizational Behavior, 18*, 709-730.

Christie, R. et Geiss, F.L. (1970). *Studies in machiavellianism*. New York, NY: Academic Press.

Coates, J.F. (1994). Organizational politics: A key to personal success. *Employment Relations Today, 21*(3), 259-262.

Cobb, A.T. (1984). An episodic model of power: Toward an integration of theory and research. *Academy of Management Review, 9*, 482-493.

Colquitt, J.A., Conlon, D.E., Wesson, M.J., Porter, C. et Ng. K.Y. (2001). Justice at the millennium: A meta-analytic review of 25 years of organizational justice research. *Journal of Applied Psychology, 86*, 425-445.

Comte-Sponville, A. (1994). *Valeur et vérité: Études cyniques*. Paris: Presses universitaires de France.

Coopey, J. et Burgoyne, J. (2000). Politics and organizational learning. *Journal of Management Studies, 37*(6), 869-885.

Corneille, P. (1997). *Le Cid*, Paris: Classiques Bordas.

Crawford, T.N., Cohen, P., Johnson, J.G., Kasen, S., First, M.B. et Gordon, K. (2005). Self-reported personality disorder in the children in the community sample: Convergent and prospective validity in late adolescence and adulthood. *Journal of Personality Disorders, 19*, 30-52.

Crozier, M. et Friedberg, E. (1977). *L'acteur et le système*. Paris: Éditions du Seuil.

Curtis, S. (2003). Lies, damned lies and organisational politics. *Industrial and Commercial Training, 35*(7), 293-297.

Cutting, B. et Kouzmin, A. (2000). The emerging patterns of power in corporate governance: Back to the future in improving corporate decision-making. *Journal of Managerial Psychology, 15*(5), 477-507.

Cutting, B. et Kouzmin, A. (2001). Formulating a metaphysics of governance: Explaining the dynamics of governance using the new JEWAL synthesis framework. *Journal of Management Development, 20*(6), 526-564.

Daft, R.L. (2002). *The leadership experience*, 2e édition. Orlando, FL: Harcourt College Publishers.

Daft, R.L. (2004). *Organization theory and design*, 8e édition. Mason, OH: South-Western.

Dahl, R.A. (1957). The concept of power. *Behavioural Science, 2*, 201-215.

Darr, W. et Johns, G. (2004). Political decision-making climates: Theoretical processes and multi-level antecedents. *Human Relations, 57*(2), 169-200.

Debray, Q., Granger, B. et Azaïs, F. (2001). *Psychopathologie de l'adulte*. Paris: Masson.

Debray, Q. et Nollet, D. (2005). *Les personnalités pathologiques: Approche cognitive et thérapeutique*. Paris: Masson.

Dipboye, R.L. et Foster, J.B. (2002). Multi-level theorizing about perceptions of organizational politics. dans F.J. Yammarino et F. Dansereau (éd.), *Research in Multi-Level Issues, 1* (p. 255-270). Oxford: JAI/Elsevier Science.

Douglas, C. et Ammeter, A.P. (2004). An examination of leader political skill and its effect on ratings of leader effectiveness. *The Leadership Quarterly, 15*, 537-550.

Drory, A. (1993). Perceived political climate and job attitudes. *Organization Studies, 14*(1), 59-71.

Drory, A. et Romm, C.T. (1988). Politics in organization and its perception within the organization. *Organization Studies, 9*, 165-179.

Drory, A. et Romm, C.T. (1990). The definition of organizational politics: A review. *Human Relations, 43*(11), 1133-1154.

DuBrin, A.J. (1990). *Winning office politics*. Paramus, NJ: Prentice Hall.

Durand, V.M. et Barlow, D.H. (2002). *Psychopathologie: Une perspective multidimensionnelle*. Bruxelles: De Boeck Université.

Eisenhardt, K.M. et Bourgeois, L.J.III. (1988). Politics of strategic decision making in high-velocity environments: Toward a midrange theory. *Academy of Management Journal, 31*, 737-770.

Fairholm, G.W. (1993). *Organizational power politics: The tactics of leadership power*. New York, NY: Praeger.

Farrell, D. et Petersen, J.C. (1982). Patterns of political behavior in organizations. *Academy of Management Review, 7*, 403-412.

Fedor, D.B. et Maslyn, J.M. (2002). Politics and political behavior: Where else do we go from here? dans F.J. Yammarino et F. Dansereau (éd.), *The many faces of multi-level issues, 1*, (p. 271-285). Oxford: JAI/Elsevier Science.

Feldman, D. et Klitch, N. (1991). Impression management and career strategies. dans K. Giacalone et P. Rosenfeld (éd.), *Applied impression management: How image making affects managerial decisions* (p. 67-80). Londres: SAGE Publications.

Ferdinand, J. (2004). Power, politics and state intervention in organizational learning. *Management Learning, 35*(4), 435-450.

Ferris, G.R., Adams, G., Kolodinsky, R.W., Hochwarter, W.A. et Ammeter, A.P. (2002). Perceptions of organizational politics: Theory and research directions. dans F.J. Yammarino et F. Dansereau (éd.), *The many faces of multi-level issues, 1* (p. 179-254). Oxford: JAI/Elsevier Science.

Ferris, G.R., Harrell-Cook, G. et Dulebohn, J.H. (2000). Organizational politics: The nature of the relationship between politics perceptions and political behaviour. dans S.B. Bacharach et E.J. Lawler (éd.), *Research in the Sociology of Organizations, 17*, (p. 89-130). Stamford, CT: JAI Press.

Ferris, G.R., Judge, T.A., Rowland, K. et Fitzgibbons, D.E. (1994). Subordinate influence and the performance evaluation process: Test of a model. *Organizational Behavior & Human Decision Processes, 58*, 101-135.

Ferris, G.R., Perrewé, P.L., Anthony, W.P. et Gilmore, D.C. (2000). Political skill at work. *Organizational Dynamics, 28*(4), 25-37.

Ferry, L. et Vincent, J-D. (2000). *Qu'est-ce que l'homme: Sur les fondamentaux de la biologie et de la philosophie*. Paris: Éditions Odile Jacob.

Field, R.H.G. (1998). *Human behaviour in organizations: A canadian perspective*. Upper Saddle River, NJ: Prentice Hall.

Forester, J. (1984). Bounded rationality and the politics of muddling through. *Public Administration Review, 44*, 23-31.

Forester, J. (1989). *Planning in the face of power*. Berkeley, CA: University of California Press.

Forsyth, D.R. (1980). A taxonomy of ethical ideologies. *Journal of Personality and Social Psychology, 39*, 175-184.

French, J. et Raven, B. (1959). The bases of social power. dans D. Cartwright (éd.), *Studies in Social Power* (p. 150-167). Ann Arbor, MI: Institute for Social Research.

Galbraith, J.K. (1983). *The anatomy of power*. Boston, Ma: Houghton Mifflin Company.

Galinsky, A.D., Gruenfeld, D.H., et Magee, J.C. (2003). From power to action. *Journal of Personality and Social Psychology, 85*, 453-466.

Galunic, D. et Eisenhardt, K. (2002). Architectural innovation and modular corporate forms. *Academy of Management Journal, 44*(6), 1229-1249.

Gandz, J. et Murray, V.V. (1980). The experience of workplace politics. *Academy Management Journal, 23*, 237-251.

Gibson, J.L., Ivancevich, J.M. et Donnelly, J.H. (1988). *Organizations: Behavior, structure and processes*. Homewood, IL: Irwin.

Giuliani, B. (2000). *L'amour de la sagesse: Initiation à la philosophie*. Gordes, France: Les Éditions du Relié.

Gray, J.L. et Starke, F.A. (1988). *Organizational behavior: Concepts and applications*, 4e édition. Columbus, OH: Merrill Publishing Company.

Hackett, R.D., Farh, J.L., Song, L.J. et Lapierre, L.M. (2003). LMX and organizational citizenship behavior: Examining the links within and across Western and Chinese samples. dans G. Graen (éd.), *Dealing with diversity: A volume in lmx leadership: The series*, (p. 219-263). Greenwich, CT: Information Age Publishing.

Hall, A.T., Blass, F.R., Ferris, G.R. et Massengale, R. (2004). Leader reputation and accountability in organizations: Implications for dysfunctional leader behavior. *The Leadership Quarterly, 14*, 515-536.

Higgins, C., Judge, T.A. et Ferris, G.R. (2003). Influence tactics and work outcomes: A meta-analysis. *Journal of Organizational Behavior, 24*(1), 89-106.

Hellriegel, D., Slocum, J.W. et Woodman, R.W. (1992). *Management des organisations*. Bruxelles: De Boeck-Wesmael.

House, R.J. (1988). Power and personality in complex organizations. dans B.M. Staw et L.L. Cummings (éd.), *Research in organizational behavior, 10* (p. 305-357). Greenwich, CT: JAI Press.

Huczynski, A.A. (1996). *Influencing within organizations: Getting in, rising up and moving on*. Londres: Prentice Hall.

Jawahar, I.M. et Carr, D. (2007). Conscientiousness and contextual performance: The compensatory effects of perceived organizational support and leader-member exchange. *Journal of Managerial Psychology, 22*(4), 330-349.

Judge, T.A., Bono, J.E., Ilies, R. et Gerhart, M.W. (2002). Personality and leadership: A quantitative and qualitative review. *Journal of Personality and Social Psychology, 87*, 765-780.

Kacmar, K.M. et Baron, R.A. (1999). Organizational politics: The state of the field, links to related processes, and an agenda for future research. dans G.R. Ferris (éd.), *Research in Personnel and Human Resources Management, 17* (p. 1-39). Greenwich, CT: JAI Press.

Kagan, J. (2000). *Des idées reçues en psychologie*. Paris: Éditions Odile Jacob.

Kaminer, D. et Stein, D.J. (2001). Sadistic personality disorder in perpetrators of human rights abuses : A South African case study. *Journal of Personality Disorders, 15*, 475-486.

Kaplan, A. (1964). Power in perspective. dans R.L. Kahn et E. Boulding (éd.), *Power and conflict in organizations*. Londres : Tavistock.

LaPalombara, J. (2001). Power and politics in organizations : Public and private sector comparisons. dans M. Dierkes, A. Antal, J. Child et I. Nonaka (éd.), *The Handbook of Organizational Learning and Knowledge* (p. 557-581). Oxford : Oxford University Press.

Latimer, M. (1999). *Why do they call it business if it's mostly politics ?* Parkland, FL : Universal Publishers.

Lelord, F. et André, C. (2000). *Comment gérer les personnalités difficiles*. Paris : Odile Jacob.

Lenzenweger, M.F., Lane, M.C., Loranger, A.W. et Kessler, R.C. (2007). DSM-IV personality disorders in the national comorbidity survey replication. *Biological Psychiatry* (sous presse).

Lenzenweger, M.F., Loranger, A.W., Korfine, L. et Neff, C. (1997). Detecting personality disorders in a nonclinical population : Application of a 2-stage procedure for case identification. *Archives of General Psychiatry, 54*, 345-351.

Lévy-Leboyer, C. (2005). *La personnalité : Un facteur essentiel de réussite dans le monde du travail*. Paris : Éditions d'Organisation.

MacGregor Serven, L.B. (2002). *The end of office politics as usual*. New York, NY : Amacom.

Machiavel, N. (1962). *Le Prince*. Paris : Éditions Gallimard.

Machiavel, N. (2004). *Discours sur la première décade de Tite-Live*. Paris : Éditions Gallimard.

Macneil, C. (2001). The supervisor as a facilitator of informal learning in work teams. *Journal of Workplace Learning, 13*(6), 246-253.

Madison, D.L., Allen, R.W., Porter, L.W., Renwick, P.A. et Mayes, B.T. (1980). Organizational politics : An exploration of managers' perceptions. *Human Relations, 33*(2), 79-100.

Maletz, M. et Nohria, N. (2001). Managing in the whitespace. *Harvard Business Review*, February, 102-113.

Masterson, S.S., Lewis, K., Goldman, B.M. et Taylor, M.S. (2000). Integrating justice and social exchange : The differing effects of fair procedures and treatment on work relationships. *Academy of Management Journal, 43*, 738-748.

Mayes, B.T. et Allen, R.W. (1977). Toward a definition of organizational politics. *Academy of Management Review, 2*(4), 672-678.

McGuire, D. et Hutchings, K. (2006). A Machiavellian analysis of organisational change. *Journal of Organizational Change, 19*(2), 192-209.

McWhinney, W. (1997). *Paths of change : Strategic choices for organizations and society*. Thousand Oaks, CA : SAGE Publications.

Mechanic, D. (1962). Sources of power of lower participants in complex organizations. *Administrative Science Quarterly, 7*(3), 349-364.

Meloy, J.R. (1995). Antisocial personality disorders. dans G. Gabbard (éd.), *Treatments of psychiatric disorders* (p. 2274-2290). Washington, DC : American Psychiatric Press.

Meltzer, B.N. (2003). Lying : Deception in human affairs. *International Journal of Sociology and Social Policy, 23*(6/7), 61-79.

Merrill, D.W. et Reid, R.H. (1999). *Personal styles and effective performance : Make your style work for you*. Boca Raton, FL : CRC Press.

Miles, R.H. (1980). *Macro organizational behavior*. Santa Monica, CA : Goodyear Publishing.

Milgram, S. (1963). Behavioral study of obedience. *Journal of Abnormal and Social Psychology, 67*, 371-378.

Milgram, S. (1964). Group pressure and action against a person. *Journal of Abnormal and Social Psychology, 69*, 137-143.

Milgram, S. (1965). Some conditions of obedience and disobedience to authority. *Human Relations, 1*, 57-76.

Mintzberg, H. (1983). *Power in and around organizations*. Englewood Cliffs, NJ : Prentice Hall.

Mintzberg, H. (1985). The organization as political arena. *Journal of Management Studies, 22*, 133-154.

Moran, P., Coffey, C., Mann, A., Carlin, J.B. et Patton, G.C. (2006). Dimensional characteristics of DSM-IV personality disorders in a large epidemiological sample. *Acta Psychiatrica Scandinavica, 113*, 233-236.

Morgan, G. (1989). *Images de l'organisation*. Québec, QC : Les Presses de l'Université Laval / Éditions Eska.

Ouimet, G. (1990a). Le pouvoir dans l'organisation : Par-delà les méandres théoriques et conceptuels. *Avenir*, février, 11-15.

Ouimet, G. (1990b). Pour une conceptualisation transactionnelle usufructuaire du pouvoir. *Cahier de recherche 90-24*, octobre, HEC Montréal, 47 p.

Ouimet, G. (2000). À la découverte de la face cachée du pouvoir : Une typologie des stratégies politiques des acteurs faibles. dans B. Wright, *Comportement organisationnel, 21*(5), (p. 57-67). Actes du congrès conjoint ASAC IFSAM.

Ouimet, G. (2002). As armadilhas dos paradigmas da liderança. (Les pièges des paradigmes du leadership). *Revista de Administraçao de Empresas, 42*(2), avril / mai / juin, 8-16.

Ouimet, G. (2003). Estratégias de poder e atores desprovidos de recursos. (Stratégies politiques des acteurs ayant peu de ressources). *Revista de Administraçao de Empresas, 43*(1), janvier / février / mars, 49-59.

Ouimet, G. (2005). Le pouvoir politique du dirigeant d'entreprise : perversité ou nécessité ? *Gestion, revue internationale de gestion, 30*(1), printemps, 42-52.

Ouimet, G. (2007a). Voyage au centre des typologies de cultures d'entreprise : un itinéraire psychologique. *Gestion, revue internationale de gestion, 32*(2), 51-61.

Ouimet, G. (2007b). Psychologie des leaders et culture organisationnelle : une typologie métaphorique. *Gestion, revue internationale de gestion, 32*(2), 62-74.

Ouimet, G. (2007c). Les habiletés politiques du dirigeant : au-delà de l'image et du jeu de l'acteur. *Carriérologie* (sous presse).

Passet, R. (1996). *L'économique et le vivant*, Paris : Économica.

Peled, A. (2000). Politicking for success : The missing skill. *Leadership & Organization Development Journal, 21*(1 / 2), 20-29.

Perrewé, P.L., Ferris, G.R., Frink, D. D. et Anthony, W.P. (2000). Political skill : An antidote to workplace stressors. *Academy of Management Executive, 14*(3), 115-125.

Pettman, B.O. et Dobbins, R. (2002). Leadership : A selected bibliography. *Equal Opportunities International, 21*(4 / 5 / 6), 1-192.

Pettigrew, A.M. (1974). The influence process between specialists and executives. *Personnel Review, 3*(1), 24-30.

Pettigrew, A.M. et McNulty, T. (1995). Power and influence in and around the boardroom. *Human Relations, 48*(8), 845-873.

Pfeffer, J. (1981). *Power in organizations*. Marshfield, MA : Pitman.

Pfeffer, J. (1992a). *Managing with power : Politics and influence in organization*. Boston, MA : Harvard Business School Press.

Pfeffer, J. (1992b). Understanding power in organizations. *California Management Review, 34*(2), 29-50.

Pfeffer, J. et Salancik, G.R. (1977). Organization design : The case for a coalitional model of organizations. *Organizational Dynamics*, automne, 15-29.

Poon, J.M.L. (2003). Situational antecedents and outcomes of organizational politics perceptions. *Journal of Managerial Psychology, 18*(2), 138-155.

Rao, A., Schmidt, S. et Murray, L. (1995). Upward impression management: Goals, influence strategies, and consequences. *Human Relations, 48*, 147-167.

Read, S.J. (1992). Constructing accounts: The role of explanatory coherence. dans M.L. McLaughlin, M.J. Cody et S.J. Read (éd.), *Explaining one's self to others: Reason-giving in a social context* (p. 3-19). Hillsdale, NJ: Lawrence Erlbaum Associates.

Reardon, K.K. (2005). *It's all politics: Winning in a world where hard work and talent aren't enough*. New York, NY: Currency Doubleday.

Robinson, D.J. (1999). *Disordered personalities*. London, ON: Rapid Psychler Press.

Ross Jr., W.T. et Robertson, D.C. (2000). Lying: The impact of decision context. *Business Ethics Quarterly, 10*, 409-440.

Samuel, D.B. et Widiger, T.A. (2006). Differentiating normal and abnormal from the perspective of the DSM. dans S. Strack (éd.), *Differentiating normal and abnormal personality* (p. 165-183). New York, NY: Springer Publishing Company.

Samuels, J., Eaton, W.W., Bienvenu, O.J.III., Brown, C.H., Costa, P.T. Jr. et Nestadt, G. (2002). Prevalence and correlates of personality disorders in a community sample. *Bristish Journal of Psychiatry, 180*, 536-542.

Schermerhorn, J.R., Templer, A.J., Julian Gattaneo, R., Hunt, J.G. et Osborn, R.N. (1992). *Managing organizational behaviour*. New York, NY: John Wiley & Sons.

Schriesheim, C. et Hinkin, T. (1990). Influence tactics used by subordinates: A theoretical and empirical analysis and refinement of the Kipnis, Schmidt, and Wilkinson subscale. *Journal of Applied Psyhology, 75*, 246-257.

Seibert, S.E., Kraimer, M.L. et Liden, R.C. (2001). A social capital theory of career success. *Academy of Management Journal, 44*(2), 219-237.

Seligman, M.E.P. (1970). On the generality of the laws of learning. *Psychological Review, 77*, 406-418.

Smith, A., Houghton, S.M., Hood, J.N. et Ryman, J.A. (2006). Power relationships among top managers: Does top management team power distribution matter for organizational performance? *Journal of Business Research, 59*, 622-629.

Somech, A. et Drach-Zahavy, A. (2002). Relative power and influence strategy: The effects of agent/target organizational power on supervisors' choice of influence strategies. *Journal of Organizational Behaviour, 23*, 167-179.

Starke, F.A. et Sexty, R.W. (1998). *Contemporary management in Canada*. Upper Saddle River, NJ: Prentice Hall.

Sussman, L., Adams, A.J., Kuzmits, F.E. et Raho, L.E. (2002). Organizational politics: Tactics, channels, and hierarchical roles. *Journal of Business Ethics, 40*(4), 313-329.

Thorne McAlister, D. et Darling, J.R. (2005). Upward influence in academic organizations: A behavioural style perspective. *Leadership & Organization Development Journal, 26*(7), 558-573.

Treadway, D.C., Ferris, G.R., Duke, A.B., Adams, G.L. et Thatcher, J.B. (2007). The moderating role of subordinate political skill on supervisors' impressions of subordinate ingratiation and ratings of subordinate interpersonal facilitation. *Journal of Applied Psychology, 92*(3), 848-855.

Treadway, D.C., Hochwarter, W.A., Ferris, G.R., Kacmar, C.J., Douglas, C., Ammeter, A.P. et Buckley, M.R. (2004). Leader political skill and employee reactions. *The Leadership Quarterly, 15*, 493-513.

Tushman, M.L. (1977). A political approach to organizations: A review and rationale. *Academy of Management Review*, 2(2), 206-216.

Wang, H., Law, K.S., Hackett, R.D., Wang, D. et Chen, Z.X. (2005). Leader-member exchange as a mediator of the relationship between transformational leadership and followers' performance and organizational citizenship behaviour. *Academy of Management Journal, 48*, 420-432.

Waterman, A.S. (1988). On the uses of psychological theory and research in the process of ethical inquiry. *Psychological Bulletin, 103*, 283-298.

Weber, M. (1947). *The theory of social and economic organization*. New York, NY: The Free Press.

Williams, M. et Dutton, J.E. (2000). Corrosive political climates: The heavy toll of negative political behavior in organizations. dans R.E. Quinn, R.M. O'Neill et L. St. Clair (éd.), *The pressing problems of moderns organizations: Redefining the agenda for research and practice*. San Francisco, CA: New Lexington Press.

Witt, L.A., Hilton, T.F. et Hochwarter, W.A. (2001). Addressing politics in matrix teams. *Group and Organization Management, 26*, 230-247.

Witt, L.A., Kacmar, K.M., Carlson, D.S. et Zivnuska, S. (2002). Interactive effects of personality and organizational politics on contextual performance. *Journal of Organizational Behavior*. 23(8), 911-926.

Witt, L.A., Patti, A.L. et Farmer, W.L. (2002). Organizational politics and work identity as predictors of organizational commitment. *Journal of Applied Social Psychology, 32*, 486-499.

Yang, B. (2003). Political factors in decision making and implications for HRD. *Advances in Developing Human Resources*, 5(4), 458-479.

Yukl, G. (2002). *Leadership in organizations*, 5e édition. Upper Saddle River, NJ: Prentice Hall.

Yukl, G. et Falbe, C.M. (1990). Influence tactics in upward, downward, and lateral influence attempts. *Journal of Applied Psychology, 75*, 132-140.

Yukl, G., Guinan, P. et Sottolano, D. (1995). Influence tactics used for different objectives with subordinates, peers, and superiors. *Group and Organization Management, 20*, 272-296.

Yukl, G. et Tracey, J.B. (1992). Consequences of influence tactics used with subordinates, peers, and the boss. *Journal of Applied Psychology, 77*, 525-535.

Zanzi, A. et O'Neill, R.M. (2001). Sanctioned versus nonsanctioned political tactics. *Journal of Managerial Issues, 13*(2), 245-262.

Zimmerman, M. et Coryell, W. (1989). DSM-III personality disorder diagnoses in a nonpatient sample: Demographic correlates and comorbidity. *Archives of General Psychiatry, 46*, 682-689.

Zugbach, von R. (1995). *The winning manager: Coming out on top in the organization game*. Londres: Souvenir Press.

Zwang, G. (2000). *Les comportements humains: Éthologie humaine*. Paris: Masson.